96

COLLECTION

COMPLETE

DES ŒUVRES

de Monsieur

DE VOLTAIRE,

NOUVELLE ÉDITION,

Augmentée de ses dernieres Pieces de Théâtre,
& enrichie de 61 Figures en taille-douce.

TOME SIXIEME.

A AMSTERDAM,

Aux Dépens de la Compagnie.

M. DCC. LXIV.

LETTRE

SUR LES

INCONVÉNIENS

ATTACHEZ A LA

LITTÉRATURE *.

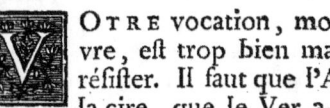 OTRE vocation, mon cher Le Fè-
vre, est trop bien marquée pour y
résister. Il faut que l'Abeille fasse de
la cire, que le Ver a soie file, que
M. de Réaumur les dissèque, & que vous
les chantiez : vous serez Poëte & Homme-
de-

___

* Cette Lettre paroit écrite en 1732. car en ce
tems l'Auteur avoit pris chez lui ce jeune homme,
nommé M. le Fèvre, à qui elle est adressée : on dit
qu'il promettoit beaucoup ; qu'il étoit très-savant,
& faisoit bien des Vers : il mourut la même année.

de-Lettres; moins parce que vous le voulez, que parce que la nature l'a voulu.

Mais vous vous trompez beaucoup, en imaginant que la tranquilité sera votre partage. La carrière des Lettres, & sur-tout celle du Génie, est plus épineuse que celle de la Fortune. Si vous avez le malheur d'être médiocre, (ce que je ne crois pas) voilà des remords pour la vie. Si vous réussissez, voilà des ennemis ; vous marchez sur le bord d'un abîme, entre le mépris & la haine.

Mais quoi, me direz-vous, me haïr, me persécuter, parce que j'aurai fait un bon Poëme, une Pièce de Théâtre aplaudie, ou écrit une Histoire avec succès, ou cherché à m'éclairer, & à instruire les autres ?

Ouï, mon Ami, voilà de quoi vous rendre malheureux à jamais. Je suppose que vous aïez fait un bon Ouvrage, imaginez-vous qu'il vous faudra quiter le repos de votre cabinet, pour solliciter l'Examinateur. Si votre manière de penser n'est pas la sienne ; s'il n'est pas l'ami de vos amis ; s'il est celui de votre rival ; s'il est votre rival lui-même, il vous est plus difficile d'obtenir un privilège qu'à un homme qui n'a point la protection des femmes, d'avoir un emploi dans les Finances.

Enfin, après un an de refus & de négociations, votre Ouvrage s'imprime : c'est alors qu'il faut, ou assoupir les Cerbères de la littérature ;

ture, ou les faire aboïer en votre faveur. Il y a toujours trois ou qutre Gazettes Littéraires en France , & autant en Hollande ; ce font des factions différentes. Les Libraires qui débitent les Journaux véritables , & les Libelles qui en ufurpent le nom , ont intérêt qu'ils foient fatyriques ; ceux qui y travaillent fervent aifément l'avarice du Libraire & la malignité du Public. Vous cherchez à faire fonner ces trompettes de la Renommée, vous courtifez les Ecrivains , les Protecteurs, les Abbés , les Docteurs, les Colporteurs ; tous vos foins n'empêchent pas que quelque Journalifte ne vous déchire. Vous lui répondez ; il replique ; vous avez un procès par écrit devant le Public , qui condamne les deux parties au ridicule.

C'eft bien pis : fi vous compofez pour le Théâtre, vous commencez par comparoître devant l'Aréopage de vingt Comédiens , gens dont la profeffion, quoiqu'utile & agréable, eft cependant flétrie par l'injufte , mais irrévocable cruauté du public : ce malheureux aviliffement où ils font, les irrite ; ils trouvent en vous un client , & ils vous prodiguent tout le mépris dont ils font couverts : vous attendez d'eux votre première fentence , ils vous jugent , ils fe chargent enfin de votre Piece : il ne faut plus qu'un mauvais plaifant dans le Parterre pour la faire tomber. Réuffit-

A 2   elle ?

elle ? La Farce qu'on apelle Italienne, celle
de la Foire, vous parodient; vingt Libelles
vous prouvent que vous n'avez pas dû réuffir. Des Savans qui entendent mal le Grec,
& qui ne lifent point ce qu'on fait en Français, vous dédaignent, ou affectent de vous
dédaigner. Trouvez-moi un Bel-Efprit, un
Auteur qui ait dit du bien de l'Electre & du
Radamifte de M. Crébillon ? Il y a trente ans
que ces deux Pièces nous arrachent des larmes, & trente ans que nos Critiques s'ob-
ftinent à imprimer que nous n'avons plus rien
de fupportable au Théâtre.

Enfin je veux que la réputation de vos
Ouvrages ait forcé l'envie à dire quelquefois
que vous n'êtes pas fans mérite ; voilà tout
ce que vous pouvez attendre de votre vivant.
Mais qu'elle s'en vange bien en vous perfé-
cutant ! On vous impute des Libelles, que
vous n'avez pas même lus ; des Vers que vous
méprifez ; des fentimens que vous n'avez
point : il faut être d'un parti, ou bien tous
les Partis fe réuniffent contre vous.

Il y a dans Paris un grand nombre de petites Sociétés où préfide toujours quelque femme, qui dans le déclin de fa beauté commence à faire briller l'aurore de fon efprit. Un
ou deux Hommes-de-Lettres font les premiers Miniftres de ce petit Roïaume. Si vous
négligez d'être au rang des Courtifans, vous
êtes

tes dans celui des Ennemis , & on vous écra-
se. Cependant , malgré votre mérite, vous
vieilliffez dans l'opprobre & dans la mifére ;
les places deftinées aux Gens-de-Lettres font
données à l'intrigue , non au talent ; ce fera
un Précepteur , qui par le moïen de la Mère
de fon Elève , emportera un pofte que vous
n'oferez pas feulement regarder ; le Parafite
d'un Courtifan vous enlèvera l'emploi auquel
vous êtes propre.

Que le hazard vous amène dans une compagnie où il fe trouvera quelqu'un de ces
Auteurs réprouvés du Public, ou de ces de-
mi-Savans , qui n'ont pas même affez de mérite pour être de médiocres Auteurs , mais
qui aura quelque place , ou qui fera intrus
dans quelque Corps , vous fentirez par la
fupériorité qu'il affeĉtera fur vous , que vous
êtes juftement dans le dernier degré du genre-humain.

Au bout de quarante ans de travail , vous
vous réfolvez à chercher par les cabales , ce
qu'on ne donne jamais au mérite feul : vous
vous intriguez comme les autres pour entrer
dans l'Académie Françaife , & pour aller prononcer d'une voix caffée à votre réception
un compliment, qui le lendemain fera oublié
pour jamais.

Cette Académie Françaife eft l'objet fecret
des vœux de tous les Gens-de-Lettres ; c'eft

une Maîtreſſe contre laquelle ils font des
Chanſons & des Epigrammes, juſqu'à ce qu'ils
aïent obtenu ſes faveurs , & qu'ils négligent
dès qu'ils en ont la poſſeſſion.

Il n'eſt pas étonnant qu'ils deſirent d'entrer dans un Corps où il y a toujours du mérite , & dont ils eſpèrent, quoiqu'aſſez vainement, d'être protégés. Mais vous me deman-
derez pourquoi ils en diſent tous tant de
mal , juſqu'à ce qu'ils y ſoient admis : &
pourquoi le Public, qui reſpecte aſſez l'Académie des Sciences, ménage ſi peu l'Académie Françaiſe ? C'eſt que les travaux de l'A-
cadémie Françaiſe ſont expoſés aux yeux du
grand nombre, & les autres ſont voilés ; chaque Français croit ſavoir la Langue, & ſe pique d'avoir du goût, mais il ne ſe pique pas
d'être Phyſicien. Les Mathématiques ſeront
toujours pour la Nation en général une eſpèce de myſtére, & par conſéquent quelque
choſe de reſpectable ; des Equations Algébri-
ques ne donnent de priſe ni à l'Epigramme,
ni à la Chanſon, ni à l'Envie : mais on juge durement ces énormes Recueils de Vers médiocres, de Complimens , de Harangues, & ces
Eloges qui ſont quelquefois auſſi faux que l'éloquence avec laquelle on les débite : on eſt fâché
de voir la deviſe de *l'Immortalité* à la tête de tant
de déclamations, qui n'annoncent rien d'éternel que l'oubli auquel elles ſont condamnées.

II

Il est très-certain que l'Académie Françaife pourroit fervir à fixer le goût de la Nation. Il n'y a qu'à lire fes Remarques fur le Cid; la jaloufie du Cardinal de Richelieu a produit au moins ce bon éfet. Quelques Ouvrages dans ce genre feroient d'une utilité fenfible. On les demande depuis cent années au feul Corps dont ils puiffent émaner avec fruit & bienféance.

On fe plaint que la moitié des Académiciens foit compofée de Seigneurs qui n'affiftent jamais aux Affemblées, & que dans l'autre moitié il fe trouve à peine huit ou neuf Gens-de-Lettres qui foient affidus. L'Académie eft fouvent négligée par fes propres Membres. Cependant à peine un des quarante a-t-il rendu les derniers foupirs, que dix Concurrens fe préfentent ; un Évêché n'eft pas plus brigué ; on court en pofte à Verfailles ; on fait parler toutes les femmes ; on fait agir tous les intrigans ; on fait mouvoir tous les refforts. Des haines violentes font fouvent le fruit de ces démarches ; la principale origine de ces horribles Couplets, qui ont perdu à jamais le célèbre & malheureux Rouffeau, vient de ce qu'il manqua la place qu'il briguoit à l'Académie. Obtenez-vous cette préférence fur vos rivaux, votre bonheur n'eft bien-tôt qu'un phantôme, effuïez-vous un refus, votre affliction eft réelle. On pourroit mettre fur la tombe de prefque tous les Gens-de-Lettres,

A 4   Ci

Ci git au bord de l'Hipocrène,
Un mortel long-tems abuſé;
Pour vivre pauvre & mépriſé,
Il ſe donna bien de la peine.

Quel eſt le but de ce long ſermon que je
vous fais ? Eſt-ce de vous détourner de la route de la littérature ? Non. Je ne m'oppoſe
point ainſi à la deſtinée ; je vous exhorte ſeulement à la patience.

FRAGMENT.

FRAGMENT

D'UNE

LETTRE

AU MÊME,

SUR LA

CORRUPTION DU STILE.

N se plaint généralement que l'Eloquence eſt corrompue, quoique nous aïons des modèles preſqu'en tous les genres. Un des grands défauts de ce Siècle qui contribue le plus à cette décadence, c'eſt le mêlange des ſtiles. Il me ſemble que nous autres Auteurs nous n'imitons pas aſſez les Peintres, qui ne joignent jamais des attitudes de Calot à des figures de Raphaël. Je vois qu'on affecte quelquefois dans des Hiſtoires, d'ailleurs bien écrites, dans de bons

A 5

Ou-

Ouvrages dogmatiques, le ton le plus familier de la conversation. Quelqu'un a dit autrefois, *qu'il faut écrire comme on parle*. Le sens
de cette loi est qu'on écrive naturellement :
on tolère dans une Lettre l'irrégularité, la licence du stile, l'incorrection, les plaisanteries
hazardées ; parce que des Lettres écrites sans
dessein & sans art, font des entretiens négligés : mais quand on parle ou qu'on écrit avec
respect, on s'astraint alors à la bienséance. Or
je demande à qui on doit plus de respect qu'au
Public ? Est-il permis de dire dans des Ouvrages de Mathématiques, *Qu'un Géomètre qui*
veut faire son salut doit monter au Ciel en ligne per-
pendiculaire ; que les quantités qui s'évanouissent,
donnent du nez en terre pour avoir voulu trop s'é-
lever ; qu'une semence qu'on a mise le germe en bas,
s'apperçoit du tour qu'on lui joue & se relève ; que si
Saturne périssoit, ce seroit son cinquième Satellite,
& non le premier, qui prendroit sa place, parce que
les Rois éloignent toujours d'eux leurs héritiers ; qu'il
n'y a de vuide que dans la bourse d'un homme ruiné ;
qu'Hercule étoit un Physicien, & qu'on ne pouvoit
résister à un Philosophe de cette force ?

Des Livres très-estimables font infectés de
cette tache. La source d'un défaut si commun
vient, me semble, du reproche de pédantis-
me qu'on a fait long-tems & justement aux Auteurs : *In vitium ducit culpæ fuga.*

On a tant répété qu'on doit écrire du ton de
la

la bonne compagnie, que les Auteurs les plus
férieux font devenus plaifans; & pour être de
bonne compagnie avec leurs Lecteurs, ils ont dit
des chofes de très-mauvaife compagnie.

On a voulu parler des Sciences, comme
Voiture parloit à Mademoifelle Paulet de Ga-
lanterie, fans fonger que voiture même n'avoit
pas faifi le véritable goût de ce petit genre
dans lequel il paffa pour exceller; car fouvent
il prenoit le faux pour le délicat, & le précieux
pour le naturel.

La plaifanterie n'eft jamais bonne dans le
genre férieux, parce qu'elle ne porte jamais
que fur un côté des objets qui n'eft pas celui
qu'on confidère; elle roule prefque toujours
fur des raports faux, fur des équivoques: de-là
vient que les Plaifans de profeffion ont prefque
tous l'efprit faux & fuperficiel.

Il me femble qu'en Poëfie on ne doit pas
plus mêlanger les ftiles qu'en Profe. Le Stile
Marotique a depuis quelque-tems gâté un peu
la Poëfie, par cette bigarure de termes bas &
nobles, furannés & modernes. *On entend dans
quelques Piéces de Morale les fons du fiflet de Rabelais parmi ceux de la flute d'Horace.* C'eft ce
qu'a très-bien remarqué M. de Génonville
dans une Lettre à M. de la Faye, qu'on a imprimée fouvent fous mon nom. Je fais gloire
de penfer comme lui.

A 6   II

Il faut parler François, Boileau n'eut qu'un langage;
Son esprit étoit juste , & son stile étoit sage.
Sers-toi de ses leçons ; laisse aux esprits mal faits.
L'art de moraliser du ton de Rabelais.
* *Des rimeurs disloqués , à qui le cerveau tinte.,*
Plus amers qu'Aloës , & jus de Coloquinte ,
Vices portant méchef. Gens de tel acabit ,
Chifoniers , Ostrogots , Maroufles que Dieu fit.
De tous ces termes bas l'entassement facile ,
Deshonore à la fois le génie & le stile.

    * *Expressions d'une Epître Marotique.*

CONSEILS

CONSEILS
A UN
JOURNALISTE,

*Sur la Philosophie, l'Histoire, le Théâ-
tre, les Pièces de Poësie, les Mélanges
de Littératures, les Anecdotes Littéraires, les Langues, & le Stile.*

'O U V R A G E périodique auquel vous
avez dessein de travailler, Monsieur,
peut très - bien réussir, quoiqu'il y
en ait déja trop de cette espèce. Vous
me demandez comment il faut s'y prendre
pour qu'un tel Journal plaise à notre Siècle
& à la Postérité. Je vous répondrai en deux
mots, *soïez impartial.* Vous avez la science & le
goût ; si avec cela vous êtes juste, je vous pré-
dis un succès durable. Notre Nation aime tous
les genres de Littérature, depuis les Mathématiques jusqu'à l'Epigramme. Aucun des
Journaux

Journaux ne parle communément de la partie la plus brillante des Belles - Lettres , qui
font les Pièces de Théâtre , ni de tant de jolis
Ouvrages de Poëfie , qui foutiennent tous les
jours le caractère aimable de notre Nation.
Tout peut entrer dans votre efpèce de Journal , jufqu'à une Chanfon qui fera bien faite ;
rien n'eft à dédaigner. La *Grèce* qui fe vante
d'avoir fait naître *Platon* , fe glorifie encore
d'*Anacréon* , & *Cicéron* ne fait point oublier
Catulle.

SUR

LA PHILOSOPHIE

VOus savez assez de Géométrie & de Physique, pour rendre un compte exact des Livres de ce genre ; & vous avez assez d'esprit pour en parler avec cet art qui leur ôte leurs épines, sans les charger de fleurs qui ne leur conviennent pas.

Je vous conseillerois sur-tout, quand vous ferez des Extraits de Philosophie, d'exposer d'abord au Lecteur une espèce d'abregé historique des Opinions qu'on propose, ou des Vérités qu'on établit.

Par exemple, s'agit-il de l'opinion du *Vuide*, dites en deux mots comment *Epicure* croïoit le prouver ; montrez comment *Gassendi* l'a rendu plus vraisemblable, exposez les degrés infinis de probabilité que *Newton* a ajoutés enfin à cette opinion, par ses raisonnemens, par ses observations, & par ses calculs.

S'agit-il d'un Ouvrage sur la nature de l'*Air*, il est bon de montrer d'abord qu'*Aristote* & tous les Philosophes ont connu sa pesanteur, mais non son degré de pesanteur. Beaucoup d'Ignorans qui voudroient au moins savoir l'histoire des Sciences, les gens du monde, les jeunes
Etudians

Etudians, verront avec avidité par quelle raï-
fon & par quelles expériences le grand *Galilée*
combattit le premier l'erreur d'*Ariftote* au fujet
de l'*Air*; avec quel art *Torricelli* le pefa, ainfi
qu'on pèfe un poids dans une balance; comment on reconnut fon reffort; comment enfin
les admirables expériences de Mrs. *Hales* &
Boerhave ont découvert des éfets de l'*Air*, qu'on
eft prefque forcé d'atribuer à des propriétés
de la Matière, inconnuës jufqu'à nos jours.

Paroit-il un Livre hériffé de Calculs & de
Problèmes fur la *Lumière*, quel plaifir ne faites-
vous pas au Public de lui montrer les faibles
idées que l'éloquente & ignorante *Grèce* avoit
de la *Réfraction*, ce qu'en dit l'Arabe *Alhazen*,
le feul Géomètre de fon tems; ce que devine
Antonio de Dominis; ce que *Defcartes* met habilement & géométriquement en ufage, quoiqu'en fe trompant; ce que découvre ce *Gri-
maldi*, qui a trop peu vécu; enfin ce que *Newton* pouffe jufqu'aux vérités les plus déliées &
les plus hardies auxquelles l'efprit humain
puiffe ateindre: vérités qui nous font voir un
nouveau Monde, mais qui laiffent encore un
nuage derrière elles.

Compofera-t'on quelque Ouvrage fur la
Gravitation des Aftres, fur cette admirable partie des démonftrations de *Newton*; ne vous
aura-t'on pas obligation fi vous rendez l'hiftoire de cette *Gravitation* des Aftres, depuis
Copernic

Copernic qui l'entrevit, depuis *Képler*, qui ofa
l'annoncer comme par inftinct, jufqu'à *Newton*
qui a démontré à la Terre étonnée, qu'elle
pèfe fur le Soleil, & le Soleil fur elle.

Raportez à *Defcartes* & à *Harrot* l'art d'a-
pliquer l'Algèbre à la mefure des Courbes,
le Calcul intégral & différentiel à *Newton*, &
enfuite à *Leibnitz*. Nommez dans l'occafion
les Inventeurs de toutes les découvertes nouvelles. Que votre Ouvrage foit un regiftre
fidèle de la gloire des Grands-Hommes.

Sur-tout, en expofant des opinions, en
les apuïant, en les combattant, évitez les
paroles injurieufes qui irritent un Auteur, &
fouvent toute une Nation, fans éclairer perfonne. Point d'animofité, point d'ironie.
Que diriez-vous d'un Avocat-Général, qui
en réfumant tout un Procès, outrageroit par
des mots piquans la Partie qu'il condamne ?
Le rôle d'un Journalifte n'eft pas fi refpectable, mais fon devoir eft à peu près le même.
Vous ne croïez point l'*Harmonie préétablie*,
faudra-t'il pour cela décrier *Leibnitz* ? Infu-
terez-vous à *Locke*, parce qu'il croit Dieu affez
puiffant pour pouvoir donner, s'il le veut,
la penfée à la Matière ? Ne voïez-vous pas
que Dieu qui a tout créé, peut rendre cette
Matière & ce don de Penfer éternels ? Que
s'il a créé nos Ames, il peut encore créer des
millions d'Etres différens de la Matière & de
l'Ame ;

qu'ainfi le fentiment de *Locke* eft refpectueux pour la Divinité , fans être dangereux pour les Hommes ? Si *Bayle* qui favoit beaucoup , a beaucoup douté , fongez qu'il n'a jamais douté de la néceffité d'être honnête - homme. Soïez-le donc avec lui , & n'imitez point ces petits Efprits qui outragent par d'indignes injures un illuftre mort , qu'ils n'auroient ofé ataquer pendant fa vie.

SUR.

SUR

L'HISTOIRE

CE que les Journalistes aiment peut-être le mieux à traiter, ce sont les morceaux d'Histoire ; c'est-là ce qui est le plus à la portée de tous les hommes, & le plus de leur goût. Ce n'est pas que dans le fond on ne soit aussi curieux pour le moins de connoître la Nature, que de savoir ce qu'à fait SESOSTRIS ou BACHUS ; mais il en coute de l'aplication pour examiner, par exemple, par quelle Machine on pourroit fournir beaucoup d'eau à la Ville de *Paris*, ce qui nous importe pourtant assez : & on n'a qu'à ouvrir les yeux pour lire les anciens Contes qui nous sont transmis sous le nom d'Histoires, lesquels on nous répète tous les jours, & qui ne nous importent guères.

Si vous rendez compte de l'Histoire Ancienne, proscrivez, je vous en conjure, toutes ces déclamations contre certains Conquérans. Laissez *Juvenal* & *Boileau* donner, du fond de leur cabinet, des ridicules à ALEXANDRE, qu'ils eussent fatigué d'encens s'ils eussent vécu sous lui ; qu'ils apellent ALEXANDRE insensé.

ſé. Vous , Philoſophe impartial , regardez dans
ALEXANDRE ce Capitaine - Général de la
Grèce , ſemblable à peu près à un *Scanderberg* , à
un *Hunniade* , chargé comme eux de vanger
ſon Païs , mais plus heureux , plus grand , plus
poli , & plus magnifique. Ne le faites pas voir
ſeulement ſubjuguant tout l'Empire de l'Ennemi des *Grecs* , & portant ſes conquêtes juſqu'à l'*Inde* , où s'étendoit la domination de
DARIUS. Mais repréſentez-le donnant des Loix
au milieu de la Guerre , formant des Colonies ,
établiſſant le Commerce , fondant *Alexandrie* &
Scanderon , qui ſont aujourd'hui le centre du
Négoce de l'*Orient*. C'eſt par-là ſur-tout qu'il
faut conſidérer les Rois , & c'eſt ce qu'on néglige. Quel bon Citoïen n'aimera pas mieux
qu'on entretienne des Villes & des Ports que
CESAR a bâtis , du Calendrier qu'il a réformé ,
&c. que des hommes qu'il a fait égorger ?

Inſpirez ſur-tout aux Jeunes-gens plus de
goût pour l'Hiſtoire des tems récens , qui eſt
pour nous de néceſſité , que pour l'ancienne ,
qui n'eſt que de curioſité ; qu'ils ſongent que
la moderne a l'avantage d'être plus certaine ,
par cela même qu'elle eſt moderne.

Je voudrois ſur-tout que vous recomman-
daſſiez de commencer ſérieuſement l'étude de
l'Hiſtoire , au Siècle qui précède immédiatement CHARLES-QUINT , LEON X. FRANÇOIS I.
C'eſt-là qu'il ſe fait dans l'Eſprit-humain , comme

me dans notre Monde, une révolution qui a
tout changé.

Le beau Siècle de Louis XIV. achève de
perfectionner ce que Leon X. tous les Médicis, Charles-Quint, François I.
avoient commencé. Je travaille depuis long-
tems à l'Histoire de ce dernier Siècle, qui
doit être l'exemple des Siècles à venir ; j'es-
saïe de faire voir le progrès de l'Esprit humain, & de tous les Arts, sous Louis XIV.
Puissai-je, avant de mourir, laisser ce Monument à la gloire de ma Nation. J'ai bien des
Matériaux pour élever cet Edifice ; je ne manque point de Mémoires sur les avantages que
le grand *Colbert* a procurés & vouloit faire à la
Nation & au Monde ; sur la vigilance infatigable, sur la prévoïance d'un Ministre de la
Guerre, né pour être le Ministre d'un Conquérant ; sur les révolutions arrivées dans *l'Europe* ; sur la vie privée de Louis XIV. qui a
été dans son domestique l'exemple des Hommes, comme il a été quelquefois celui des Rois.
J'ai des Mémoires sur des fautes inséparables de
l'Humanité, dont je n'aime à parler, que parce
qu'elles font valoir les vertus ; & j'aplique déja
à Louis XIV. ce beau mot de Henri IV. qui
disoit à l'Ambassadeur *Don Pèdre : Quoi donc ?
Votre Maître n'a-t'il pas assez de vertu pour avoir
des défauts ?* Mais j'ai peur de n'avoir ni le tems ni
la force de conduire ce grand Ouvrage à sa fin.

Je

Je vous prierai de bien faire fentir, que fi
nos Hiftoires modernes écrites par des Contemporains, font plus certaines en général que
toutes les Hiftoires anciennes, elles font quelquefois plus douteufes dans les détails;je m'explique. Les hommes diffèrent entr'eux, d'état,
de parti, de religion Le Guerrier, le Magiftrat, le Janféniſte, le Moliniſte, ne voient
point les mêmes faits avec les mêmes yeux:
c'eſt le vice de tous les tems. Un *Carthagi-
nois* n'eût point écrit les *Guerres Puniques* dans
l'eſprit d'un *Romain*, & il eût reproché à *Rome*
la mauvaiſe foi dont *Rome* accuſoit *Carthage*.
Nous n'avons guéres d'Hiſtoriens anciens qui
aïent écrit les uns contre les autres fur le même
événement : ils auroient répandu le doute fur
des chofes que nous prenons aujourd'hui pour
inconteſtables. Quelque peu vraiſemblables
qu'elles foient, nous les reſpectons pour deux
raiſons ; parce qu'elles font anciennes, &
parce qu'elles n'ont point été contredites.

Nous autres Hiſtoriens contemporains,nous
fommes dans un cas bien différent : il nous arrive fouvent la même chofe qu'aux Puiſſances
qui font en guerre. On a fait à *Vienne*, à *Londres*,
à *Verfailles*, des feux de joïe pour des batailles
que perſonne n'avoit gagnées : chaque Parti
chante victoire; chacun a raiſon de fon côté.
Voïez que de contradictions fur M A R I E
S T U A R D, fur les Guerres Civiles d'*Angleterre*,

terre, fur les Troubles d'*Hongrie*, fur l'Etablif-
fement de la Religion *Proteftante*, fur le Concile
de *Trente*. Parlez de la Révocation de l'*Edit de
Nantes* à un Bourguemeftre *Hollandais*, c'eft
une tirannie imprudente : confultez un Miniftre de la Cour de *France*, c'eft une politique
fage. Que dis-je ! la même Nation au bout de
vingt ans.n'a plus les mêmes idées qu'elle avoit
fur le même événement, & fur la même perfonne ; j'en ai été témoin au fujet du feu Roi
L o u i s XIV. Mais quelles contradictions n'au-
rai-je pas à effuïer fur l'Hiftoire de C h a r l e s
XII ! J'ai écrit fa vie finguliére fur les Mémoires de M. *de Fabrice*, qui a été huit ans fon Favori ; fur les Lettres de M. *de Fierville*, Envoïé
de *France* auprès de lui, fur celles de M. *de
Villelongue*, long-tems Colonels à fon fervice ;
fur celles de M. *de Poniatowski*. J'ai confulté M.
de Croiffy Ambaffadeur de France auprès de ce
Prince, &c. J'aprends à préfent que M. *Nor-
berg*, Chapelain de C h a r l e s XII. écrit une
Hiftoire de fon Régne. Je fuis fûr que le Chapelain aura fouvent vu les mêmes chofes avec
d'autres yeux que le Favori & l'Ambaffadeur.
Quel parti prendre en ce cas ? Celui de me corriger fur le champ dans les chofes où ce nouvel Hiftorien aura évidemment raifon, & de
laiffer les autres au jugement des Lecteurs de-
fintéreffés. Que fuis-je en tout cela ? Je ne fuis
qu'un Peintre, qui cherche à repréfenter d'un

pinceau

pinceau faible, mais vrai, les hommes tels qu'ils ont été. Tout m'eſt indifférent de CHARLES XII. & de PIERRE LE GRAND, excepté le bien que le dernier a pu faire aux hommes. Je n'ai aucun ſujet de les flâter ni d'en médire. Je les traiterai comme LOUIS XIV. avec le reſpect qu'on doit aux Têtes Couronnées qui viennent de mourir, & avec le reſpect qu'on doit à la Vérité qui ne mourra jamais.

SUR

SUR
LA COMÉDIE

ENON s aux Belles - Lettres, qui feront un des principaux articles de votre Journal. Vous comptez parler beaucoup des Pièces de Théâtre. Ce projet est d'autant plus raisonnable, que le Théâtre est plus épuré parmi nous, & qu'il est devenu une Ecole de Mœurs. Vous vous garderez bien sans doute de suivre l'exemple de quelques Ecrivains périodiques, qui cherchent à rabaisser tous leurs Contemporains & à décourager les Arts, dont un bon Journaliste doit être le soutien. Il est juste de donner la préférence à *Moliére*, sur les Comiques de tous les tems & de tous les Païs. Mais ne donnez point d'exclusion. Imitez les sages *Italiens*, qui placent *Raphaël* au premier rang, mais qui admirent les *Paul Véronèse*, les *Caraches*, les *Corrèges*, les *Dominicains*, &c. *Moliére* est le premier, mais il seroit injuste & ridicule de ne pas mettre le *Joueur* à côté de ses meilleures Piéces. Refuser son estime aux *Ménechmes*, ne pas s'amuser beaucoup au *Légataire Universel*, seroit d'un homme sans justice & sans goût ; & qui ne se plaît pas à *Regnard*, n'est pas digne d'admirer *Moliére*.

Tome VI.   B   Osez

Ofez avouer avec courage que beaucoup de
nos petites Piéces, comme le *Frondeur*, le *Galant
Jardinier*, la *Pupille*, le *Double Veuvage*, l'*Efprit de
contradiction*, la *Coquette de Village*, le *Florentin*, &c.
font au-deffus de la plupart des petites Piéces de
Molére ; je dis au-deffus, pour la fineffe des caractères, pour l'efprit dont la plupart font affai-
fonnées, & même pour la bonne plaifanterie.

Je ne prétends point ici entrer dans le détail
de tant de Piéces nouvelles, ni déplaire à beaucoup de monde par des loüanges données à peu
d'Ecrivains, qui peut-être n'en feroient pas fa-
tisfaits : mais je dirai hardiment, que quand on
donnera des Ouvrages pleins de mœurs & où
l'on trouve de l'intérêt, comme le *Préjugé à la
mode*, quand les *Français* feront affez heureux
pour qu'on leur donne une Pièce telle que le
Glorieux, gardez-vous bien de vouloir rabaiffer
leur fuccès, fous prétexte que ce ne font pas des
Comédies dans le goût de *Molière* ; évitez ce
malheureux entêtement, qui ne prend fa fource
que dans l'envie; ne cherchez point à profcrire
les Scènes attendriffantes qui fe trouvent dans
ces Ouvrages : car lorfqu'une Comédie, outre
le mérite qui lui eft propre, a encore celui d'intéreffer, il faut être de bien mauvaife humeur
pour fe fâcher qu'on donne au Public un plaifir
de plus.

J'ofe dire que fi les Piéces excellentes de *Moliére* étoient un peu plus intéreffantes, on verroit

roit plus de monde à leurs repréfentations, le *Mifantrope* feroit auffi fuivi qu'il eft eftimé. Il ne faut pas que la Comédie dégénère en Tragédie Bourgeoife: l'art d'étendre fes limites fans les confondre avec celles de la Tragédie, eft un grand art, qu'il feroit beau d'encourager, & honteux de vouloir détruire. C'en eft un que de favoir bien rendre compte d'une Pièce de Théâtre. J'ai toujours reconnu l'efprit des Jeunes-gens, au détail qu'ils faifoient d'une Pièce nouvelle qu'ils venoient d'entendre ; & j'ai remarqué que tous ceux qui s'en aquitoient le mieux, ont été ceux qui depuis ont aquis le plus de réputation dans leurs Emplois. Tant il eft vrai qu'au fond, l'efprit des affaires, & le véritable efprit des Belles-Lettres, eft le même.

Expofer en termes clairs & élégans un fujet qui quelquefois eft embrouillé; & fans s'atacher à la divifion des Actes, éclaircir l'intrigue & le dénouëment, les raconter comme une hiftoire intéreffante ; peindre d'un trait les caractères, dire enfuite ce qui a paru plus ou moins vraifemblable, bien ou mal préparé ; retenir les vers les plus heureux ; bien faifir le mérite ou le vice général du Stile, c'eft ce que j'ai vu faire quelquefois, mais ce qui eft fort rare chez les Gens-de-Lettres même qui s'en font une étude : car il eft plus facile à certains Efprits de fuivre leurs propres idées, que de rendre compte de celles des autres.

B 2   SUR

S U R
LA TRAGÉDIE

J E dirai à peu près de la Tragédie, ce que j'ai dit de la Comédie. Vous savez quel honneur ce bel Art a fait à la *France* : Art d'autant plus difficile, & d'autant plus au-dessus de la Comédie, qu'il faut être vraiment Poëte pour faire une belle Tragédie : au lieu que la Comédie demande seulement quelque talent pour les Vers.

Vous, Monsieur, qui entendez si bien *Sophocle* & *Euripide*, ne cherchez point une vaine récompense du travail qu'il vous en a couté pour les entendre, dans le malheureux plaisir de les préférer, contre votre sentiment, à nos grands Auteurs *Français*. Souvenez-vous que quand je vous ai défié de me montrer dans les Tragiques de l'Antiquité, des morceaux comparables à certains traits des Pièces de *P. Corneille*, je dis de ses moins bonnes, vous avouâtes que c'étoit une chose impossible. Ces traits dont je parle, étoient, par exemple, ces Vers de la Tragédie de *Nicomède*. Je veux, dit Prusias *,

* *Nicomède, Tragédie, Act. IV. Scèn. III.*

Ecouter

Ecouter à la fois l'amour & la nature.
Etre pere & mari dans cette conjoncture.

NICOMEDE.

Seigneur, voulez-vous bien vous en fier à moi ?
Ne soïez l'un ni l'autre.

PRUSIAS.

Eh ! que dois-je être ?

NICOMEDE.

Roi.

Reprenez hautement ce noble caractère,
Un véritable Roi n'est ni mari ni père.
Il regarde son Trône, & rien de plus. Règnez,
Rome vous craindra plus que vous ne le craignez.

Vous n'inférerez point que les dernières Pièces de ce Pere du Théâtre soient bonnes, parce
qu'il s'y trouve de si beaux éclairs : avouez leur
extrême faiblesse avec tout le Public.

Agésilas & Suréna ne peuvent rien diminuer
de l'honneur que Cinna & Polieucte font à la
France. M. de Fontenelle, neveu du grand Corneille, dit dans la Vie de son Oncle, que si le
proverbe, cela est beau comme le Cid, passa trop-
tôt, il faut s'en prendre aux Auteurs, qui
avoient intérêt à l'abolir. Non, les Auteurs ne
B 3   pou-

pouvoient pas plus caufer la chute du proverbe que celle du *Cid.* C'eft *Corneille* lui-même
qui le détruifit, c'eft à *Cinna* qu'il faut s'en
prendre. Ne dites point avec l'Abbé *de St.*
Pierre, que dans cinquante ans on ne jouera
plus les Pièces de *Racine.* Je plains nos enfans, s'ils ne goûtent pas ces chef - d'œuvres
d'élégance. Comment leur cœur fera-t'il donc
fait, fi *Racine* ne les intéreffe pas ?

Il y a aparence que les bons Auteurs du
Siècle de L o u i s XIV. dureront autant que
la Langue *Françaife.* Mais ne découragez pas
leurs Succeffeurs, en affurant que la carière eft
remplie, & qu'il n'y a plus de place. *Corneille*
n'eft pas affez intéreffant. Souvent *Racine* n'eft
pas affez tragique. L'Auteur de *Venceflas*, celui de *Radamifte* & d'*Electre*, avec leurs grands
défauts, ont des beautés particuliéres, qui man-
quent à ces deux Grands-Hommes; & il eft à
préfumer que ces trois Pièces refteront toujours fur le Théâtre *Français*, puifqu'elles s'y
font foutenuës avec des Acteurs différens, car
c'eft la vraie épreuve d'une Tragédie. Que
dirai-je de *Manlius*, Pièce digne de *Corneille*,
& du beau rôle d'*Arianne*, & du grand intérêt
qui régne dans *Amafis?* Je ne vous parlerai
point des Pièces Tragiques faites depuis vingt
années : comme j'en ai compofé quelques-
unes, il ne m'apartient pas d'ofer aprécier le
mérite des contemporains qui valent mieux

que

que moi ; & à l'égard de mes Ouvrages de Théâtre, tout ce que je peux vous en dire, & vous prier d'en dire aux Lecteurs, c'est que je les corrige tous les jours.

Mais quand il paroîtra une Pièce nouvelle, ne dites jamais, comme l'Auteur odieux des *Observations*, & de tant d'autres Brochures, la *Pièce est excellente, ou elle est mauvaise ; ou tel Acte est impertinent, un tel rôle est pitoïable.* Prouvez solidement ce que vous en pensez, & laissez au Public le soin de prononcer l'arrêt. Soïez sûr que l'arrêt sera contre vous, toutes les fois que vous déciderez sans preuve, quand même vous auriez raison ; car ce n'est pas votre jugement qu'on demande, mais le raport d'un procès que le Public doit juger.

Ce qui rendra sur-tout votre Journal précieux, c'est le soin que vous aurez de comparer les Pièces nouvelles avec celles des Païs étrangers qui seront fondées sur le même sujet. Voilà à quoi l'on manqua dans le Siècle passé, lorsqu'on fit l'examen du *Cid* : on ne raporta que quelques vers de l'Original *Espagnol* ; il falloit comparer les situations. Je suppose qu'on nous donne aujourd'hui *Manlius* de *la Fosse* pour la première fois, il seroit très-agréable de mettre sous les yeux du Lecteur la Tragédie *Angloise* dont elle est tirée. Paroît-il quelque Ouvrage instructif sur les Pièces de l'illustre *Racine*, détrompez le Public de l'idée où

B 4   l'on

l'on eſt que jamais les *Anglais* n'ont pu admet-
ttre le ſujet de *Phèdre* ſur leur Théâtre. Aprenez aux Lecteurs que la *Phèdre* de *Smith* eſt
une des plus belles Piéces qu'on ait à *Londres:*
Aprenez - leur que l'Auteur a imité tout de
Racine, juſqu'à l'amour d'*Hipolite* ; qu'on a joint
enſemble l'intrigue de *Phèdre* & celle de *Ba-*
jazet, & que cependant l'Auteur ſe vante d'a-
voir tiré tout d'*Euripide.* Je crois que les Lecteurs ſeroient charmés de voir ſous leurs yeux
la comparaiſon de quelques Scènes de la *Phè-*
dre Grecque, de la *Latine,* de la *Française,* & de
l'*Anglaiſe.* C'eſt ainſi, à mon gré, que la ſage
& ſaine Critique perfectionneroit encore le
goût des *Français,* & peut-être de l'*Europe.*
Mais quelle vraïe critique avons - nous depuis
celle que l'*Académie Française* fit du *Cid,* & à
laquelle il manque encore autant de choſes
qu'au *Cid* même ?

DES.

DES

PIECES DE POËSIE.

VOus répandrez beaucoup d'agrément sur votre Journal, si vous l'ornez de tems-en tems de ces petites Pièces fugitives marquées au bon coin, dont les Portefeuilles des Curieux sont remplis. On a des vers du feu Duc *de Nevers*, du Comte *Antoine Hamilton* né en *France*, qui respirent tantôt le feu Poëtique, tantôt la douce facilité du stile Epistolaire. On a mille petits Ouvrages charmans de Mrs. *Dussé*, de *St. Aulaire*, *Ferrand*, de *la Faye*, de *Fieubet*, du Président *Hénaut*, & de tant d'autres. Ces sortes de petits Ouvrages dont je vous parle, suffisoient autrefois à faire la réputation des *Voitures*, des *Sarasins*, des *Chapelles*. Ce mérite étoit rare alors. Aujourd'hui qu'il est plus répandu, il donne peut-être moins de réputation, mais il ne fait pas moins de plaisir aux Lecteurs délicats. Nos Chansons valent mieux que celle d'*Anacréon*, & le nombre en est étonnant. On en trouve même qui joignent la morale avec la gaieté, & qui annoncés avec art n'aviliroient point du tout un Journal sérieux. Ce seroit perfectionner

B 5

ner le goût fans nuire aux mœurs , de raporter
une Chanfon auffi jolie que celle-ci , qui eſt
de l'Auteur du *Double Veuvage*.

> Philis plus avare que tendre ,
> Ne gagnant rien à refufer ,
> Un jour exigea de Lifandre
> Trente moutons pour un baifer.
>
> Le lendemain nouvelle affaire ;
> Pour Berger le troc fut bon ,
> Car il obtint de la Bergère
> Trente baifers pour un mouton.
>
> Le lendemain Philis plus tendre ,
> Craignant de déplaire au Berger ,
> Eut trop heureufe de lui rendre
> Trente moutons pour un baifer.
>
> Le lendemain Philis plus fage ,
> Auroit donné mouton & chien ,
> Pour un baifer que le volage
> A Lifette donnoit pour rien.

Comme vous n'avez pas tous les jours des
Livres nouveaux qui méritent votre examen ,
ces petits Morceaux de Littérature rempli-
ront très-bien les vuides de votre Journal.
S'il y a quelques Ouvrages de Profe ou de
Poëſie

Poësie qui fassent beaucoup de bruit dans *Paris*, qui partagent les Esprits, & sur lesquels on souhaite une critique éclairée, c'est alors qu'il faut oser servir de Maître au Public sans le paroître, & le conduisant comme par la main, lui faire remarquer les beautés sans emphase, & les défauts sans aigreur. C'est alors qu'on aime en vous cette critique, qu'on déteste & qu'on méprise dans d'autres.

Un de mes Amis, examinant trois Epîtres de *Rousseau* en Vers dissillabes, qui excitérent beaucoup de murmure il y a quelque-tems, fit de la seconde, où tous nos Auteurs sont insultés, l'examen suivant, dont voici un échantillon, qui paroit dicté par la justesse & la modération. Voici le commencement de la Pièce qu'il examinoit.

Tout Institut, tout Art, toute Police
Subordonnée au pouvoir du caprice,
Doit être aussi conséquemment pour tous,
Subordonnée à nos différens goûts.
Mais de ces goûts la dissemblance extrême
A le bien prendre, est un faible problême;
Et quoi qu'on dise, on n'en sauroit jamais
Compter que deux; l'un bon, l'autre mauvais.
Par des talens que le travail cultive,
A ce premier pas à pas on arrive,
Et le Public que sa bonté prévient,

B 6 Pour

Pour quelque-tems s'y fixe & s'y maintient,
Mais éblouïs enfin par l'étincelle
De quelque mode inconnue & nouvelle,
L'ennui du beau nous fait aimer le laid,
Et préférer le moindre au plus parfait, &c.

Voici l'Examen.

Ce premier vers, *tout Inſtitut, tout Art, tou-*
te Police, ſemble avoir le défaut, je ne dis pas
d'être profaïque, car toutes ces Epitres le
ſont, mais d'être une profe un peu trop faible, & dépourvue d'élégance & de clarté.

La *Police*, ſemble n'avoir aucun raport au
goût dont il eſt queſtion. De plus le terme de
Police doit-il entrer dans des vers ?

Conſéquemment eſt à peine admis dans la proſe noble.

Cette répétition du mot *ſubordonnée* ſeroit
vicieuſe, quand même le terme ſeroit élégant,
& ſemble infuportable, puiſque ce terme eſt
une expreſſion plus convenable à des affaires
qu'à la Poëſie.

La *diſſemblance* ne paroit pas le mot propre.
La *diſſemblance des goûts eſt un faible problême ;*
je ne crois pas que cela ſoit *Français.*

A le bien prendre, paroit une expreſſion trop
inutile, trop baſſe.

Enfin, il ſemble qu'un *problême* n'eſt ni faible ni fort : il peut être aiſé ou difficile, &
ſa

fa folution peut être faible, équivoque, er-
ronée.

> Et quoi qu'on dife, on n'en fauroit jamais
> Compter que deux; l'un bon, l'autre mauvais.

Non-feulement la Poëfie aimable s'accom-
mode péu de cet air de dilemme & d'une pareille féchereffe ; mais la raifon femble peu
s'accommoder de voir en huit vers, *que tout
art eft fubordonné à nos differens goûts, & cependant il n'y a que deux goûts. Arriver au goût pas
à pas,* eft encore, je crois, une façon de parler peu convenable, même en Profe.

> Et le Public que fa bonté prévient.

Eft-ce la bonté du Public? Eft-ce la bonté du
goût?

> L'ennui du beau nous fait aimer le laid,
> Et préférer le moindre au plus parfait.

1. *Le beau & le laid* font des expreffions ré-
fervées au bas Comique. 2. Si on aime le laid,
ce n'eft pas la peine de dire enfuite qu'on
préfére le *moins parfait.* 3. Le moindre n'eft
pas oppofé grammaticalement au plus parfait.
4. Le *moindre* eft un mot qui n'entre jamais
dans la Poëfie, &c.

C'eft

C'eſt ainſi que ce Critique faiſoit ſentir ſans amertume toute la faibleſſe de ces Epitres. Il n'y avoit pas trente vers dans tous les Ouvrages de *Rouſſeau* faits en *Allemagne*, qui échappaſſent à ſa juſte cenſure. Et pour mieux inſtruire les Jeunes‑gens, il comparoit à cet Ouvrage un autre Ouvrage du même Auteur, ſur un ſujet de Littérature à peu près ſemblable. Il raportoit les vers de l'Epitre aux Muſes, imitée de *Deſpréaux*, & cet objet de comparaiſon achevoit de perſuader mieux, que les diſcuſſions les plus ſolides & les plus ſubtiles.

De l'expoſé de tous ces vers diſſillabes, il prenoit ocaſion de faire voir qu'il ne faut jamais confondre les vers de cinq piés avec les vers Marotiques. Il prouvoit que le ſtile, qu'on appelle de *Marot*, ne doit être admis que dans une Épigramme & dans un Conte, comme les Figures de *Calot* ne doivent paroître que dans des Groteſques. Mais quand il faut mettre la raiſon en Vers, peindre, émouvoir, écrire élégamment, alors ce mêlange monſtrueux de la Langue qu'on parloit il y a deux cens ans, & de la Langue de nos jours, paroit l'abus le plus condamnable qui ſe ſoit gliſſé dans la Poëſie. *Marot* parloit ſa Langue, il faut que nous parlions la nôtre. Cette bigarure eſt auſſi révoltante pour les hommes judicieux, que le ſeroit l'Architecture Gothique mêlée avec la moderne. Vous aurez ſou‑

vent

vent occasion de détruire ce faux-goût. Les
Jeunes-gens s'adonnent à ce stile, parce qu'il
est malheureusement facile.

Il en a coûté peut-être à *Despréaux* pour
dire élégamment;

> Faite choix d'un Censeur solide & salutaire,
> Que la Raison conduise & le Savoir éclaire,
> Et dont le craïon sûr, d'abord aille chercher
> L'endroit que l'on sent faible, & qu'on veut se
>   cacher.

Mais s'il est bien difficile, est-il bien élégant
de dire?

> Donc si Phœbus ses échets vous ajuge,
> Pour bien jouer consultez tout bon Juge.
> Pour bien jouer, hantez les bons Joueurs;
> Sur-tout craignez le poison des Loueurs,
> Acostez-vous de fidèles Critiques.

Ce n'est pas qu'il faille condamner des vers
familiers dans ces Pièces de Poësie; au contraire, ils y sont nécessaires, comme les join-
tures dans le corps-humain, ou plutôt comme des repos dans un voïage.

> *Nam sermone opus est, modo triste, sæpè jocoso,*
> *Defendente vices modo Rhetoris, atque Poëta*
> > *Intere-*

Interdum urbani parcentis viribus, atque
Extenuantis eas consultò.

Tout ne doit pas être orné ; mais rien ne
doit être rebutant. Un langage obscur & grotesque n'est pas de la simplicité , c'est de la
grossiéreté recherchée.

DES

DES
MÉLANGES DE LITTÉRATURE
ET DES
ANECDOTES LITTÉRAIRES.

JE rassemble ici sous le nom de *Mélanges de Littérature*, tous les morceaux détachés d'Histoire, d'Eloquence, de Morale, de Critique ; & ces petits Romans qui paroissoient si souvent. Nous avons des Chef-d'œuvres en tous ces genres. Je ne crois pas qu'aucune Nation puisse se vanter d'un si grand nombre d'aussi jolis Ouvrages de Belles-Lettres. Il est vrai qu'aujourd'hui ce genre facile produit une foule d'Auteurs ; on en compteroit quatre ou cinq mille depuis cent ans. Mais un Lecteur en use avec les Livres, comme un Citoïen avec les hommes. On ne vit pas avec tous ses contemporains, on choisit quelques amis. Il ne faut pas plus s'éfaroucher de voir cent cinquante mille Volumes à la Bibliothèque du Roi, que de ce qu'il y a sept-cens-cinquante-mille hommes dans *Paris*. Les Ouvrages de pure littérature dans lesquels

quels on trouve souvent des choses agréables ,
amusent successivement les honnêtes - gens ,
délassent l'homme sérieux dans l'intervale de
ses travaux , & entretiennent dans la Nation
cette fleur d'esprit , & cette délicatesse qui
fait son caractère.

Ne condamnez point avec dureté , tout ce
qui ne sera pas *La Rochefoucault* ou *La Fayet-
te* ; tout ce qui ne sera pas aussi parfait que la
Conspiration de Venise de l'Abbé de *St. Réal* ;
aussi plaisant & aussi original que la *Conversation du Père Canaye* & du *Maréchal d'Hocquincourt*, écrite par *Charleval* , & à laquelle *St.
Evremont* a ajouté une fin moins plaisante, &
qui languit un peu ; enfin tout ce qui ne sera pas aussi naturel , aussi fin , aussi gai que le
Voïage, quoiqu'un peu inégal, de *Bachaumont*
& de la *Chapelle*.

Non si primores Mæonius tenet
Sedes Homerus, Pindaricæ latent
Ceæque Aliæque minaces ,
Stesicorique graves camanæ ,
Nec si quid olim lusit Anacreon
Delevit ætas , spirat adhuc amor
Vivuntque commissi calores
Æolia fidibus puellæ.

Dans l'exposition que vous ferez de ces Ouvrages

vrages ingénieux , badinant à leur exemple
avec vos Lecteurs, & répandant les fleurs avec
ces Auteurs dont vous parlerez, vous ne tom-
berez pas dans cette sévérité de quelques Critiques , qui veulent que tout soit écrit dans
le goût de *Cicéron* ou de *Quintilien*. Ils crient
que l'éloquence est énervée, que le bon goût
est perdu, parce qu'on aura prononcé dans
une Académie un Discours brillant qui ne seroit pas convenable au Bareau. Ils voudroient
qu'un Conte fût écrit du stile de *Bourdàloue*.
Ne distingueront-ils jamais les tems, les lieux,
& les personnes ? Veulent-ils que *Jacob* dans
le *Païsan Parvenu*, s'exprime comme *Péliffon*
ou *Patru?* Une éloquence mâle , noble, ennemie des petits ornemens, convient à tous
les grands Ouvrages. Une pensée trop fine
seroit une tache dans le *Discours sur l'Histoire*
Univerfelle de l'éloquent *Boffuet.* Mais dans un
Ouvrage d'agrément, dans un Compliment,
dans une Plaisanterie , toutes les graces légères, la naïveté ou la finesse, les plus petits
ornemens, trouvent leur place. Examinons-
nous nous-mêmes ; parlons-nous d'affaires du
ton des entretiens d'un repas ? Les Livres
font la peinture de la Vie humaine ; il en
faut de solides, & on en doit permettre d'a-
gréables.

N'oubliez jamais , en raportant les traits
ingénieux de tous ces Livres, de remarquer
ceux

ceux qui font à peu près femblables chez les
autres Peuples, ou dans nos anciens Auteurs.
On nous donne peu de penfées que l'on ne
trouve dans *Sénèque*, dans *Gratien*, dans *Montagne*, dans *Bacon*, dans le *Spectateur Anglais*.
Les comparer enfemble, (& c'eft à quoi le
goût confifte) c'eft exciter les Auteurs à dire,
s'il fe peut, des chofes nouvelles ; c'eft entretenir l'émulation, qui eft la Mère des Arts.
Quelle fatisfaction pour un Lecteur délicat,
de voir d'un coup d'œil ces idées qu'*Horace*
a exprimées dans des vers négligés, mais avec
des paroles fi expreffives, ce que *Defpréaux*
a rendu d'une manière fi correcte, ce que
Driden & *Rochefter* ont renouvellé avec le feu
de leur génie. Il en eft de ces parallèles, comme de l'Anatomie comparée, qui fait connoître la Nature. C'eft par-là que vous ferez voir
fouvent, non - feulement ce qu'un Auteur a
dit, mais ce qu'il auroit pu dire; car fi vous
ne faites que le répéter, à quoi bon faire un
Journal ?

Il y a fur - tout des Anecdotes Littéraires
fur lefquelles il eft toujours bon d'inftruire le
Public, afin de rendre à chacun ce qui lui appartient. Apprenez, par exemple, au Public,
que le *Chef-d'œuvre* d'un *Inconnu*, ou *Man-
tanafius*, eft de feu M. de *Sallengre*, & d'un
illuftre Mathématicien confommé dans tout
genre de Littérature, & qui joint l'efprit à
l'éru-

l'érudition ; enfin de tous ceux qui travail-
loient à *La Haye* au *Journal Littéraire*, & que
M. de *St. Hiacynte* fournit la Chanson avec
beaucoup de remarques. Mais si on ajoute
à cette plaisanterie une infame Brochure digne de la plus vile canaille, & faite sans doute par un de ces mauvais *Français* qui vont
dans les Païs étrangers deshonorer les Belles-
Lettres & leur Patrie, faites sentir l'horreur &
le ridicule de cet assemblage monstrueux.

Faites-vous toujours un mérite de vanger
les bons Ecrivains des Zoïles obscurs qui les
attaquent ; démêlez les artifices de l'envie ;
publiez, par exemple, que les ennemis de
notre illustre *Racine* firent réimprimer quelques vieilles Pièces oubliées, dans lesquelles
ils insérérent plus de cent vers de ce Poëte
admirable, pour faire accroire qu'il les avoit
volés. J'en ai vu une intitulée *St. Jean-Baptiste*,
dans laquelle on retrouvoit une Scène presque entiére de *Bérénice*. Ces malheureux,
aveuglés de leur passion, ne sentoient pas même la différence des stiles, & croïoient qu'on
s'y méprendroit, tant la fureur de la jalou-
sie est souvent absurde.

En défendant les bons Auteurs, contre l'i-
gnorance & l'envie qui leur imputent de mauvais Ouvrages ; ne permettez pas non plus
qu'on atribue à de Grands-Hommes des
Livres peut-être bons en eux-mêmes, mais
qu'on

qu'on veut acréditer par des noms illuftres, auxquels ils n'appartiennent point. L'Abbé de *St. Pierre* renouvelle un Projet hardi & fujet à d'extrêmes difficultés; il le met fous le nom d'un Dauphin de *France*. Faites voir modeftement qu'on ne doit pas, fans de très-fortes preuves, atribuer un tel Ouvrage à un Prince né pour règner.

Ce Projet de la prétendue *Paix Univerfelle* atribuée à H E N R I IV. par les Sécrétaires de *Maxilien de Sully*, qui rédigérent fes Mémoires, ne fe trouve en aucun autre endroit. Les Mémoires de *Villeroi* n'en difent mot; on n'en voit aucune trace dans aucun Livre du tems. Joignez à ce filence la confidération de l'état où l'*Europe* étoit alors, & voïez fi un Prince auffi fage qu'H E N R I *le Grand* a pu concevoir un Projet d'une exécution impoffible.

Si on réimprime, comme on me le mande, le Livre fameux, connu fous le nom de *Teftament Politique du Cardinal de Richelieu*, montrez combien on doit douter que ce Miniftre en foit Auteur.

I. Parce que jamais le Manufcrit n'a été vu ni connu chez fes Héritiers, ni chez les Miniftres qui lui fuccédérent.

II. Parce qu'il fut imprimé trente ans après fa mort, fans avoir été annoncé auparavant.

III. Parce que l'Editeur n'ofe pas feulement
dire

dire de qui il tient le Manuscrit, ce qu'il est devenu, en quelle main il l'a déposé.

IV. Parce qu'il est d'un stile très-différent des autres Ouvrages du Cardinal de *Richelieu*.

V. Parce qu'on lui fait signer son nom d'une façon dont il ne se servoit pas.

VI. Parce que dans l'Ouvrage il y a beaucoup d'expressions & d'idées peu convenables à un grand Ministre qui parle à un grand Roi. Il n'y a pas d'apparence qu'un homme, aussi poli que le Cardinal de *Richelieu*, eût appellé la Dame-d'Honneur de la Reine, *La du Fargis*, comme s'il eût parlé d'une femme publique. Est-il vraisemblable que le Ministre d'un Roi de quarante ans, lui fasse des leçons, plus propres à un jeune Dauphin qu'on élève, qu'à un Monarque âgé de qui l'on dépend.

Dans le premier Chapitre, il prouve qu'il faut être chaste. Est-ce un discours bien-séant dans la bouche d'un Ministre, qui avoit eu publiquement plus de Maîtresses que son Maître, & qui n'étoit pas soupçonné d'être aussi retenu avec elles ? Dans le second Chapitre, il avance cette nouvelle proposition, que la Raison doit être la règle de la conduite. Dans un autre, il dit que l'*Espagne*, en donnant un million par an aux *Protestans*, rendoit les *Indes*, qui fournissoient cet argent, *tributaires de l'Enfer* ? Expression plus digne d'un mauvais

vais

vais Orateur, que d'un Miniftre fage, tel que ce Cardinal. Dans un autre, il appelle le Duc de *Mantouë*, ce *pauvre Prince*. Enfin, eft-il vrai-femblable qu'il eût rapporté au Roi des bons-mots de *Bautru*, & cent minuties pareilles dans un *Teftament Politique* ?

VII. Comment celui qui a fait parler le Cardinal de *Richelieu*, peut-il faire dire (dans les premières pages) que dès qu'il fut appel-lé au Confeil, il promit au Roi d'abaiffer fes Ennemis, les *Huguenots*, & les Grands du Roïaume ? Ne devoit-on pas fe fouvenir que le Cardinal de *Richelieu*, remis dans le Con-feil par les bontés de la Reine-Mère, n'y fut que le fecond pendant plus d'un an, & qu'il étoit alors bien loin d'avoir de l'afcen-dant fur l'efprit du Roi, & d'être premier Miniftre ?

VIII. On prétend (dans le Chapitre deu-xième du Livre premier) que pendant cinq ans le Roi dépenfa pour la Guerre foixante millions par an, qui en valent environ fix-vingt de notre monnoïe, & cela fans ceffer de païer les charges de l'Etat, & fans moïens extraor-dinaires. Et d'un autre côté (dans le Chapi-pitre neuf, Partie feconde) il eft dit qu'en tems de Paix il entroit par an à l'Epargne en-viron trente-cinq millions, dont il falloit en-core rabattre beaucoup. Ne paroit-il pas entre ces deux calculs une contradiction évidente ?

IX. Eft-

IX. Eſt-il d'un Miniſtre d'appeller à tout moment les Rentes à 8, à 6, à 5, pour cent de rentes au denier 8, au denier 6, au denier 5 ? Le denier cinq eſt vingt pour cent, & le denier vingt eſt cinq pour cent : ce ſont des choſes qu'un Aprenti ne confondroit pas.

X. Eſt-il vraiſemblable que le Cardinal de *Richelieu* ait appellé les *Parlemens, Cours Souveraines*, & qu'il propoſe, Chapitre 9. Partie 2. de faire païer la taille à ces Cours Souveraines ?

XI. Eſt-il vraiſemblable qu'il ait propoſé de ſuprimer les Gabelles ? & ce Projet n'a-t'il pas été fait par un Politique oiſif, plutôt que par un homme nourri dans les affaires ?

XII. Enfin, ne voit-on pas combien il eſt incroïable qu'un Miniſtre, au milieu de la guerre la plus vive, ait intitulé un Chapitre, *Succinte narration des actions du Roi, juſqu'à la Paix.*

Voilà bien des raiſons de douter que ce grand Miniſtre ſoit l'Auteur de ce Livre. Je me ſouviens d'avoir entendu dire dans mon enfance à un Vieillard très-inſtruit, que le *Teſtament Politique* étoit de l'Abbé *de Bourzeys*, l'un des premiers Académiciens, & homme très-médiocre. Mais je crois qu'il eſt plus aiſé de ſavoir de qui ce Livre n'eſt pas, que de connoître ſon Auteur. Remarquez ici quelle eſt la faibleſſe humaine. On admire ce Livre,

parce

parce qu'on le croit d'un grand Miniftre. Si on favoit qu'il eft de l'Abbé *de Bourzeys*, on ne le liroit pas. En rendant ainfi juftice à tout le monde, en pefant tout dans une balance exacte, élevez-vous fur-tout contre la calomnie.

On a vu, foit en *Hollande*, foit ailleurs, de ces Ouvrages périodiques deftinés en apparence à inftruire, mais compofés en éfet pour diffamer; on a vu des Auteurs que l'apas du gain & la malignité ont transformés en fatiriques mercenaires, & qui ont vendu publiquement leurs fcandales, comme *Locufte* vendoit les poifons. Parmi ceux qui ont ainfi deshonoré les Lettres & l'Humanité, qu'il me foit permis d'en citer un, qui pour prix du plus grand fervice qu'un homme puiffe peut-être rendre à un autre homme, s'eft déclaré pendant tant d'années mon plus cruel ennemi. On l'a vu imprimer publiquement, diftribuer, & vendre lui-même un Libelle infame, digne de toute la févérité des Loix : on l'a vu enfuite, de la même main dont il avoit écrit & diftribué ces calomnies, les défavouer prefque avec autant de honte qu'il les avoit publiées. *Je me croirois deshonoré*, dit-il dans fa Déclaration donnée aux Magiftrats, *je me croirois deshonoré, fi j'avois eu la moindre part à ce Libelle, entièrement calomnieux, écrit contre un homme pour qui j'ai tous les fentimens d'eftime*, &c. Signé l'Abbé DESFONTAINES.

C'eft

C'eſt à ces extrémités malheureuſes qu'on eſt réduit, lorſqu'on fait de l'art d'écrire un ſi déteſtable uſage.

J'ai lu dans un Livre qui porte le titre de *Journal*, qu'il *n'eſt pas étonnant que les Jéſuites prennent quelquefois le parti de l'illuſtre* Wolf, *parce que les Jéſuites ſont tous athées.*

Parlez avec courage contre ces exécrables injuſtices, & faites ſentir à tous les Auteurs de ces infamies, que le mépris & l'horreur du Public ſeront éternellement leur partage.

LES

SUR
LES LANGUES.

IL faut qu'un bon Journaliste sache au moins l'*Anglais* & l'*Italien*, car il y a beaucoup d'Ouvrages de génie dans ces Langues, & le génie n'est presque jamais traduit. Ce sont, je crois, les deux Langues de l'*Europe* les plus nécessaires à un *Français*. Les *Italiens* sont les premiers qui aïent retiré les Arts de la barbarie ; & il y a tant de grandeur, tant de force d'imagination jusques dans les fautes des *Anglais*, qu'on ne peut trop conseiller l'étude de leur Langue.

Il est triste que le *Grec* soit négligé en *France*, mais il n'est pas permis à un Journaliste de l'ignorer. Sans cette connoissance, il y a un grand nombre de mots *Français* dont il n'aura jamais qu'une idée confuse ; car depuis l'Arithmétique jusqu'à l'Astronomie, quel est le terme d'Art qui ne dérive de cette Langue admirable ? A peine y a-t-il un muscle, une veine, un ligament dans notre corps, une maladie, un remède dont le nom ne soit *Grec*. Donnez-moi deux Jeunes-gens, dont l'un saura cette Langue, & dont l'autre l'ignorera ; que ni l'un
ni

ni l'autre n'ait la moindre teinture d'Anatomie ; qu'ils entendent dire qu'un homme eſt
malade d'un *diabétès* ; qu'il faut faire à celui-
ci une *paracentèſe*, que cet autre a un *anchi-
loſe* ou un *buhonocèle* ; celui qui ſait le *Grec*
entendra tout-d'un-coup de quoi il s'agit,
parce qu'il voit de quoi ces mots ſont compo-
ſés ; l'autre ne comprendra abſolument rien.

Pluſieurs mauvais Journaliſtes ont oſé donner la préférence à l'*Iliade de la Motte* ſur l'*I-
liade d'Homère*. Certainement, s'ils avoient lu
Homère en leur Langue, ils euſſent vu que la
Traduction eſt autant au-deſſous de l'Original, que *Segrais* eſt au-deſſous de *Virgile*.

Un Journaliſte verſé dans la Langue *Grecque*
pourra-t-il s'empêcher de remarquer dans les
Traductions que *Toureil* a fait de *Démoſtène*,
quelques faibleſſes au milieu de ſes beautés ?
Si quelqu'un (dit le Traducteur) *vous demande,
Meſſieurs les Athéniens, avez-vous la paix ? Non
de par Jupiter*, répondez-vous, *nous avons la guerre avec* PHILIPPE. Le Lecteur ſur cet expoſé
pourroit croire que *Démoſtène* plaiſante à contre-tems ; que ces termes familiers, & réſer-
vés pour le bas comique, *Meſſieurs les Athéniens,
de par Jupiter*, répondent à de pareilles expreſſions *Grecques*. Il n'en eſt pourtant rien, & cette faute apartient toute entiére au Traducteur. Ce ſont mille petites inadvertances pareilles qu'un Journaliſte éclairé peut faire ob-

C 3   ſer-

ſerver, pourvu qu'en même-tems il remarque encore plus les beautés.

Il ſeroit à ſouhaiter que les Savans, dans les Langues *Orientales*, nous euſſent donné des Journaux des Livres de l'*Orient*. Le Public ne ſeroit pas dans la profonde ignorance où il eſt de l'Hiſtoire de la plus grande partie de notre Globe; nous nous acoutumerions à réformer notre Chronologie ſur celle des *Chinois*; nous ſerions plus inſtruits de la Religion de *Zoroaſtre*, dont les Sectateurs ſubſiſtent encore, quoique ſans Patrie, à peu près comme les *Juifs*, & quelques autres Sociétés ſuperſtitieuſes répandues de tems immémorial dans l'*Aſie*; on connoîtroit les reſtes de l'ancienne Philoſophie *Indienne*; on ne donneroit plus le nom faſtueux d'*Hiſtoire Univerſelle* a des Recueils de quelques fables d'*Egypte*, des révolutions d'un Païs grand comme la *Champagne*, nommé la *Grèce*; & du Peuple *Romain*, qui tout étendu & tout victorieux qu'il a été, n'a jamais eu ſous ſa domination tant d'Etats que le Peuple de *Mahomet*, & qui n'a jamais conquis la dixième partie du Monde.

Mais auſſi que votre amour pour les Langues étrangéres ne vous faſſe pas mépriſer ce qui s'écrit dans votre Patrie; ne ſoïez point comme ce faux-délicat à qui *Pétrone* a fait dire,

Ales

Ales Phasiacis petita Colchis ;
Atque Afra volucres placent palato ,
Quidquid quæritur optimum videtur.

On ne trouve de Poëte *Français* dans la *Bi-bliothèque* de l'Abbé de *Longuerue* , qu'un tome de *Malherbe.* Je voudrois encore une fois , en fait de Belles-Lettres , qu'on fût de tous les Païs , mais fur-tout du fien. J'apliquerai à ce fujet des vers de M. *de la Motte ;* car il en a quelquefois fait d'excellens.

C'eft par l'étude que nous fommes
Contemporains de tous les hommes ,
Et Citoïens de tous les lieux.

DU

DU STILE

D'UN

JOURNALISTE.

QUANT au ftile d'un Journalifte, *Bayle*
eft peut-être le premier modèle, s'il
vous en faut un ; c'eft le plus profond
Dialecticien qui ait jamais écrit ; c'eft prefque
le feul Compilateur qui ait du goût. Cependant dans fon ftile, toujours clair & naturel,
il y a trop de négligence, trop d'oubli des
bienféances ; trop d'incorrection. Il eft diffus :
il fait à la vérité converfation avec fon Lecteur, comme *Montagne*, & en cela il charme
tout le monde ; mais il s'abandonne à une
molleffe de ftile, & aux expreffions triviales
d'une converfation trop fimple, & en cela il
rebute fouvent l'homme de goût.

En voici un exemple qui me tombe fous la
main, c'eft l'Article d'*Abaillard* dans fon *Dictionnaire. Abaillard*, dit-il, *s'amufoit plus à tâton-
ner & à baifer fon Ecolière, qu'à lui expliquer un
Auteur.* Un tel défaut lui eft trop familier,
ne l'imitez pas ;

Nul

Nul chef-d'œuvre par vous écrit jufqu'aujour-
d'hui
Ne vous donne le droit de faillir comme lùi.

N'emploïez jamais un mot nouveau, à moins
qu'il n'ait ces trois qualités ; d'être néceffaire,
intelligible, & fonore : des idées nouvelles,
fur-tout en Phyfique, exigent des expreffions
nouvelles. Mais fubftituer à un mot d'ufage,
un autre mot qui n'a que le mérite de la nouveauté, ce n'eft pas enrichir la Langue, c'eft
la gâter. Le Siècle de L o u i s XIV. mérite
ce refpect des *Français*, que jamais ils ne parlent en autre Langue que celle qui a fait la
gloire de fes belles années.

Un des plus grands défauts des Ouvrages
de ce Siècle, c'eft le mélange des ftiles, &
fur-tout de vouloir parler des Sciences, comme on en parleroit dans une converfation fa-
miliére. Je vois les Livres les plus férieux des-
honorés par des expreffions qui femblent re-
cherchées par raport au fujet, mais qui font
en éfet baffes & triviales. Par èxemple, *la*
Nature fait les frais de cette dépenfe. Il faut mettre *fur le compte du Vitriol Romain un mérite dont*
nous faifons *honneur à l'Antimoine.* Un Syftème
de *mife.* Adieu *l'intelligence des Courbes,* fi on
néglige le Calcul, &c.

Ce défaut vient d'une origine eftimable ; on
craint le pédantifme ; on veut òrner des matiè-

C 5   res

res un peu féches. Mais *in vitium ducit culpæ fuga ʃi caret arte.* Il me femble que tous les honnêtes-gens aiment mieux cent fois un homme lourd, mais fage, qu'un mauvais plaifant. Les autres Nations ne tombent guéres dans ce ridicule. La raifon en eft, que l'on y craint moins qu'en *France*, d'être ce que l'on eft. En *Allemagne*, en *Angleterre*, un Phyficien eft Phyficien : en *France* il veut encore être plaifant. *Voiture* fut le premier qui eut de la réputation par fon ftile familier. On s'écrioit, cela s'apelle *écrire en homme du Monde, en homme de Cour ; voilà le ton de la bonne compagnie.* On voulut enfuite écrire fur des chofes férieufes de ce ton de la bonne compagnie, lequel fouvent ne feroit pas fuportable dans une Lettre.

Cette manie a infecté plufieurs Ecrits, d'ailleurs raifonnables. Il y a en cela plus de pareffe encore que d'affectation ; car ces expreffions plaifantes, qui ne fignifient rien, & que tout le monde répéte fans penfer, ces lieux communs font plus aifés à trouver, qu'une expreffion énergique & élégante. Ce n'eft point avec la familiarité du ftile Epiftolaire, c'eft avec la dignité du ftile de *Cicéron* qu'on doit traiter la Philofophie. *Mallebranche,* moins pur que *Cicéron*, mais plus fort & plus rempli d'images, me paroît un grand modèle dans ce genre : & plût à Dieu qu'il eût établi des vérités auffi folidement, qu'il a expofé fes opinions avec éloquence !

Locke,

Locke, moins élevé que *Mallebranche*, peut-
être trop diffus, mais plus élégant, s'exprime
toujours dans sa Langue avec netteté & avec
grace. Son stile est charmant, *puroque similli-
mus amni*. Vous ne trouvez dans ces Auteurs
aucune envie de briller à contre-tems, aucune
pointe, aucun artifice. Ne les suivez point
servilement, *O imitatores servum pecus !* mais à
leur exemple remplissez-vous d'idées profondes & justes. Alors les mots viennent aisément, *rem verba sequuntur*. Remarquez que les
hommes qui ont le mieux pensé, sont aussi
ceux qui ont le mieux écrit.

Si la Langue *Française* doit bien-tôt se corrompre, cette altération viendra de deux
sources ; l'une est le stile affecté des Auteurs
qui vivent en *France* ; l'autre est la négligence des Ecrivains qui résident dans les Païs
étrangers. Les papiers publics & les Journaux sont infectés continuellement d'expressions impropres, auxquelles le Public s'acou-
tume à force de les relire.

Par exemple, rien n'est plus commun dans
les Gazettes que cette phrase, nous aprenons
que les Assiégeans *auroient* un tel jour battu
en bréche, on dit que les deux Armées se
feroient aprochées ; au lieu de, les deux Armées se *sont* aprochées, les Assiégeans *ont battu*
en bréche, &c.

Cette construction très-vicieuse est imitée
du

du ftile barbare qu'on a malheureufement confervé dans le Bareau, & dans quelques Edits.
On fait dans ces Pièces parler au Roi un langage *Gothique*. Il dit, on nous *auroit* remontré, au lieu de on nous *a* remontré ; Lettres
Roïaux, au lieu de Lettres *Roïalés ; voulons* &
nous plaît, au lieu de toute autre phrafe plus
méthodique & plus grammaticale. Ce ftile
Gothique des Edits & des Loix, eft comme une
cérémonie dans laquelle on porte des habits
antiques, mais il ne faut point les porter ailleurs. On feroit même beaucoup mieux de
faire parler le langage ordinaire aux Loix,
qui font faites pour être entenduës aifément.
On dévroit imiter l'élégance des *Inftitutes* de
JUSTINIEN. Mais que nous fommes loin
de la forme & du fond des Loix *Romaines* !

Les Ecrivains doivent éviter cet abus, dans
lequel donnent tous les Gazetiers étrangers.
Il faut imiter le ftile de la Gazette qui s'imprime à *Paris*, elle dit au moins correctement
des chofes inutiles.

La plûpart des Gens-de-Lettres qui travaillent en *Hollande*, où fe fait le plus grand
commerce de Livres, s'infectent d'une autre
efpèce de barbarie, qui vient du langage des
Marchands : ils commencent à écrire *par contre*, pour *aû contraire ;* cette *préfente*, au lieu
de cette *Lettre ;* le *change*, au lieu de *changement*. J'ai vû des Traductions d'excellens Livres

vres remplies de ces expreffions. Le feul expofé de pareilles fautes, doit fuffire pour corriger les Auteurs. Plût à Dieu qu'il fût auffi
aifé de remédier au vice qui produit tous les
jours tant d'Ecrits mercenaires, tant d'Extraits infidèles, tant de menfonges, tant de
calomnies, dont la preffe inonde la République des Lettres !

Le 10. *Mai* 1737.

DE

DE
LA MORT
D'HENRI IV.

L E plus horrible accident qui soit jamais arrivé en Europe, a produit les plus odieuses conjectures. Presque tous les Mémoires, du tems de la mort d'HENRI IV. jettent également des soupçons sur les Ennemis de ce bon Roi, sur ses Courtisans, sur les Jésuites, sur sa Maîtresse, sur sa Femme même. Ces accusations durent encore, & on ne parle jamais de cet assassinat, sans former un jugement téméraire. J'ai toujours été étonné de cette facilité malheureuse, avec laquelle les hommes les plus incapables d'une méchante action, aiment à imputer les crimes les plus affreux aux hommes-d'Etat, aux hommes en place. On veut se vanger de leur grandeur, en les accusant; on veut se faire valoir, en racontant des anecdotes étranges. Il en est de la conversation comme d'un Spectacle, comme d'une Tragédie,

die , dans laquelle il faut atacher par de grandes paſſions , & par de grands crimes.

Des Voleurs aſſaſſinent un Homme-de-Lettres nommé *Vergier* , dans la ruë ; tout Paris acuſe de ce meurtre un grand Prince. Une Rougeolle pourprée enleve des Perſonnes conſidérables ; il faut qu'elles aïent été toutes empoiſonnées ; l'abſurdité de l'accuſation , le défaut total de preuves , rien n'arrête ; & la calomnie paſſant de bouche en bouche , & bien-tôt de Livre en Livre , devient une vérité importante aux yeux de la Poſtérité , toujours crédule. Depuis que je m'aplique à l'Hiſtoire, je ne ceſſe de m'indigner contre ces accuſations ſans preuves , dont les Hiſtoriens ſe plaiſent à noircir leurs Ouvrages. La Mere d'Henri IV. mourut d'une pleuréſie : combien d'Auteurs la font empoiſonner par un Marchand de gands , qui lui vendit des gands parfumés , & qui étoit , dit-on l'Empoiſonneur à Breyet de Catherine de Médicis ! On ne s'aviſe guéres de douter que le Pape Alexandre VI. ne ſoit mort du poiſon qu'il avoit préparé pour le Cardinal Cornetto , & pour quelques autres Cardinaux dont il vouloit , dit-on , être l'héritier. Guicciardin , Auteur contemporain , Auteur accrédité , impute la mort de ce Pontife à ce crime , & à ce châtiment du crime ; toute l'Europe adopte le ſentiment de Guicciardin. Et moi j'oſe dire à Guicciardin, l'Eu-

rope

rope est trompée par vous, & vous l'avez été
par votre passion : vous étiés l'ennemi du Pape,
vous en avez trop cru votre haine & les actions de sa vie. Il avoit à la vérité exercé des
vengeances cruelles & perfides, contre des
ennemis aussi perfides & aussi cruels que lui.
Delà vous concluez qu'un Pape de soixante
& quatorze ans n'est pas mort d'une façon naturelle ; vous prétendez sur des raports vagues, qu'un vieux Souverain, dont les coffres
étoient remplis alors de plus d'un million de
ducats d'or, voulut empoisonner quelques
Cardinaux pour s'emparer de leur mobilier.
Mais ce mobilier étoit-il un objet si important ?
Ces éfets étoient presque toujours enlevés par
les Valets-de-chambre, avant que les Papes
pussent en saisir quelques dépouilles. Comment pouvez-vous croire qu'un homme prudent ait voulu hazarder pour un aussi petit
gain, une action aussi infâme, une action qui
demandoit des complices, & qui tôt ou tard
eût été découverte ? Ne dois-je pas croire
le Journal de la Maladie du Pape, plûtôt qu'un
bruit populaire ? Ce Journal le fait mourir
d'une fièvre double-tierce ; il n'y a pas le
moindre vestige de preuve de cette accusation intentée contre sa mémoire. Son fils Bor-
gia tomba malade dans le tems de la mort de
son pere, voilà le seul fondement de l'histoire
du poison.

Le

Le pere & le fils font malades en même-tems, donc ils font empoifonnés : ils font l'un & l'autre de grands politiques, des Princes fans fcrupule, donc ils font ateints du poïfon même qu'ils deftinoïent à douze Cardinaux. C'eft ainfi que raifonne l'animofité ; c'eft la Logique d'un Peuple qui détefte fon Maître. Mais ce ne doit pas être celle d'un Hiftorien : il fe porte pour juge ; il prononce les arrêts de la Poftérité : il ne doit déclarer perfonne coupable, fans des preuves évidentes.

Ce que je dis de Guicciardin ; je le dirai des *Mémoires de* SULLY, au fujet de la mort d'HENRI IV. Ces Mémoires furent compofés par des Sécrétaires du Duc de Sully, alors difgracié par Marie de Médicis : on y laiffe échaper quelques foupçons fur cette Princeffe, que la mort d'HENRI IV. faifoit Maîtreffe du Roïaume, & fur le Duc d'Epernon, qui fervit à la faire déclarer Régente.

Mézérai, plus hardi que judicieux, fortifie ces foupçons ; & celui qui vient de faire imprimer le fixième Tome des *Mémoires de* CONDE', fait fes éforts pour donner au miférable Ravaillac les complices les plus refpectables. N'y a-t'il donc pas affez de crimes fur la terre ? Faut-il encore en chercher où il n'y en a point ?

On acufe à la fois le Pere Alagona Jefuite ; Oncle

Oncle du Duc de Lerme, tout le Conſeil Eſ-
pagnol, la Reine Marie de Médicis, là Maîtreſſe d'HENRI IV. Madame de Verneuil,
& le Duc d'Epernon. Choiſiſſez donc : ſi la
Maîtreſſe eſt coupable, il n'y a pas d'aparence que l'Epouſe le ſoit : ſi le Conſeil d'Eſpa-
gne a mis dans Naples le couteau à la main
de Ravaillac, ce n'eſt donc pas le Duc d'Epernon qui l'a ſéduit dans Paris ; lui que Ravaillac apelloit *Catholique à gros grain*, comme il
eſt prouvé au Procès ; lui enfin qui empêcha
publiquement qu'on ne tuât Ravaillac à l'inſtant qu'on le réconnût tenant ſon couteau ſan-
glant ; lui qui vouloit expreſſément qu'on ré-
ſervât le Scélérat à la queſtion & au ſuplice.

Il y a des preuves, dit Mézérai, *que des Prêtres
avoient mené Ravaillac juſqu'à Naples.* Je répons
qu'il n'y a aucune preuve. Conſultez le Procès
criminel de ce Monſtre, vous y trouverez tout
le contraire.

Les dépoſitions d'un nommé Du Jardin, &
d'une Deſcomans, ne ſont pas des allégations
à opoſer aux aveux que fit Ravaillac dans les
tortures. Rien n'eſt plus ſimple, plus ingénu,
moins embaraſſé, moins inconſtant, rien par
conſéquent de plus vrai que toutes ſes réponſes. Quel intérêt auroit-il eu à cacher les noms
de ceux qui l'avoient abuſé ?

Je conçois bien qu'un Scélérat aſſocié à
d'autres Scélérats de ſa trempe, cèle d'abord
ſes

ſes complices ; les brigands s'en font un point-
d'honneur ; car il y a de ce qu'on apelle honneur juſques dans le crime, cependant ils
avouent tout à la fin. Comment donc un jeune homme qu'on auroit ſéduit, un fanatique
à qui on auroit fait acroire qu'il ſeroit proté-
gé, ne décèleroit-il pas ſes ſéducteurs ? Comment dans l'horreur des tortures n'acuſeroit-
il pas les impoſteurs qui l'ont rendu le plus
malheureux des hommes ? N'eſt-ce pas-là le
premier mouvement du cœur humain ?

Ravaillac perſiſte toujours à dire dans ſes
interrogatoires, j'ai cru bien faire en tuant un
Roi qui vouloit faire la guerre au Pape. J'ai
eu des viſions, des révélations, j'ai cru ſervir
Dieu. Je reconnois que je me ſuis trompé, &
que je ſuis coupable d'un crime horrible. Je
n'y ai été jamais excité par perſonne. Voilà la
ſubſtance de toutes ſes réponſes.

Il avoue que le jour de l'aſſaſſinât il avoit
été dévotement à la Meſſe. Il avouë qu'il avoit
voulu pluſieurs fois parler au Roi, pour le détourner de faire la guerre en faveur des Princes
Hérétiques. Il avouë que le deſſein de tuer le
Roi l'a tenté deux fois, qu'il y a réſiſté, qu'il a
quité Paris pour ſe rendre le crime impoſſible;
qu'il y eſt retourné, vaincu par ſon fanatiſme.
Il ſigne l'un de ſes interrogatoires, FRANÇOIS
RAVAILLAC;

Que

Que toujours dans mon cœur
Jésus soit le vainqueur.

Qui ne voit & ne reconnoit à ces deux vers
dont il accompagné sa signature, un malheureux dévot forcené, dont le cerveau égaré étoit
empoisonné de tout le venin de la Ligue ? Ses
complices étoient la superstition & la fureur,
qui animérent Jean Châtel, Pierre Barriére,
Jâques Clément. C'étoient l'esprit de Poltrot,
qui assassina le Duc de Guise; les maximes de
Baltazar Gerard, assassin du grand Prince d'O-
range. Ravaillac avoit été Feuillant, & il suf-
fisoit alors d'avoir été Moine pour croire que
c'étoit une œuvre méritoire de tuer un Prince
ennemi de sa Religion. On s'étonne qu'on ait
atenté plusieurs fois sur la vie d'HENRI IV.
le meilleur des Rois: on dévroit s'étonner que
les assassins n'aïent pas été encore en plus grand
nombre. Chaque superstitieux avoit continuellement devant les yeux Aod assassinant le Roi
des Philistins; Judith se prostituant à Holoser-
ne, pour l'égorger dormant entre ses bras;
Samuel coupant par morceaux un Roi prisonnier de guerre, envers qui Saül n'osoit violer
le Droit des Nations. Rien n'avertissoit alors
que ces cas particuliers étoient des excep-
tions, des inspirations, des ordres exprès qui
ne tiroient point à conséquence; on les prenoit pour la Loi générale; tout alors encou-
rageoit

rageoit à la démence, tout confacroit le par-
ricide. Il me paroît enfin bien prouvé par
l'efprit de fuperftition, de fureur & d'ignorance qui dominoit, & par la connoiffance du
cœur humain, & par les interrogatoires de
Ravaillac, qu'il n'eut aucun complice. Il faut
fur-tout s'en tenir à ces confeffions faites à la
mort devant les Juges : ces confeffions prouvent que Jean Châtel avoit commis fon parri-
cide dans l'efpérance d'être moins damné, &
Ravaillac dans l'efpérance d'être fauvé.

Il faut l'avouer, ces Monftres étoient fer-
vens dans la Foi. Ravaillac, dans fon interro-
gatoire, fe recommande en pleurant à S. François fon Patron, & à tous les Saints. Il fe con-
feffe avant de recevoir la queftion; il charge
deux Docteurs auxquels il s'eft confeffé, d'affurer le Gréfier que jamais il n'a parlé à perfonne du deffein de tuer le Roi; il avoüe feulement qu'il a parlé au Pere d'Aubigny Jéfuite,
de quelques vifions qu'il a eües, & le Pere
d'Aubigny dit très-prudemment qu'il ne s'en
fouvient pas. Enfin le criminel jure jufqu'au
dernier moment fur fa damnation éternelle,
qu'il eft feul coupable, & il le jure plein de
repentir. Sont-ce-là des raifons? Sont-ce-là
des preuves fuffifantes?

Cependant l'Editeur du fixième tome des
Mémoires de C O N D E' infifte encore; il recherche un paffage des *Mémoires de* l'E T O I L E,

dans

dans lequel on fait dire à Ravaillac à la place
de l'exécution, *on m'a bien trompé , quand on m'a
voulu perſuader que le coup que je ferois ſeroit bien
reçu du peuple , puiſqu'il fournit lui - même des chevaux pour me déchirer.*

Premièrement, ces paroles ne ſont point raportées dans le Procès-verbal de l'exécution.
Secondement, il eſt vrai peut-être que Ravaillac dit , ou voulut dire, *on m'a bien trompé, quand
on me diſoit le Roi eſt haï , on ſe réjouïra de ſa mort.*
Il voïoit le contraire ; il ſe ſouvenoit que les
fanatiques comme lui avoient ſouhaité la mort
de ce Prince, & que le peuple le regrétoit ; il
ſe voïoit l'objet de l'horreur publique ; il pouvoit bien dire , *on m'a trompé.* En éſet , s'il n'a-
voit jamais entendu juſtifier dans les converſa-
tions le crime de Jean Châtel, s'il n'avoit pas
eu les oreilles rebatuës des maximes fanatiques
de la Ligue , il n'eût jamais commis ce parri-
cide. Voilà l'unique ſens de ſes paroles.

Mais les a-t'il prononcées ? Qui l'a dit à M.
de l'Etoile ? Un bruit de Ville qu'il raporte, pré-
vaudra-t'il ſur un Procès-verbal ? Dois - je en
croire M. de l'Etoile, qui écrivoit le ſoir tous
les contes populaires qu'il avoit entendus le
jour ? Défions-nous de tous ces Journaux, qui
ſont des Recueils de tout ce que la renommée
débite. Je lus, il y a quelques années, dix-huit
Tomes *in-folio* des Mémoires du feu Marquis
de Dangeau ; j'y trouvai ces propres paroles.

La

*La Reine d'Espagne, Marie-Loüise d'Orléans,
est morte empoisonnée par le Marquis de Mansfeld;
le poison avoit été mis dans une tourte d'anguilles. La
Dona Molina qui mangea la desserte de la Reine, en
est morte aussi. Trois Caméristes en ont été malades. Le Roi l'a dit ce soir à son petit Couvert.* Qui
ne croiroit un tel fait, circonstancié, apuïé du
témoignage de Loüis XIV. & raporté par un
Courtisan de ce Monarque, par un homme-
d'honneur qui avoit soin de recueillir toutes les
anecdotes? Cependant il est très-faux que la
Dona Molina soit morte alors; il est tout aussi
faux qu'il y ait eu trois Caméristes malades, &
non moins faux que Loüis XIV. ait prononcé
des paroles aussi indiscrétes. Ce n'étoit point
M. de Dangeau qui faisoit ces malheureux Mémoires; c'étoit un vieux Valet-de-chambre
imbécile, qui se mêloit de faire à tort & à
travers des Gazettes Manuscrites de toutes les
sottises qu'il entendoit dans les antichambres.
Je supose cependant que ces Mémoires tom-
bassent dans cent ans entre les mains de quelque Compilateur, que de calomnies alors sous
presse! que de mensonges répétés dans tous
les Journaux! Il faut tout lire avec défiance.
Aristote avoit bien raison, quand il disoit *que
le doute est le commencement de la sagesse.*

🙰🙰

LETTRE

LETTRE
SUR MESSIEURS
JEAN LAW, MELON,
ET
DU TOT*.

 N entend mieux le Commerce de France depuis vingt ans, qu'on ne l'a connu depuis Pharamond jusqu'à Louïs XIV. C'étoit auparavant un Art caché, une espèce de Chimie entre les mains de trois ou quatre hommes, qui faisoient en éfet de l'or, & qui ne disoient pas leur secret. Le gros de la Nation étoit d'une ignorance si profonde sur ce secret important, qu'il n'y avoit guéres de Ministre ni de Juge qui sçût
ce

* Cette Lettre a été imprimée dans les Journaux toute défigurée.

ce que c'étoit que des *Actions*, des *Primes*, le
Change, un *Dividende*. Il a fallu qu'un Ecof-
fois, nommé Jean Law, foit venu en France,
& ait bouleverfé toute l'économie de notre
Gouvernement pour nous inftruire. Il ofa dans
le plus horrible dérangement de nos Finances,
dans la difette la plus générale, établir une Barque & une Compagnie des Indes. C'étoit l'é-
métique à des malades, nous en prîmes trop,
& nous eûmes des convulfions. Mais enfin,
des débris de fon Syftême, il nous refta une
Compagnie des Indes avec cinquante millions
de fonds. Qu'eût-ce été, fi nous n'avions pris
de fa drogue que la dofe qu'il falloit? Le Corps
de l'Etat feroit, je crois, le plus robufte & le
plus puiffant de l'Univers.

Il régnoit encore un préjugé fi groffier parmi nous quand la préfente Compagnie des
Indes fut établie, que la Sorbonne déclara ufu-
raire le dividende des Actions. C'eft ainfi qu'on
acufa de fortilège en 1570. les Imprimeurs
Allemans qui vinrent exercer leur profeffion
en France. Nous autres Français, il faut l'a-
vouer, nous fommes venus bien tard en tout
genre ; nos premiers pas dans les Arts ont été
de nous opofer à l'introduction des vérités
qui nous venoient d'ailleurs ; nous avons foutenu des Thèfes contre la Circulation du Sang,
démontrée en Angleterre ; contre le Mouvement de la Terre, prouvé en Allemagne ; on

Tome VI.   D   a profa proscrit par Arrêt jusqu'à des Remèdes salutaires. Annoncer des vérités, proposer quelque chose d'utile aux hommes, c'est une recette sûre pour être persécuté. Jean Law, cet Ecossois à qui nous devons notre Compagnie des Indes & l'intelligence du Commerce, a été chassé de France, & est mort dans la misère à Venise; & cependant, nous qui avions à peine trois-cens gros Vaisseaux Marchands quand il proposa son Système, nous en avons aujourd'hui dix-huit cens. Nous les lui devons, & nous sommes loin de la reconnaissance.

Les principes du Commerce sont aujourd'hui connus de tout le monde; nous commençons à avoir de bons Livres sur cette matière. *L'essai sur le Commerce* de M. Melon est l'Ouvrage d'un homme d'esprit, d'un bon Citoïen, d'un Philosophe; il se sent de l'esprit du Siècle; & je ne crois pas que du tems même de M. Colbert, il y eut en France deux hommes capables de composer un tel Livre. Cependant il y a bien des erreurs dans ce bon Ouvrage, tant le chemin vers la vérité est difficile: il est bon de relever les méprises qui se trouvent dans un Livre utile, ce n'est même que-là qu'il les faut chercher. C'est respecter un bon Ouvrage de le contredire, les autres ne méritent pas cet honneur.

Voici

Voici quelques propositions qui ne m'ont point paru vraies.

1. Il dit que les Païs où il y a le plus de Mendians, sont les plus barbares. Je pense qu'il n'y a point de Ville moins barbare que Paris, & pourtant où il y ait plus de Mendians : c'est une vermine qui s'atache à la richesse ; les fainéans acourent du bout du Roïaume à Paris, pour y mettre à contribution l'opulence & la bonté. C'est un abus dificile à déraciner, mais qui prouve seulement qu'il y a des hommes lâches, qui aiment mieux demander l'aumône que de gagner leur vie. C'est une preuve de richesse & de négligence, & non point de barbarie.

2. Il répète dans plusieurs endroits, que l'Espagne seroit plus puissante sans l'Amérique : il se fonde sur la dépopulation de l'Espagne, & sur la faiblesse où ce Roïaume a langui long-tems. Cette idée que l'Amérique affaiblit l'Espagne, se voit dans près de cent Auteurs. Mais s'ils avoient voulu considérer que les Trésors du Nouveau-Monde ont été le ciment de la puissance de Charles-Quint, & que par eux Philippe II. auroit été le Maître de l'Europe, si Henri le Grand, Elizabeth, & les Princes d'Orange, n'eussent été des Héros, ces Auteurs auroient changé de sentiment. On a cru que la Monarchie Espagnole étoit anéantie, parce que les Rois Philippe III.

Philippe

Philippe IV. & Charles II. ont été malheureux, ou faibles. Mais que l'on voïe comme
cette Monarchie a repris tout-d'un-coup une
nouvelle vie sous le Cardinal Albéroni ; que
l'on jette les yeux sur l'Afrique & sur l'Italie,
Théâtre de Conquêtes du présent Gouvernement Espagnol, il faudra bien convenir alors
que les Peuples sont ce que les Rois ou les
Ministres les font être. Le courage, la force,
l'industrie, tous les talens restent ensévelis,
jusqu'à ce qu'il paroisse un Génie qui les res-
suscite ; le Capitole est habité aujourd'hui par
des Récolets, & on distribuë des chapelets au
même endroit où des Rois vaincus suivoient
le char de Paul Emile. Qu'un Empereur siège
à Rome, & que cet Empereur soit un Jules
César, tous les Romains redeviendront des
Césars eux-mêmes. Quant à la dépopulation
de l'Espagne, elle est moindre qu'on ne le dit ;
& après-tout, ce Roïaume & les Etats de l'A-
mérique qui en dépendent, sont aujourd'hui
des Provinces d'un même Empire, divisées par
un espace qu'on franchit en deux mois ; enfin
leurs trésors deviennent les nôtres, par une
circulation nécessaire ; la Cochenille, l'Indi-
go, le Quinquina, les Mines du Mexique &
du Pérou sont à nous, & par-là nos Manufactures sont aux Espagnols. Si l'Amérique
leur étoit à charge, persisteroient-ils si long-
tems à défendre aux Etrangers l'entrée de ce
Païs ?

Païs ? Garde-t'on avec tant de foin le principe
de fa ruïne, quand on a eu deux-cens ans pour
faire fes réflexions ?

3. Il dit que la perte des Soldats n'eft point
ce qu'il y a de plus funefte dans les Guerres ;
que cent mille hommes tués font une petite
portion fur vingt millions ; mais que les aug-
mentations des impofitions rendent vingt millions d'hommes malheureux. Je lui paffe qu'il
y ait vingt millions d'ames en France, mais je
ne lui paffe point qu'il vaille mieux égorger
cent-mille hommes, que de faire païer quelques impôts au refte de la Nation. Ce n'eft
pas tout, il y a ici un étrange & funefte mé-
compte. Louis XIV. a eu, en comptant tout
le Corps de la Marine, quatre-cens-quarante-
mille hommes effectifs à fa folde pendant la
guerre de 1701. jamais l'Empire Romain n'en
a eu tant. On a obfervé que le cinquième d'une
Armée périt au bout d'une campagne, foit
par les maladies, foit par les accidens, foit par
le fer & le feu. Voilà quatre-vingt-huit-mille
hommes robuftes que la guerre détruifoit chaque année : donc au bout de dix ans l'Etat
perdit huit-cens-quatre-vingt mille hommes,
& avec eux les enfans qu'ils auroient produits.
Maintenant fi la France contient dix-huit-millions d'ames, ôtez-en près d'une moitié pour
les Femmes, retranchez les Vieillards, les Enfans, le Clergé, les Religieux, les Magiftrats &

D 3   les

les Laboureurs, que reste-t'il pour défendre la Nation ? Sur dix-huit-millions à peine trouverez-vous dix-huit-cens-mille hommes, & la guerre en dix ans en détruit près de neuf-cens-mille, elle fait périr dans une Nation la moitié de ceux qui peuvent combattre pour elle, & vous dites qu'un impôt est plus funeste que leur mort ?

Après avoir relevé ces inadvertances, que l'Auteur eût relevées lui-même, souffrez que je me livre au plaisir d'estimer tout ce qu'il dit sur la Liberté du Commerce, sur les Denrées, sur le Change, & sur-tout sur le Luxe. Cette sage apologie du Luxe est d'autant plus estimable dans cet Auteur, & a d'autant plus de poids dans sa bouche, qu'il vivoit en Philosophe.

Qu'est-ce en éfet que le Luxe ? C'est un mot sans idée précise, à peu près comme lorsque nous disons les Climats d'Orient & d'Occident : il n'y a en éfet ni Orient ni Occident ; il n'y a pas de point où la Terre se lève & se couche, ou, si vous voulez, chaque point est Orient & Occident. Il en est de même du Luxe, ou il n'y en a point, ou il est par-tout. Transportons-nous au tems où nos Peres ne portoient point de chemises. Si quelqu'un leur eût dit, il faut que vous portiez sur la peau des étoffes plus fines & plus légères que le plus fin drap, blanches comme de la neige, & que vous

vous en changiez tous les jours; il faut même, quand elles feront un peu falies, qu'une composition faite avec art leur rende leur première blancheur; tout le monde se feroit écrié; ah quel luxe, quelle molesse! une telle magnificence est à peine faite pour les Rois! vous voulez corrompre nos mœurs & perdre l'Etat.

Entend-on par Luxe, la dépense d'un homme opulent? Mais faudroit-il donc qu'il vécût comme un pauvre, lui dont le luxe seul fait vivre les pauvres? La dépense doit être le thermomètre de la fortune d'un Particulier, & le Luxe général est la marque infaillible d'un Empire puissant & respectable. C'est sous Charlemagne, sous François I. sous le Ministère du grand Colbert, & sous celui-ci, que les dépenses ont été les plus grandes; c'est-à-dire, que les Arts ont été le plus cultivés.

Que prétendoit le satirique, l'amer *La Bruyère?* Que vouloit dire ce Misantrope forcé, en s'écriant? *Nos ancêtres ne savoient point préférer le faste aux choses utiles; on ne les voïoit point s'éclairer avec des bougies; la cire étoit pour l'Autel & pour le Louvre. Ils ne disoient point qu'on mette les chevaux à mon carosse; l'étain brilloit sur les tables & sur les buffets; l'argent étoit dans les coffres,* &c. Ne voilà-t-il pas un plaisant éloge à donner à nos Peres, de ce qu'ils n'avoient ni abondance, ni industrie, ni goût, ni propriété; l'argent

D 4　　　　étoit

étoit dans les çoffres. Si cela étoit, c'étoit une très-grande fottife. L'argent eft fait pour circuler, & pour faire éclore tous les Arts ; pour acheter l'induftrie des hommes. Qui le garde eft mauvais Citoïen, & même eft mauvais ménager. C'eft en ne le gardant pas, qu'on fe rend utile à la Patrie & à foi-même. Ne fe laffera-t'on jamais de louer les défauts du tems paffé, pour infulter aux avantages du nôtre ? Ce Livre de M. Melon en a produit un de M. Dutot, qui l'emporte de beaucoup pour la profondeur & pour la juftefte ; & l'Ouvrage de M. Dutot en va produire un autre de l'illuftre Paris du Vernay, lequel probablement vaudra beaucoup mieux que les deux autres ; parce qu'il fera fait par un homme d'État. Jamais les Belles-Lettres n'ont été fi liées avec la Finance , & c'eft encore un des mérites de notre Siècle.

II. LET-

II. LETTRE

SUR LE

MÊME SUJET,

Dans laquelle on traite des Changemens dans les Monnoïes, du Luxe des Peuples, & du Revenu des Rois.

ONSIEUR DUTOT démontre que toute mutation de Monnoie a été onéreuse au Peuple & au Roi sous le dernier Règne. Mais n'y a-t-il point de cas où une Augmentation de la valeur des Monnoïes devient néceſſaires.

Dans un Etat, par exemple, qui a peu d'Argent & peu de Commerce; (& c'eſt ainſi que la France a été long-tems.) un Seigneur a cent marcs de rente: Il emprunte pour marier ſes filles, ou pour aller à la guerre, mille marcs, dont il paie cinquante marcs annuellement: Voilà ſa maiſon réduite à la dépenſe de cinquante marcs, pour fournir à tous ſes beſoins. Cependant la Nation ſe rend plus induſtrueu-

D 5 ſe,

se, elle fait un commerce, l'argent devient plus abondant, la main-d'œuvre devient plus chère, les dépenses du Luxe convenable à la dignité de cette Maison doublent, triplent, quadruplent, pendant que le blé, qui fait la ressource de sa Terre, n'augmente pas dans cette proportion, parce qu'on ne mange pas plus de pain qu'auparavant, mais on consomme plus en magnificence : ce qu'on achetoit cinquante marcs en coutera deux-cens, & le Possesseur de la Terre, obligé de païer cinquante marcs de rente, sera réduit à vendre sa Terre. Ce que je dis du Seigneur, je le dis du Magistrat, & de l'Homme-de-Lettres, &c. comme du Laboureur, qui achette plus cher sa vaisselle d'étain, sa tasse d'argent, son lit, son linge. Enfin le Chef de la Nation est dans ce cas, lorsqu'il n'a qu'un certain fond règlé, & certains droits qu'il n'ose trop augmenter, de peur d'exciter des murmures.

Dans cette situation pressante, il n'y a certainement qu'un parti à prendre, c'est de soulager le Débiteur. On peut le favoriser en abolissant les dettes : c'est ainsi qu'on en usoit chez les Egyptiens, & chez plusieurs Peuples de l'Orient, au bout de cinquante ou de trente années. Cette coutume n'étoit point si dure qu'on le pense; car les Créanciers avoient pris leurs mesures suivant cette Loi, & une perte prévue de loin n'est plus une perte. Quoique cette Loi ne

soit

foit point en vigueur chez nous, il a pourtant
bien falu y revenir en éfet, quelque détour que
l'on ait pris : car trouver le moïen de ne païer
que le quart de ce que je devois, n'eſt-ce pas
une eſpèce de Jubilé ? Or on trouve ce moïen
très-aiſément, en donnant aux Eſpèces une valeur idéale, & en diſant, cette Pièce d'or qui
valoit ſix francs, en vaudra aujourd'hui vingt-
quatre ; & quiconque devoit quatre de ces Pièces d'or, ſous le nom de francs chacune, s'a-
quitera en païant une ſeule Pièce d'or, qu'on
appellera vingt-quatre francs. Comme ces opérations ſe ſont faites petit-à-petit, ce changement n'a point éfraïé. Tel qui étoit à la fois Débiteur & Créancier, gagnoit d'un côté ce qu'il
perdoit de l'autre. Tel autre faiſoit le Commerce, tel autre enfin en ſouffroit, & ſe ré-
duiſoit à épargner.

C'eſt ainſi que toutes les Nations Européa-
nes en ont uſé avant d'avoir établi un Commerce règlé & puiſſant. Examinons les Romains,
nous verrons que l'*As*, la Livre de cuivre de
douze onces fut réduit à ſix liards de notre
monnoie d'aujourd'hui. Chez les Anglais la Livre Sterling de ſeize onzes d'argent, eſt réduit-
te à vingt-deux francs de notre monnoie. La
Livre de gros des Hollandais n'eſt plus qu'environ douze francs, ou douze de nos Livres
numéraires. Mais c'eſt notre Livre qui a ſouffert les plus grands changemens.

D 6   Nous

Nous appellions, du tems de Charlemagne, une monnoie courante, faisant la vingtième partie d'une Livre, un *solide*, du nom Romain *solidum* : c'est ce *solide* que nous nommons un *sou*, comme nous apellions le Mois d'Auguste barbarement un *Août*, que nous prononçons *Oû*, à force de politesse ; de façon que dans notre Langue si polie, *hodieque manent vestigia ruris.*

Enfin ce *solide*, ce *sou*, qui étoit la vingtième partie d'une Livre, & la dixième partie du Marc d'argent, est aujourd'hui une chétive monnoie de cuivre, qui représente la dix-neuf cent-vingtième partie d'une Livre, l'Argent supposé à quarante-neuf francs le marc. Ce calcul est presque incroïable, & il se trouve par ce cul, qu'une Famille qui auroit eu autrefois cent *solides* de rente, & qui auroit très-bien vécu, n'auroit aujourd'hui que cinq sixièmes d'un écu de six francs à dépenser par an.

Qu'est-ce que cela prouve ? Que de toutes les Nations, nous avons long-tems été la plus changeante, & non la plus heureuse. Que nous avons poussé à un excès intolérable l'abus d'une Loi naturelle, qui ordonne à la longue le soulagement des Débiteurs opprimés. Or puisque M. Dutot a si bien fait voir les dangers de ces promtes secousses que donnent aux Etats les Changemens des valeurs numéraires dans les Monnoies, il est à croire que dans un tems aussi éclairé que le nôtre, nous
n'au-

n'aurons plus à essuïer de pareils orages.

Ce qui m'a le plus étonné dans le Livre de M. Dutot, c'est d'y voir que Louïs XII. François I. Henri II. Henri III. étoient plus riches que Louïs XV. Qui eût cru qu'Henri III. à compter comme aujourd'hui, avoit cent-soixante & trois millions au-delà du revenu de notre Roi? J'avoue que je ne sorts point de surprise. Car comment avec des richesses immenses Henri III. pouvoit-il à peine résister aux Espagnols ? Comment étoit-il opprimé par les Guises ? Comment la France étoit-elle dénuée d'Arts & de Manufactures? Pourquoi nulle belle Maison dans Paris, nul beau Palais bâti par les Rois, aucune magnificence, aucun goût, qui sont la suite de la richesse ? Aujourd'hui, au contraire, trois-cens Forteresses, toûjours bien réparées, bordent nos frontières, deux cens-mille hommes au moins les défendent. Les Troupes qui composent la Maison du Roi, sont comparables à ces dix-mille hommes couverts d'or qui accompagnoient les Chars de Xerxès & de Darius. Paris est deux fois plus peuplé, & cent fois plus opulent que sous Henri III. Le Commerce qui languissoit, qui n'étoit rien alors, fleurit aujourd'hui à notre avantage.

Depuis la dernière refonte des Espèces, on trouve qu'il a passé à la Monnoie douze-cens millions en Or & en Argent. On voit par la Ferme du Marc, qu'il y a en France pour environ

ron autant de ces Métaux orfévris. Il eſt vrai
que ces immenſes richeſſes n'empêchent pas
que le Peuple ne ſoit prêt quelquefois à mourir de faim dans les années ſtériles. Mais ce n'eſt
pas de quoi il s'agit : la queſtion eſt de ſavoir
comment la Nation étant incomparablement
plus riche que dans les Siècles précédens , le
Roi le ſeroit beaucoup moins.

Comparons d'abord les richeſſes de Louïs
XV. à celles de François I. Les revenus de l'E-
tat étoient alors de ſeize millions numéraires
de livres, & la livre numéraire de ce tems-là
étoit à celle de ce tems-ci comme un eſt à quatre & demi. Donc ſeize millions en valoient
ſoixante & douze des nôtres : donc avec ſoixante & douze de nos millions ſeulement , on
ſeroit auſſi riche qu'alors. Mais les revenus de
l'Etat ſont de deux-cens millions : donc de ce
chef , Louïs XV. eſt plus riche de cent-vingt-
huit de nos millions que François I. donc le Roi
eſt environ quatre fois auſſi riche que François
I. donc il tire de ces Peuples quatre fois autant
que François I. en tiroit. Cela eſt déja bien
éloigné du compte de M. du Tot.

Il prétend, pour prouver ſon Syſtême , que
les Denrées ſont quinze fois plus chéres qu'au
XVI. Siècle.

Examinons ces prix de Denrées. Il faut s'en
tenir au prix du Blé dans les Capitales. Année
commune , je trouve beaucoup d'années au
XVI.

XIV. Siècle, dans lesquelles le Blé est à cinquante sous, à vingt-cinq sous, à vingt, à dix-huit
sous, à quatre francs, & j'en forme une année
commune de trente sous. Le Froment vaut aujourd'hui environ douze livres. Les Denrées
n'ont donc augmenté que huit fois en valeur
numéraire ; & c'est la proportion dans laquelle
elles ont augmenté en Angleterre & en Allemagne.

Mais ces trente sous du XVI. Siècle valoient
cinq livres quinze sous des nôtres. Or cinq livres quinze sous font, à cinq sous près, la moitié de douze livres : donc en éfet Louïs XV.
trois fois plus riche que François I. n'achette les
choses en poids de marc que le double de ce
qu'on les achetoit alors.

Or un homme qui a neuf-cens francs, & qui
achette une Denrée six-cens francs, reste certainement plus riche de cent écus, que celui
qui n'aiant que trois-cens livres, achette cette
même Denrée trois-cens livres : donc Louïs
XV. reste plus riche d'un tiers que François I.

Mais ce n'est pas tout : au lieu d'acheter toutes les Denrées le double, il achette les Soldats, la plus nécessaire Denrée des Rois, beaucoup meilleur marché que tous ses Prédécef-
seurs.

Sous François I. & sous Henri II. les forces
des Armées consistoient en une Gendarmerie
Nationale, & en Fantassins Etrangers, que nous
ne

ne pouvons plus comparer à nos Troupes.
Mais l'Infanterie fous Louïs XV. eft païée à peu
près fur le même pié au même prix numéraire
que fous Henri IV. Le Soldat vend fa vie fix
fous par jour, en comptant fon habit : ces fix
fous en valoient douze pareils du tems d'Henri IV. ainfi avec le même revenu qu'Henri le
Grand, on peut entretenir le double de Soldats, & avec le double d'argent on peut en
foudoïer le quadruple. Ce que je dis ici fuffit
pour faire voir que malgré les calculs de M.
Dutot, les Rois, auffi-bien que l'Etat, font
plus riches qu'ils n'étoient. Je ne nie pas qu'ils
ne foient plus endettés.

Louïs XIV. a laiffé à fa mort plus de deux
fois dix centaines de millions de dettes à trente francs le marc, parce qu'il voulut à la fois
avoir cinq-cens-mille hommes fous les armes,
deux-cens Vaiffeaux, & bâtir Verfailles, &
parce que dans la Guerre de la Succeffion d'Efpagne, fes Armées furent long-tems malheu-
reufes. Mais les reffources de la France font
infiniment au-deffus de fes dettes. Un Etat qui
n'eft débiteur qu'à lui-même, ne peut s'apau-
vrir ; & ces dettes mêmes font un nouvel en-
couragement de l'induftrie.

LETTRE

LETTRE

SUR LES

SPECTACLES.

N excommunioit autrefois les Rois
de France ; & depuis Philippe I. juſ-
qu'à Louïs VIII. tous l'ont été ſolem-
nellement, de même que tous les Em-
pereurs, depuis Henri IV. juſqu'à Louïs de Bavière incluſivement. Les Rois d'Angleterre ont
eu auſſi une part très-honnête à ces préſens de
la Cour de Rome. C'étoit la folie du tems, &
cette folie couta la vie à cinq ou ſix-cens-mille
hommes. Actuellement on ſe contente d'ex-
communier les Repréſentans des Monarques :
ce n'eſt pas les Ambaſſadeurs que je veux dire,
mais les Comédiens, qui ſont Rois & Empe-
reurs trois ou quatre fois par ſemaine, & qui
gouvernent l'Univers pour gagner leur vie.

Je ne connois guéres que leur profeſſion, &
celle des Sorciers, à qui on faſſe aujourd'hui
cet honneur : mais comme il n'y a plus de Sorciers,

ciers depuis environ soixante à quatre-vingt
ans que la bonne Philosophie a été connue des
hommes, il ne reste plus pour victimes qu'*Alexandre*, *César*, *Athalie*, *Polieucte*, *Andromaque*,
Brutus, *Zaïre*, & *Arlequin*.

　La grande raison qu'on en apporte, c'est que
ces Messieurs & ces Dames représentent des
passions. Mais si la peinture du cœur humain
mérite une si horrible flétrissure, on dévroit
donc user d'une plus grande rigueur avec les
Peintres & les Statuaires : il y a beaucoup de
Tableaux licentieux qu'on vend publiquement, au lieu qu'on ne représente pas un seul
Poëme dramatique qui ne soit dans la plus
exacte bienséance.

　La Vénus du Titien & du Corrège sont toutes nues, & sont dangereuses en tout tems pour
notre Jeunesse modeste : mais les Comédiens
ne récitent les Vers admirables de *Cinna* que
pendant environ deux heures, & avec l'aprobation du Magistrat, sous l'Autorité Roïale. Pourquoi donc ces personnages vivans sur le Théâtre sont-ils plus condamnés, que ces Comédiens muets sur la Toile ? *ut pictura poësis erit*.
Qu'auroient dit les Sophocles & les Euripides,
s'ils avoient pu prévoir qu'un Peuple qui n'a
cessé d'être barbare qu'en les imitant, imprimeroit un jour cette tache au Théâtre, qui reçut de leur tems une si haute gloire ?

　Esopus & Roscius n'étoient pas des Sénateurs

teurs Romains, il est vrai; mais le *Flamen* ne
les déclaroit point infames, & on ne se doutoit
pas que l'art de Térence fût un art semblable à
celui de Locuste.

Le grand Pape, le grand Prince Léon X. à
qui on doit la renaissance de la bonne Tragédie & de la bonne Comédie en Europe, & qui
fit représenter tant de Pièces de Théâtre dans
son Palais avec tant de magnificence, ne devinoit pas qu'un jour dans une partie de la Gau-
le, des descendans des Celtes & des Gots se
croiroient en droit de flétrir ce qu'il honoroit.

Si le Cardinal de Richelieu eût vécu, lui qui
a fait bâtir la Salle du Palais-Roïal, lui à qui la
France doit le Théâtre, n'eût pas souffert plus
long-tems que l'on osât couvrir d'ignominie
ceux qu'il emploïoit à réciter ses propres Ouvrages.

Ce sont les Hérétiques, il faut l'avoüer, qui
ont commencé à se déchaîner contre le plus
beau de tous les Arts. Léon X. ressuscitoit la
Scène Tragique; il n'en falloit pas davantage
aux prétendus Réformateurs pour crier à l'*œuvre de Satan :* aussi la Ville de Genève, & plusieurs illustres Bourgades de Suisse, ont été cent-
cinquante ans sans souffrir chez eux un violon.
Les Jansénistes qui dansent aujourd'hui sur le
tombeau de St. Pâris, à la grande édification du
Prochain, défendirent le Siècle passé à une Princesse de Conty, qu'ils gouvernoient, de faire
apren-

aprendre à danser à son Fils, attendu que la Danse est trop profane. Cependant il falloit avoir
bonne grace, & savoir le menuet : on ne vouloit point de violon, & le Directeur eut beaucoup de peine à souffrir, par accommodement,
qu'on montrât à danser au Prince de Conty
avec des castagnettes. Quelques Catholiques
un peu Visigots de deçà les Monts, craignirent
donc les reproches des Réformateurs, & criérent aussi haut qu'eux. Ainsi peu-à-peu s'établit dans notre France la mode de diffamer *César* & *Pompée*, & de refuser certaines cérémo-
nies à certaines Personnes gagées par le Roi, &
travaillant sous les yeux du Magistrat. On ne
s'avisa point de reclamer contre cet abus : car
qui auroit voulu se brouiller avec des hommes
puissans, & des hommes du tems présent,
pour les Héros des Siècles passés ?

On se contenta donc de trouver cette rigueur absurde, & d'admirer toujours à bon
compte les Chefs-d'œuvre de notre Scène.

Rome moderne, de qui nous avons apris notre Catéchisme, n'en use point comme nous :
elle a su tempérer les Loix, selon les tems & selon les besoins ; elle a su distinguer les Bateleurs
éfrontés, qu'on censuroit autrefois avec raison,
d'avec les Pièces de Théâtre du Trissin, & de
plusieurs Evêques & Cardinaux, qui ont aidé à
ressusciter la Tragédie.

Aujourd'hui même on représente à Rome
pu-

publiquement des Comédies dans des Maisons
Religieuses ; les Dames y vont sans scandale.
On ne croit point que des Dialogues récités sur
des planches, soient une infamie diabolique :
on a vu jusqu'à la Pièce de *Georges Dandin* exécutée à Rome par des Religieux, en présence
d'une foule d'Ecclésiastiques & de Dames. Les
sages Romains se gardent bien sur-tout d'ex-
communier ces Messieurs qui chantent le des-
sus dans les Opéra Italiens ; car en vérité c'est
bien assez d'être chatié dans ce monde, sans
être encore damné dans l'autre.

Dans le bon tems de Louïs XIV. il y avoit
toujours aux Spectacles qu'il donnoit, un banc,
qu'on nommoit *le banc des Evêques*. J'ai été témoin que dans la Minorité de Louïs XV. le
Cardinal de Fleury, alors Evêque de Fréjus, fut
très-pressé de faire revivre cette coutume.
D'autres tems, d'autres mœurs. Nous sommes
apparemment bien plus sages que dans les tems
où l'Europe entière venoit admirer nos Fêtes,
où Richelieu fit revivre la Scène en France,
où Léon X. fit renaître en Italie le Siècle d'Auguste. Mais un tems viendra que nos Neveux,
en voïant l'impertinent Ouvrage du Pere le
Brun, contre l'Art des Sophocles, & les Œuvres de nos Grands-Hommes imprimés dans
le même-tems, s'écrieront ; *Est-il possible que
les Français aïent pu ainsi se contredire, & que
la plus absurde barbarie ait levé si orgueilleu-
sement*

sement la tête contre les plus belles productions de l'Esprit-humain!

Saint Thomas d'Aquin, dont les mœurs valoient bien celles de Calvin & du Pere Quesnel, St. Thomas qui n'avoit jamais vû de bonne Comédie, & qui ne connoissoit que de malheureux Histrions, devine pourtant que le Théâtre peut être utile ; il eut assez de bon sens & assez de justice pour sentir le mérite de cet Art ; tout informe qu'il étoit, il le permit, il l'aprouva. St. Charles Borromée examinoit lui-même les Pièces qu'on jouoit à Milan ; il les munissoit de son aprobation & de son seing. Qui seront après cela les Visigots qui voudront traiter d'empoisonneurs *Rodrigue* & *Climène* ? Plût au Ciel que ces barbares ennemis du plus beau des Arts, eussent la piété de *Polieucte*, la clémence d'*Auguste*, la vertu de *Burrus*, & qu'ils finissent comme le Mari d'*Alzire* ! ce que je leur souhaite.

LETTRE

LETTRE

DE MONSEIGNEUR

LE CARDINAL

ALBERONI

A MONSIEUR

DE VOLTAIRE.

A Rome le 10. Février 1735.

I L m'est arrivé assez tard, Monsieur, la connoissance de la Vie que vous avez écrite du feu Roi de Suède. Je dois vous rendre bien des graces pour ce qui me regarde. Votre prévention & votre penchant pour ma personne, vous ont porté assez loin, puisqu'avec votre stile sublime vous avez dit plus en deux mots de moi, que ce qu'a dit Pline de Trajan dans son Panégyrique.

Heu-

Heureux les Princes qui nuront le bonheur de vous intéreffer dans leurs faits ! votre plume fuffit pour les rendre immortels. A mon égard, Monfieur, je vous protefte les fentimens de la plus parfaite reconnoiffance, & je vous affure, Monfieur, que perfonne au monde ne vous aime, ne vous eftime & refpecte plus que *le Cardinal* ALBERONI.

REPONSE

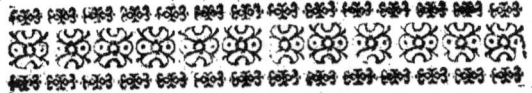

RÉPONSE
DE MONSIEUR
DE VOLTAIRE.

MONSEIGNEUR,

A Lettre dont Votre Eminence m'a honoré, est un prix aussi flâteur de mes Ouvrages, que l'estime de l'Europe a dû vous l'être de vos actions. Vous ne me deviez aucun remerciment, Monseigneur, je n'ai été que l'organe du Public en parlant de vous. La liberté & la vérité qui ont toujours conduit ma plume, m'ont valu votre suffrage. Ces deux caractères doivent plaire à un génie tel que le vôtre. Quiconque ne les aime pas, pourra bien être un homme puissant, mais ne sera jamais un grand-homme.

Je voudrois être à portée d'admirer de plus près celui à qui j'ai rendu justice de si loin. Je ne me flâte pas d'avoir jamais le bonheur de voir Votre Eminence. Mais fi Rome entend affez fes intérêts, pour vouloir au moins rétablir les Arts, le Commerce, & les remettre en quelque fplendeur dans un Païs qui a été autrefois le Maître de la plus belle partie du Monde, j'efpère alors que je vous écrirai fous un autre titre que fous celui de Votre Eminence, dont j'ai l'honneur d'être avec autant d'eftime que de refpect, &c.

LETTRE

LETTRE

DU
PRINCE ROYAL
DE
PRUSSE
A MONSIEUR
DE VOLTAIRE.

Le 8. Août 1736.

 UOIQUE je n'aïe pas la satisfaction de vous connoître personnellement, vous ne m'en êtes pas moins connu par vos Ouvrages. Ce sont des trésors d'esprit, si l'on peut s'exprimer ainsi, & des Pièces travaillées avec tant de goût, que les beautés en paroissent nouvelles chaque fois qu'on les relit. Je crois y avoir reconnu

E 2   le

le caractère de leur ingénieux Auteur, qui fait l'honneur de notre Siècle & de l'Esprit-humain.

Les Grands-Hommes modernes vous auront un jour l'obligation, & à vous uniquement, en cas que la dispute à qui d'eux ou des Anciens la préférence est dûë, vienne à renaître, que vous ferez pancher la balance de leur côté.

Vous ajoutez à la qualité d'excellent Poëte, une infinité d'autres connoissances, qui à la vérité ont quelque affinité avec la Poësie, mais qui ne lui ont été apropriées que par votre plume. Jamais Poëte ne cadença des pensées Métaphisiques, l'honneur vous en étoit réservé le premier.

C'est ce goût que vous marquez dans vos Ecrits pour la Philosophie, qui m'engage à vous envoïer la traduction que j'ai fait faire de l'accusation & de la justification du Sr. Wolf, le plus célèbre Philosophe de nos jours, qui pour avoir porté la lumière dans les endroits les plus ténébreux de la Métaphisique & pour avoir traité ces difficiles matières d'une manière également relevée, précise & nette, est cruellement accusé d'irréligion & d'athéïsme.

Tel est le destin des Grands-Hommes : leur génie supérieur les expose toujours en bute aux traits envenimés de la calomnie & de l'envie.

Je suis à present à faire traduire le *Traité de Dieu, de l'Ame & du Monde*, émané de la plume

me du même Auteur; je vous l'enverrai, Monsieur, dès qu'il sera achevé; & je suis sûr que
la force de l'évidence vous frapera dans toutes ses propositions, qui se suivent géométriquement, & se tiennent les unes aux autres,
comme les anneaux d'une chaîne.

La douceur & le suport que vous marquez
pour tous ceux qui se vouent aux Arts & aux
Sciences, me fait espérer que vous ne m'exclu-
rez pas du nombre de ceux que vous trouvez
dignes de vos instructions. Je nomme ainsi votre commerce de Lettres, qui ne peut être que
profitable à tout Etre pensant. Je me sers de
vos expressions; j'ose même avancer, sans dé-
roger au mérite d'autrui, que dans l'Univers
entier il n'y auroit guères d'exception à faire
de ceux dont vous ne pourriez être le Maître.

Sans vous prodiguer un encens, indigne de
vous être offert, je peux vous dire que je trouve des beautés sans nombre dans vos Ouvrages.
Votre *Henriade* me charme, & triomphe bien
heureusement de la critique peu judicieuse
que l'on a fait d'elle. La Tragédie de *César* nous
fait voir des caractères soutenus, les sentimens
y sont tous sublimes & vrais; & l'on sent que
Brutus est ou Romain ou Anglais. *Alzire* ajoute
aux graces de la nouveauté, cet heureux con-
traste des mœurs des Sauvages & des Européens: vous faites voir par le caractère de *Gus-
man*, qu'un Christianisme mal entendu & guidé

E 3   par

par le faux-zèle, rend plus barbare & plus cruel que le Pàganisme même.

Corneille, le grand Corneille, lui qui s'attiroit l'admiration de tout son Siècle, s'il reffuf-citoit de nos jours, il verroit avec étonnement, & peut-être avec envie, que la tragique Déeffe vous prodigue avec profusion les graces dont elle étoit quelquefois avare envers lui.

A quoi n'a-t'on pas lieu de s'atendre de l'Auteur de tant de Chefs-d'œuvres ? Quelles nouvelles merveilles ne vont pas sortir de la plume, qui jadis traça fi spirituellement & fi élégament le *Temple du Goût* ?

C'eft ce qui me fait defirer fi ardemment d'avoir tous vos Ouvrages; je vous prie, Monfieur, de me les envoïer, & de me les communiquer tous, fans réferve. Si parmi les Manufcrits il y en a quelqu'un que par une circonfpection néceffaire vous trouviez à propos de cacher aux yeux du Public, je vous promets de les conferver dans le fein du fecret, & de me contenter d'y aplaudir dans mon particulier.

Je fai malheureufement que la foi des Princes eft un objet peu refpectable de nos jours; mais j'efpére néanmoins que vous ne vous laifferez pas préoccuper par des préjugés généraux, & que vous ferez une exception de la règle en ma faveur.

Je me croirai plus riche en poffédant vos
Ouvrages,

Ouvrages, que je ne le serois par la possession
de tous les biens passagers & méprisables de la
fortune, qu'un même hazard fait aquérir &
perdre. L'on peut se rendre propres les premiers, s'entend vos Ouvrages, moïennant le
secours de la mémoire, & ils nous durent autant qu'elle. Connoissant le peu d'étenduë de
la mienne, je balance long-tems avant de me
déterminer sur le choix des choses que je juge
dignes d'y placer.

Si la Poësie étoit encore sur le pié où elle
fut autrefois ; sçavoir, que les Poëtes ne savoient que fredonner des Idiles ennuïeux, des
Eglogues faites sur un même moule, des Stan-
ces insipides, ou que tout au plus ils savoient
monter leur lire sur le ton de l'Eloge, j'y re-
noncerois à jamais. Mais vous anoblissez cet
Art, vous nous montrez des chemins nouveaux,
& des routes inconnuës aux Rousseaux.

Vos Poësies ont des qualités qui les rendent
respectables, & dignes de l'admiration & de
l'étude des honnêtes-gens : elles sont un cours
de Morale, où l'on aprend à penser & à agir :
la vertu y est peinte des plus belles couleurs,
l'idée de la véritable gloire y est déterminée,
& vous insinuez le goût des Sciences d'une
manière si fine & si délicate, que quiconque
a lu vos Ouvrages, respire l'ambition de suivre vos traces. Combien de fois ne me suis-je
pas dit, laisse-là un fardeau dont le poids sur-

E 4   passe

paſſe tes forces : l'on ne peut imiter Voltaire,
à moins que d'être Voltaire même. C'eſt dans
ces momens que j'ai ſenti que les avantages de
la naiſſance ſervent à peu de choſe, ou pour
mieux dire à rien : ce ſont des diſtinctions
étrangéres à nous-mêmes, & qui ne décorent
que la figure : celle de l'eſprit ne leur ſont-ils
pas préférables ?

Que ne doit-on pas à ceux qui font des progrès dans les Arts & dans les Sciences ! & c'eſt
aux Princes à récompenſer leurs veilles. Hé !
que la gloire ne ſe ſert-elle de moi pour couronner vos ſuccès ! je ne craindrois autre choſe, ſinon que ce Païs peu fertile en lauriers,
n'en fournit pas tant que vos Ouvrages en méritent. Si mon deſtin ne me favoriſe pas juſqu'au point de pouvoir vous poſſéder, du
moins que je puiſſe eſpérer de voir un jour
celui que depuis ſi long-tems j'admire de loin,
& de vous aſſurer de vive voix que je ſuis
avec toute l'eſtime & la conſidération dûë à
ceux qui ſuivent pour guide le flambeau de
la vérité, & qui conſacrent leurs travaux au
bien-public. Je ſuis, Monſieur, votre affec-
tionné Ami,

FREDERIC, P. R. *de Pruſſe.*

RE'PONSE

RÉPONSE
DE MONSIEUR
DE VOLTAIRE
AU
PRINCE ROYAL
DE
PRUSSE.

MONSEIGNEUR, *26 août 36*

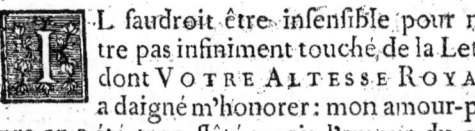L faudroit être insensible pour n'ê-
tre pas infiniment touché de la Lettre
dont VOTRE ALTESSE ROYALE
a daigné m'honorer : mon amour-pro-
pre en a été trop flâté ; mais l'amour du genre-humain que j'ai eu toujours dans le cœur,
& qui, j'ose dire, fait mon caractère, m'a don-

né

né un plaifir mille fois plus pur , quand j'ai vû
qu'il y a dans le monde un Prince qui penfe en
homme , un Prince Philofophe , qui rendra les
hommes heureux.

Souffrez que je vous dife qu'il n'y a perfonne
fur la terre qui ne doive des actions-de-graces
aux foins que vous prenez de cultiver par la
faine Philofophie , une ame née pour commander : croïez qu'il n'y a eu de véritablement bons Rois, que ceux qui ont commencé
comme vous par s'inftruire , par connaître les
hommes, par aimer le vrai, par détefter la per-
fécution & la fuperftition: il n'y a point de Prince qui en penfant ainfi, ne puiffe faire naître
le véritable âge d'or dans fes Etats. Pourquoi
fi peu de Rois cherchent - ils cet avantage ?
Vous le fentez , MONSEIGNEUR, c'eft que
prefque tous fongent plus à la Roïauté qu'à
l'humanité. Vous faites précifément le contraire. Soïez fûr que fi un jour le tumulte des
affaires & la méchanceté des hommes, n'alté-
rent point un fi divin caractère , vous ferez
adoré de vos Peuples , & chéri du monde entier. Les Philofophes dignes de ce nom vo-
leront dans vos Etats ; & comme les Artifans
célèbres viennent en foule dans les Païs où leur
Art eft plus favorifé , les hommes qui penfent
viendront entourer votre Trône.

L'illuftre Reine Chriftine quita fon Roïaume
pour aller chercher les Arts. Règnez , MON-
SEIGNEUR,

SEIGNEUR, & que les Arts viennent vous chercher.

Puiffiez-vous n'être jamais dégoûté des Sciences par les quérelles des Savans. Vous voïez, MONSEIGNEUR, par les chofes que vous daignez me mander, qu'ils font hommes pour la plupart, comme les Courtifans mêmes. Ils font quelquefois auffi avides, auffi intrigans, auffi faux, auffi cruels; & toute la différence qui eft entre les peftes de Cour & les peftes de l'Ecole, c'eft que les derniers font plus ridicules.

Il eft bien trifte pour l'humanité, que ceux qui fe difent les déclarateurs des commandemens Céleftes; les interprètes de la Divinité; en un mot, les Théologiens, foient quelquefois les plus dangereux de tous; qu'il s'en trouve d'auffi pernicieux dans la Société, qu'obfcurs dans leurs idées; & que leur ame foit gonflée de fiel & d'orgueil, à proportion qu'elle eft vuide de vérités : ils voudroient troubler la terre pour un fophifme, & intéreffer tous les Rois à vanger par le fer & par le feu l'honneur d'un argument *in ferio* ou *in barbara*.

Tout Etre penfant qui n'eft pas de leur avis, eft un Athée; & tout Roi qui ne les favorife pas, fera damné. Vous favez, MONSEIGNEUR, que le mieux qu'on puiffe faire, c'eft d'abandonner à eux-mêmes ces prétendus Précepteurs, & ces ennemis réels du henre-humain.

E 6   Leurs

Leurs paroles, quand elles font négligées, fe perdent en l'air comme du vent ; mais fi le poids de l'autorité s'en mêle, ce vent aquiert une force qui renverfe quelquefois le Trône.

Je vois, MONSEIGNEUR, avec la joïe d'un cœur rempli d'amour pour le bien-public, la diftance immenfe que vous mettez entre les hommes qui cherchent en paix la vérité, & ceux qui veulent faire la guerre pour des mots qu'ils n'entendent pas. Je vois que les Newtons, les Leibnitz, les Bayles, les Lockes, ces ames fi élevées, fi éclairées, & fi douces, font ceux qui nourriffent votre efprit, & que vous rejettez les autres alimens prétendus que vous trouveriez empoifonnés, ou fans fubftance.

Je ne faurois trop remercier VOTRE ALTESSE ROYALE de la bonté qu'Elle a eu de m'envoïer le petit Livre concernant Mr. Wolf : je regarde fes idées Métaphifiques comme des chofes qui font honneur à l'efprit humain ; ce font des éclairs au milieu d'une nuit profonde ; c'eft tout ce qu'on peut efpérer, je crois, de la Métaphifique. Il n'y a pas d'aparence que les premiers principes des chofes foient jamais bien connus. Les fouris qui habitent quelques petits trous d'un bâtiment immenfe, ne favent ni fi ce bâtiment eft éternel, ni quel en eft l'Architecte, ni pourquoi cet Architecte l'a bâti. Elles tâchent de conferver leur vie, de peupler leurs trous, &
de

de fuïr les animaux deſtruéteurs qui les pour-
fuivent. Nous ſommes les ſouris ; & le divin
Architeéte qui a bâti cet Univers , n'a encore ,
que je ſache , dit ſon ſecret à aucun de nous.
Si quelqu'un peut prétendre à deviner juſte ,
c'eſt Mr. Wolf. On peut le combatre ; mais il
faut l'eſtimer ; ſa Philoſophie eſt bien loin d'ê-
tre pernicieuſe. Y a-t'il rien de plus beau &
de plus vrai que de dire, comme il fait , que
les hommes doivent être juſtes , quand même
ils auroient le malheur d'être athées ?

Vous avez la bonté , MONSEIGNEUR ,
de me promettre de m'envoïer le *Traité de Dieu*,
de l'*Ame* & du *Monde* ; quel préſent & quel
commerce ! L'héritier d'une Monarchie daigne , du ſein de ſon Palais , envoïer des inſ-
truétions à un Solitaire. Daignez me faire ce
préſent , MONSEIGNEUR ; mon amour
extrême pour le vrai , eſt la ſeule choſe qui
m'en rend digne. La plupart des Princes crai-
gnent d'entendre la vérité , & ce ſera vous
qui l'enſeignerez. A l'égard des Vers dont vous
me parlez , vous penſez ſur cet article auſſi
ſenſément que ſur tout le reſte. Les Vers qui
n'aprennent pas aux hommes des vérités neu-
ves & touchantes , ne méritent guères d'être
lus. Vous ſentez qu'il n'y auroit rien de plus
mépriſable que de paſſer ſa vie à renfermer
dans des rimes , des lieux communs uſés , qui
ne méritent pas le nom de penſées. S'il y a
quelque

quelque chofe de plus vil, c'eft de n'être que
Poëte fatirique, & de n'écrire que pour décrier les autres. Ces Poëtes font dans le Parnaffe, ce que font dans les Ecoles les Docteurs
qui ne favent que des mots, & qui cabalent
contre ceux qui écrivent des chofes.

Si la *Henriade* a pû ne pas déplaire à VOTRE
ALTESSE ROYALE, j'en dois rendre grace
à cet amour du vrai, à cette horreur que mon
Poëme refpire pour les Factieux, pour les Per-
fécuteurs, pour les Superftitieux, pour les Tirans, & pour les Rebelles. C'eft l'Ouvrage
d'un honnête-homme, il devoit trouver grace
devant un Prince Philofophe.

Vous m'ordonnez de vous envoïer mes autres Ouvrages; je vous obéïrai, MONSEI-
GNEUR; vous ferez mon Juge, & vous me
tiendrez lieu du Public. Je vous foumettrai
ce que j'ai hazardé en Philofophie; vos lumières feront ma récompenfe : c'eft un prix
que peu de Souverains peuvent donner; je
fuis fûr de votre fecret; votre vertu doit égaler vos connoiffances.

Je regarderai comme un bonheur bien précieux, celui de venir faire ma cour à VOTRE
ALTESSE ROYALE. On va à Rome pour
voir des Eglifes, des Tableaux, des Ruïnes
& des Bas-reliefs. Un Prince tel que vous mérite bien mieux un voïage; c'eft une rareté
bien plus merveilleufe: mais l'amitié qui me
retient

retient dans la retraite où je fuis, ne me permet pas d'en fortir. Vous penfez fans doute comme Julien, ce grand-homme fi calomnié, qui difoit *que les Amis doivent toujours être préférés aux Rois.*

Dans quelque coin du monde que j'achève ma vie, foïez fûr, MONSEIGNEUR, que je ferai continuellement des vœux pour vous; c'eft-à-dire, pour le bonheur de tout un Peuple, mon cœur fera toujours au rang de vos Sujets, votre gloire me fera toujours chére. Je fouhaite que vous reffembliez toujours à vous-même, & que les autres Rois vous reffemblent. Je fuis avec un très-profond refpect, de

VOTRE ALTESSE ROYALE,

Le très-humble, DE VOLTAIRE.

LETTRE

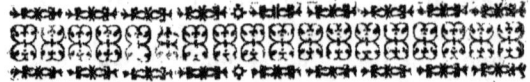

LETTRE
AU ROI
DE
PRUSSE.

A Circy ce 21. Décembre 1741.

 O I que l'on nomme en vain le Pere des
    beaux Vers,
    Malgré tous les mauvais que chaque jour
      voit faire,
  Soleil par quel cruel deſtin
Faut-il que dans ce mois où l'on touche à ſa fin,
Tant de vaſtes degrés t'éloignent de Berlin?
C'eſt là qu'eſt mon Héros, dont le cœur & la tête
Raſſemblent tout le feu qui manque à ſes Etats,
Mon Héros qui de Neiſſ achevoit la conquête
  Quand tu fuïois de nos climats.
Pourquoi vas-tu, dis-moi, vers le Pôle Antarctique?
Quels charmes ont pour toi les Nègres de l'Afrique?
             Revole

Revole fur tes pas loin de ce trifte bord,
Imite mon Héros, viens éclairer le Nord.

C'eft ce que je difois, S I R E, ce matin au
Soleil votre Confrère, qui eft auffi l'ame d'une
partie de ce monde. Je lui en dirois bien davantage fur le compte de V O T R E M A J E S T E',
fi j'avois cette facilité de faire des Vers que je
n'ai plus, & que vous avez. J'en ai reçu ici
que vous avez faits dans Neiff tout auffi aifément que vous avez pris cette Ville. Cette petite anecdote, jointe aux Vers que votre humanité m'a envoïés, immédiatement après la
victoire de Molvits, fournit de bien finguliers
Mémoires pour fervir un jour à l'Hiftoire du
Siècle.

Loüis XIV. prit en hiver la Franche-Comté,
mais il ne donna point de bataille, & ne fit
point de Vers au Camp devant Dole, ou devant Bezançon : auffi j'ai déja pris la liberté de
mander à V O T R E M A J E S T E', que l'Hiftoire de Loüis XIV. me paroiffoit un cercle
trop étroit, je trouve que Frédéric élargit la
fphère de mes idées.

Ces Vers que V O T R E M A J E S T E' a faits
dans Neiff, reffemblent à ceux que Salomon
faifoit dans fa gloire, quand il difoit après
avoir tâté de tout, *tout n'eft que vanité.* Il eft
vrai que le bon-homme parloit ainfi au milieu
de trois cens femmes & de fept cens concubines 2

bines, le tout fans avoir donné de bataille ni fait de fiége. Mais n'en déplaife, S I R E , à Salomon & à vous, ou bien à vous & à Salomon, il ne laiffe pas d'y avoir quelque réalité dans ce monde.

> Conquérir cette Siléfie,
> Revenir couvert de lauriers;
> Dans les bras de la Poëfie,
> Donner aux Belles, aux Guerriers,
> Opéra, Bal, & Comédie;
> Se voir craint, chéri, refpecté,
> Et connaître au fein de la gloire
> L'efprit de la Société,
> Bonheur fi rarement goûté
> Des Favoris de la Victoire;
> Savourer avec volupté
> Dans des momens libres d'affaire
> Les bons Vers de l'Antiquité,
> Et quelquefois en daigner faire
> Dignes de la Poftérité:
> Semblable vie a dequoi plaire,
> Elle a de la réalité,
> Et le plaifir n'eft point chimère.

V O T R E M A J E S T E' a bien fait des chofes en peu de tems. Je fuis perfuadé qu'il n'y a perfonne fur la terre plus occupé qu'Elle,

le , & plus entraîné dans la variété des affaires de toute efpèce. Mais avec ce génie
dévorant, qui met tant de chofes dans fa
fphère d'activité, vous conferverez toujours
cette fupériorité de raifon qui vous élève au-
deffus de ce que vous êtes , & de ce que vous
faites. Tout ce que je crains, c'eft que vous
ne veniez à trop méprifer les hommes. Des
millions d'animaux fans plumes à deux piés
qui peuplent la terre, font à une diftance
immenfe de votre Perfonne, par leur ame
comme par leur état : il y a là-deffus un beau
Vers de Milton,

Amongft unequals no Society.

Je prévois encore un autre malheur : c'eft
que VOTRE MAJESTE' peint fi bien les
nobles friponneries des Politiques, les foins
intéreffés des Courtifans, qu'Elle finira par
fe défier de l'affection des hommes de toute
efpèce , & qu'Elle croira qu'il eft démontré
en morale, qu'on n'aime point un Roi pour
lui-même. Souffrez , SIRE, que je prenne
la liberté de faire contre vous ma démonftration. N'eft-il pas vrai qu'on ne peut pas
s'empêcher d'aimer pour lui-même, un homme d'un efprit fupérieur, qui a bien des talens , & qui joint à tous ces talens-là celui
de plaire ? Or s'il arrive que par malheur ce
génie

génie supérieur soit Roi, son état en doit-il
empirer, & l'aimera t'on moins parce qu'il
porte une Couronne?

Je soutiens donc, en dépit de la Couronne, & de tous vos beaux Vers, qu'on vous
aimera pour vous-même.

LETTRE

LETTRE
DU ROI
DE
PRUSSE.

A Sélovits ce 23. de Mars 1742.

 O n cher Voltaire, je crains de vous écrire, car je n'ai d'autres nouvelles à vous mander, que d'une espéce dont vous ne vous souciez guères, ou que vous abhorrez. Si je vous disois, par exemple, que des Peuples de deux différentes Contrées d'Allemagne sont sortis du fond de leurs habitations pour se couper la gorge, avec d'autres Peuples dont ils ignoroient jusqu'au nom même, & qu'ils ont été chercher jusques dans un Païs fort éloigné. Pourquoi? parce que leur Maître a fait un Contract avec un autre Prince, & qu'ils vouloient, joints en-

sem-

femble, égorger un troifième. Vous me direz
que ces gens font fols, fots & furieux, de fe prê-
ter ainfi aux caprices & à la barbarie de leur
Maître.

Si je vous difois que nous nous préparons
avec grand foin à détruire quelques murailles
élevées à grands frais, que nous faifons la moif-
fon où nous n'avons point femé, & les maîtres
où perfonne n'eft affez fort pour nous réfifter,
vous vous écrieriez, ah barbares! ah brigands
inhumains que vous êtes! diriez-vous; *les injuf-*
tes n'hériteront point le Roïaume des Cieux, felon
St. Matthieu XII. 34. Puis donc que je prévois
ce que vous me diriez fur ces matières, je ne
vous en parlerai point; je me contenterai de
vous informer que le Roi de Pruffe aprenant
que les Etats de fon Allié l'Empereur étoient
ruïnés par la Reine d'Hongrie, eft volé à fon fecours; qu'il a joint fes troupes à celles du Roi
de Pologne pour opérer une diverfion en Baf-
fe-Autriche, & qu'il a fi bien réuffi, qu'il s'attend dans peu à combattre les principales forces de la Reine d'Hongrie pour le fervice de
fon Allié. Voilà de la générofité, direz-vous,
voilà du héroïfme. Cependant, cher Voltaire,
le premier tableau & celui-ci font les mêmes:
c'eft la même femme, qu'on repréfente, pré-
mièrement en cornettes de nuit, lorfqu'elle fe
dépouille de fes charmes, & enfuite avec fon
fard, fes dents, & fes pompons.

De

De combien de différentes façons n'envisage-t-on pas les objets ! Combien les jugemens ne varient-ils point ! Les hommes condamnent le soir ce qu'ils aprouvoient le matin ; ce même soleil qui leur plaisoit à son aurore, les fatigue à son couchant. De-là viennent ces réputations établies, éfacées, & qui se rétablissent pourtant ; & nous sommes assez insensés pour nous donner, pour la réputation, du mouvement pendant notre vie entière ? Est-il possible qu'on ne se soit pas détrompé de cette fausse-monnoie depuis le tems qu'elle est connue !

Je ne vous écris point de Vers, puisque je n'ai pas le tems de toiser des sillabes, & que c'est vouloir divertir un Rossignol par les cris d'un Ane, que de vous envoïer des Vers à vous qui les faites divinement bien. Souffrez que je vous fasse souvenir de l'Histoire de Louïs XIV. Je vous menace de l'excommunication du Parnasse, de la vengeance de Tisiphone, de l'affreux aboïement de Cerbère & des cruelles peines d'Ixion, si vous n'achevez pas cet Ouvrage. Je le lis sans cesse ; mais je me trouve toujours arrêté à la *page* 226.

Adieu, cher Voltaire, aimez un peu, je vous prie, ce Transfuge d'Apollon qui s'est envolé chez Bellone : peut-être reviendra-il un jour servir sous ses vieux drapeaux. Je suis toujours votre Admirateur & Ami.

FRÉDERIC.

LETTRE

LETTRE
DU ROI
DE
PRUSSE
A MADAME
LA DUCHESSE
DE
BRUNSWIK.

A Potzdam ce 8. Octobre 1742.

 A très-chére Sœur, celui qui aura l'honneur de vous rendre cette Lettre, est le Sieur de Voltaire, dont la réputation est si connue & si généralement établie, que tout ce que je puis vous en dire est superflu. Vous pouvez croire que l'Auteur

teur de *la Henriade* eft un honnête-homme, que celui du *Temple de l'Amitié* en connoit le prix, que celui *de la Philofophie de Newton* eft profond, que celui vingt *Tragédies* eft connoiffeur des hommes, & que celui de *la Pucelle*, joint à l'élégance un badinage où les faillies les plus vives & les plus brillantes que l'humeur enjouée puiffe produire. Vous ferez bien, ma très-chére Sœur, de profiter de l'apparition de tant de talens. J'envie bien le plaifir qu'aura Voltaire ; mais je m'oublie, & il m'arriveroit l'avanture de l'Ane & du petit Chien. Adieu, charmante Sœur, confervez-moi quelque part dans votre amitié, & foïez perfuadée que perfonne ne peut être avec des fentimens plus diftinguez, ni avec plus de tendreffe, que votre très-humble Serviteur & fidèle Frére.

FREDERIC.

LETTRE

DE MONSIEUR

DE VOLTAIRE

AU ROI

DE

PRUSSE.

A Paris ce 26. Mai 1742.

L E Salomon du Nord en eft donc l'Ale-
xandre?
Et l'amour de la Terre en eft auffi l'éfroi?
L'Autrichien vaincu fuïant devant mon
Roi,
 Au monde à jamais doit aprendre
Qu'il faut que les Guerriers prennent de vous la loi,
 Comme on vit les Savans l'aprendre.
J'aime peu les Héros, ils font trop de fracas;

Je

Je hais ces Conquérans fiers ennemis d'eux-même,
   Qui dans les horreurs des Combats
   Ont placé le bonheur suprême;
Cherchant par-tout la mort, & la faisant souffrir;
   A cent mille hommes leurs semblables;
Plus leur gloire a d'éclat, plus ils sont haïssables.
   O Ciel que je vous dois haïr!
Je vous aime pourtant, malgré tout ce carnage
Dont vous avez souillé les Champs de nos Germains.
Malgré tous vos Guerriers que ces vaillantes mains
   Font passer au sombre rivage,
Vous êtes un Héros; mais vous êtes un Sage.
Votre raison maudit les exploits inhumains,
   Où vous força votre courage,
Au milieu des canons, sur des morts entassez,
Affrontant le trépas, & fixant la victoire,
Du sang des malheureux cimentant votre gloire,
Je vous pardonne tout, si vous en gémissez.

Je songe à l'humanité, SIRE, avant de songer à vous-même; mais après avoir en Abbé
de St. Pierre pleuré sur le genre-humain, dont
vous devenez la terreur, je me livre à toute la
joie que me donne votre gloire. Cette gloire
sera complette, si VOTRE MAJESTE' force la Reine d'Hongrie à recevoir la paix, & les
Allemands à être heureux. Vous voilà le Héros
de l'Allemagne, & l'Arbitre de l'Europe. Vous

           F 2   en

en ferez le Pacificateur, & nos Prologues d'O-
péra ne feront plus que pour vous.

La fortune qui fe joue des hommes, mais
qui vous femble affervie, arrange plaifamment
les évènemens de ce monde. Je favois bien
que vous feriez de grandes actions ; j'étois fûr
du beau Siècle que vous alliez faire naître ;
mais je ne me doutois pas, quand le Comte
du Four alloit voir le Maréchal de Broglio, &
qu'il n'en étoit pas trop content, qu'un jour ce
Comte du Four auroit la bonté de marcher
avec une armée triomphante au fecours du Maréchal, & le délivreroit par une victoire. Vo-
TRE MAJESTE' n'a pas daigné jufqu'à préfent inftruire le monde des détails de cette
journée ; Elle a eu je crois autre chofe à faire
que des Relations. Mais votre modeftie eft
trahie par quelques témoins oculaires, qui difent tous qu'on ne doit le gain de la bataille qu'à
l'excès de courage & de prudence que vous
avez montré. Ils ajoûtent que mon Héros eft
toujours fenfible, & que ce même homme qui
fait tuer tant de monde, eft au chevet du lit de
M. de Rotembourg. Voilà ce que vous ne
mandez point, & que vous pourriez pourtant
avouer comme des chofes qui vous font toutes
naturelles. Continuez, SIRE, mais faites autant d'heureux au moins dans ce monde, que
vous en avez ôté ; que mon Alexandre rede-
vienne Salomon le plutôt qu'il pourra, & qu'il

daigne

daigne se souvenir quelquefois de son ancien
admirateur; de celui qui par le cœur est à jamais son Sujet; de celui qui viendroit passer
sa vie à vos piés, si l'amitié, plus forte que les
Rois & que les Héros, ne le retenoit pas; &
qui sera attaché à jamais à VOTRE MAJES-
TE', avec le plus profond respect & la plus
tendre vénération,

DE VOLTAIRE.

F 3   LETTRE

LETTRE

DE

MGR. LE CARDINAL

FLEURY

A MONSIEUR

DE VOLTAIRE.

A Iſſi, ce 14. Novembre 1740.

JE reçois dans le moment, Monſieur, une ſeconde Lettre de vous, & je n'en perds pas un auſſi pour y répondre, dans la crainte que M. le Marquis de Beauvau ne ſoit parti de Berlin. Je ne puis qu'aprouver le voïage que vous y allez faire, & vous êtes attaché par des titres trop juſtes & trop preſſans au Roi de Pruſſe, pour ne pas lui donner cette marque de votre reſpect

&

& de votre reconnoiffance. Le motif de la Reine de Saba vous eût fuffi pour ne pas vous y refufer. Je ne favois pas que le précieux préfent que m'a fait Madame la Marquife du Chaftelet de l'*Anti-Machiavel*, vint de vous; il ne m'en eft que plus cher, & je vous en remercie de tout mon cœur. Comme j'ai peu de momens à donner à mon plaifir, je n'ai pu en lire jufqu'ici qu'une quarantaine de pages, & je tâcherai de l'achever dans ce que j'appelle fort improprement ma retraite; car elle eft par malheur trop troublée pour mon repos.

Quel que foit l'Auteur de cet Ouvrage, s'il n'eft pas Prince, il mérite de l'être; & le peu que j'en ai lu, eft fi fage, fi raifonnable, & renferme des principes fi admirables, que celui qui l'a fait feroit digne de commander aux autres hommes, pourvu qu'il eût le courage de les mettre en pratique. S'il eft né Prince, il contracte un engagement bien folemnel avec le Public, & l'Empereur Antonin ne fe feroit pas aquis la gloire immortelle qu'il confervera dans tous les fiècles, s'il n'avoit foutenu par la juftice de fon Gouvernement, la belle morale dont il avoit donné des leçons fi inftructives à tous les Souverains.

Vous me dites des chofes fi flâteufes pour moi, que je n'ai garde de les prendre à la lettre; mais elles ne laiffent pas de me faire un fenfible plaifir, parce qu'elles font du moins

E 4   une

une preuve de votre amitié. Je ferois infiniment touché que Sa Majefté Prufîienne pût trouver dans ma conduite quelque conformité avec fes principes ; mais du moins puis-je vous affurer que je fens & regarde les fiens, comme le modèle du plus parfait & du plus glorieux Gouvernement.

. . . .

. . . .

Je tombe fans y penfer dans des réflexions politiques, & je finis en vous affurant que je tâcherai de ne pas me rendre indigne de la bonne opinion que Sa Majefté Prufîienne daigne avoir de moi. Il a la qualité de Prince de trop ; & s'il n'étoit qu'un fimple Particulier, on fe feroit un bonheur de vivre avec lui en fociété. Je vous porte envie, Monfieur, d'en jouïr, & vous félicite d'autant plus, que vous ne le devez qu'à vos talens & à vos fentimens, &c.

RE'PONSE

RÉPONSE

DE MONSIEUR

DE VOLTAIRE

A MONSEIGNEUR

LE CARDINAL

DE FLEURY.

A Berlin le 26. Novembre 1740.

J'AI reçu, MONSEIGNEUR, votre Lettre du 14. que Monsieur le Marquis de Beauvau m'a remise ; j'ai obéï aux ordres que Votre Eminence ne m'a point donnés ; j'ai montré votre Lettre au Roi de Prusse. Il est d'autant plus sensible à vos éloges qu'il les mérite, & il me paroit

F 5   qu'il

qu'il se dispose à mériter ceux de toutes les Nations de l'Europe. Il est à souhaiter pour leur bonheur, ou du moins pour celui d'une grande partie, que le Roi de France & le Roi de Prusse soient amis. C'est votre affaire ; la mienne est de faire des vœux, & de vous être toujours dévoué, avec le plus profond respect.

LETTRE

LETTRE

DE MONSIEUR

DE VOLTAIRE

AU ROI

DE

PRUSSE.

A Paris ce 15. Mai 1742.

 U A N D vous aviez un Pere, & dans ce
Pere un Maître,
Vous étiez Philofophe, & viviez fous
vos Loix:
Aujourd'hui mis au rang des Rois,
Et plus qu'eux tous digne de l'être,
Vous ferez cependant vingt Maîtres à la fois.

F 6   Ces

Ces Maîtres font Tirans; le premier, c'eft la Gloire,
    Tiran dont vous aimez les fers,
    Et qui met au bout de nos Vers,
Ainfi qu'en vos exploits, *la brillante Victoire.*
    La Politique à fon côté
    Moins éblouiffante, auffi forte,
Méditant, rédigeant, ou rompant un Traité,
Vient mefurer vos pas, que cette gloire emporte.
    L'intérêt, la fidélité,
Quelquefois s'uniffant, & trop fouvent contraire:
Des amis dangereux, de fecrets adverfaires;
Chaque jour des deffeins & des dangers nouveaux;
Tout écouter, tout voir, & tout faire à propos;
    Païer les uns en efpérance,
Les autres en raifons, quélques-uns en bons mots;
Faire chérir fes Loix, & craindre fa puiffance.
    Que d'embarras! que de travaux!
Régner n'eft pas un fort auffi doux qu'on le penfe.
    Qu'il en coute d'être un Héros!

Il ne vous en coute rien à vous, SIRE, tout cela vous eft naturel. Vous faites de grandes, de fages actions, avec cette même facilité que vous faites de la Mufique & des Vers, & que vous écrivez de ces Lettres qui donneroient à un bel-efprit de France une place diftinguée parmi les beaux-efprits, tous jaloux de lui,

Je

Je conçois quelque espérance que VO-
TRE MAJESTE' raffermira l'Europe comme Elle l'a ébranlée, & que mes Confrères
les humains vous beniront après vous avoir
admiré.

Mon espoir n'est pas uniquement fondé sur
le projet que l'Abbé de St. Pierre a envoïé
à VOTRE MAJESTE'; je présume qu'Elle voit les choses que veut deviner le Pacificateur trop mal écouté de ce monde ; &
que le Roi - Philosophe sait parfaitement ce
que le Philosophe qui n'est pas Roi, s'éfor-
ce en vain de deviner.

Je présume encore beaucoup de vos cha-
ritables intentions ; mais ce qui me donne
une sécurité parfaite, c'est une douzaine de
faiseurs & de faiseuses de cabrioles que VO-
TRE MAJESTE' fait venir de France dans
ses Etats. On ne danse guéres que dans la
Paix. Il est vrai que vous avez fait païer les
violons à quelques Puissances voisines, mais
c'est pour le bien commun & pour le vôtre.
Vous avez rétabli la dignité & les prérogati-
ves des Electeurs ; vous êtes devenu tout-
d'un-coup l'Arbitre de l'Allemagne, & vous
avez fait un Empereur; il ne vous en manque que le titre. Vous avez avec cela environ
cent - vingt mille hommes bien faits , bien
armés, bien vétus, bien nourris, bien affec-
tionnés ; vous avez gagné des Batailles & des
Villes

Villes à leur tête ; c'est à vous à danser, SIRE.
Voiture vous auroit dit *que vous avez l'air à
là danse ;* mais je ne suis pas aussi familier
que lui avec les Grands-Hommes & avec les
Rois , & il ne m'appartient pas de jouer aux
Proverbes avec eux.

Au lieu de douze bons Académiciens, vous
avec donc, SIRE , douze bons Danseurs ?
Cela est plus aisé à trouver, & beaucoup plus
gai : on a vu quelquefois des Académiciens
ennuïer un Héros , & des Acteurs de l'Opéra
le divertir.

Cet Opéra dont VOTRE MAJESTE' dé-
core Berlin, ne l'empêche pas de songer aux
Belles-Lettres. Chez vous un goût ne fait
pas tort à l'autre. Il y a de pauvres ames
qui n'ont pas un seul goût , votre ame les a
tous ; & si Dieu aimoit un peu le Genre-humain , il accorderoit cette universalité à tous
les Princes , afin qu'ils pussent discerner le bon
en tout genre , & le protéger : c'est pour
cela que je m'imagine qu'ils sont faits origi-
nairement.

Je connois quelques Acteurs Tragiques qui
ne sont pas sans talens , & qui pourroient convenir à VOTRE MAJESTE' ; car je me flâte qu'Elle ne se bornera pas à des galimatias
Italiens & à des gambades Françaises. Le
Héros aimera toujours le Théâtre , qui représente les Héros. Puissiez-vous, SIRE , jouir

bien-

bient-tôt de toutes fortes de plaifir, comme vous avez aquis toutes fortes de gloire. C'eft le vœu fincére de votre admirateur, qui malheureufement ne vit point dans vos Etats, d'un efprit pénétré de la grandeur du vôtre, & d'un cœur qui s'intéreffé à votre grandeur autant que vous-même.

Recevez, SIRE, avec votre bonté ordinaire, mes très-profonds refpects, &c.

LETTRE

LETTRE

DE MONSIEUR

DE VOLTAIRE

AU ROI

DE

PRUSSE.

c. 15 mars 42

PENDANT que j'étois malade, VOTRE MAJESTE' a fait plus de belles actions, que je n'ai eu d'accès de fiévre. Je ne pouvois répondre aux dernières bontés de VOTRE MAJESTE'. Où aurois-je d'ailleurs adressé ma Lettre? A Vienne? A Presbourg? A Temiswar? A Bruxelles? Vous pouviez être dans quelqu'ùne de ces Villes; & même, s'il est un Etre qui puisse se trouver en plusieurs lieux à la fois, c'est probablement votre Personne, en qualité d'Image de la Divinité, & d'Image très-pensante & très-
agissan-

agiffante. Enfin, SIRE, je n'ai point écrit,
parce que j'étois dans mon lit, quand vous cou-
riez à cheval au milieu des nèges & des fuccès.

D'Efculape les Favoris
Sembloient même me faire acroire
Que j'irois dans le feul Païs
Où n'arrive point votre gloire ;
Dans ce Païs dont par malheur
On ne voit point de Voïageur
Venir nous dire des nouvelles ;
Dans ce Païs où tous les jours,
Les ames lourdes & cruelles
Et des Hongrois & des Pandours,
Vont au Diable au fon des tambours,
Par votre ordre & pour vos quérelles;
Dans ce Païs dont tout Chrétien,
Tout Juif, tout Mufulman raifonne,
Dont on parle en Chaire, en Sorbonne,
Sans jamais en deviner rien ;
Ainfi que le Parifien,
Badaut crédule & fatirique,
Fait des Romans de Politique;
Parle tantôt mal, tantôt bien,
De Bellile & de vous peut-être,
Et dans fon léger entretien
Vous juge à fond fans vous connoître.

Je.

Je n'ai mis qu'un pié fur le bord du Stix, mais je fuis très-fâché du nombre des pauvres malheureux que j'ai vu paffer. Les uns arrivoient de Sharding, les autres de Prague, ou de Diglau. Ne cefferez-vous point, vous & les Rois vos Confrères, de ravager cette terre, que vous avez, dites-vous, tant d'envie de rendre heureufe.

> Au lieu de cette horrible guerre
> Dont chacun fent les contre-coups,
> Que ne vous en raportez-vous
> A ce bon Abbé de St. Pierre ?

Il vous accorderoit tous auffi aifément que Licurgue partagea les Terres de Sparte, & qu'on donne des portions égales aux Moines. Il établiroit les quinze Dominations d'Henri IV. Il eft vrai pourtant qu'Henri IV. n'a jamais fongé à un tel Projet; les Commis du Duc de Sully qui ont fait les *Mémoires*, en ont parlé; mais le Sécrétaire-d'Etat Villeroi, Miniftre des Affaires Etrangères, n'en parle point. Il eft plaifant qu'on ait attribué à Henri IV. le Projet de déranger tant de Trônes, dans le tems qu'il venoit à peine de s'affermir fur le fien.

En attendant, SIRE, que la Diète *Européane*, ou *Europaine*, s'affemble pour rendre tous les Monarques modérés & contens, VOTRE MAJESTE' m'ordonne de lui envoïer ce que j'ai
fait

fait depuis peu du Siècle de Louïs XIV. car Elle
a le tems de lire, quand les autres hommes
n'ont point de tems. Je fais venir mes papiers
de Bruxelles; je les ferai transcrire pour obéir
aux ordres de VOTRE MAJESTE'; Elle verra
peut-être que j'embrasse un trop grand terrain;
mais je travaillois principalement pour Elle, &
j'ai jugé que la sphère du monde n'étoit pas
trop grande. J'aurai donc l'honneur, SIRE,
d'envoïer dans un mois à VOTRE MAJESTE'
un énorme paquet, qui la trouvera au milieu de
quelque bataille, ou dans une tranchée. Je ne
sai si vous êtes plus heureux dans tout ce fracas
de gloire, que vous ne l'étiez dans cette douce
retraite de Remusberg.

> Cependant, grand Roi, je vous aime
> Tout autant que je vous aimai,
> Lorsque vous étiez renfermé
> Dans Remusberg & dans vous-même;
> Lorsque vous mettiez vos exploits
> A combattre avec éloquence
> L'erreur, les vices, l'ignorance,
> Avant de combattre des Rois.

Recevez, SIRE, avec votre bonté ordinaire, mon profond respect, de cette tendre
vénération qui ne finira jamais.

DE VOLTAIRE.

LETTRE

LETTRE

DE MONSIEUR

DE VOLTAIRE

AU ROI

DE

PRUSSE.

SIRE,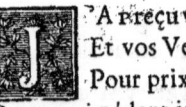

'A reçu votre Lettre aimable,
Et vos Vers fins & délicats,
Pour prix de l'énorme fatras
Dont moi pédant je vous accable.
C'est ainsi qu'un franc discoureur,
Croïant captiver le suffrage
De quelque esprit supérieur

Où

Où de longs argumens l'engage;
L'homme d'efprit, par un bon mot,
Répond à tout ce verbiage,
Et le difcoureur n'eft qu'un fot.

Votre humanité eft plus adorable que jamais; il n'y a pas lieu de vous dire toujours,
VOTRE MAJESTE', cela eft bon pour des
Princes de l'Empire qui ne vóient en vous
que le Roï. Mais moi qui vois l'homme, &
qui ai quelquefois de l'enthoufiafme, j'oublie
dans mon ivreffe le Monarque & la puiffance, pour ne fonger qu'à cet homme enchanteur.

Dites-moi par quel art fublime
Vous avez pu faire à la fois
Tant de progrès dans l'art des Rois,
Et dans l'art charmant de la Rime?
Cet art des Vers eft le premier,
Il faut que le monde l'avouë;
Car des Rois que ce monde louë,
L'un fut prudent, l'autre guerrier;
Celui-ci gai, doux & paifible,
Joignit le mirthe à l'olivier,
Fut indolent & familier;
Cet autre ne fut que terrible.
J'admire leurs talens divers,
Moi que compile leur hiftoire;

Mais

Mais aucun d'eux n'obtint la gloire
De faire de si jolis Vers.
O mon Héros, esprit fertile,
Animé de ce divin feu,
Règner & vaincre n'est qu'un jeu,
Et bien rimer est difficile!
Mais non, cet Art noble & charmant
N'est pour vous qu'un délassement:
L'homme universel que vous êtes,
Vous saisissez également
La lire aimable des Poëtes,
Et de Mars le foudre assommant!
Tout est pour vous amusement
Vos mains à tout sont toujours prêtes,
Vous rimez non moins aisément
Que vous avez fait vos conquêtes.

Si la Reine d'Hongrie, & le Roi mon Seigneur & Maître voïoient la Lettre de VOTRE MAJESTE', ils ne pourroient s'empêcher de rire, malgré le mal que vous avez fait à l'une, & le bien que vous n'avez pas fait à l'autre. Votre comparaison d'une Coquette, qui a donné des faveurs un peu cuisantes, & qui se moque de ses Galants dans les remèdes, est une chose aussi plaisante qu'en aïent dit les Céfars, les Antoines, & les Octaves vos devanciers, gens à grandes actions & à bons mots.

mots. Faites comme vous l'entendrez avec
les Rois, battez-les, quitez-les, quérellez-
vous, raccommodez-vous, mais ne soïez jamais inconstant pour les Particuliers qui vous
adorent.

Vos faveurs étoient dangereuses
Aux Rois qui le méritent bien;
Car tous ces gens-là n'aiment rien,
Et leurs promesses sont trompeuses.
Mais moi je ne vous trompe pas,
Et dont l'amour toujours fidèle
Sent tout le prix de vos apas,
Moi qui vous eusse aimé cruelle,
Je jouïrai sans repentir,
Des caresses & du plaisir
Que fait une Muse si belle.

Il pleut ici de mauvais Livres & de mauvais Vers; mais comme VOTRE MAJESTE'
ne juge pas de tous nos Guerriers par l'avanture de Lints, elle ne juge pas non plus de
l'esprit des Français par les Etrennes de la St.
Jean, ni par les grossiéretés de l'Abbé Desfontaines.

Il n'y a rien de nouveau parmi nos Libraires de Paris; voici le seul trait digne, je crois,
d'être conté. Le Cardinal de Fleury, après
avoir été assez malade, s'avisa, il y a deux
jours,

jours, ne sachant que faire, de dire la Messe à un petit Autel au milieu d'un Jardin où il ge-loît. M. Amelot & M. de Breteuil arrivérent, & lui dirent qu'il se jouoit à se tuer : *Bon, bon, Messieurs*, dit-il, *vous êtes des douillets*. A quatre-vingt-dix ans, quel homme ! S I R E, vivez au-tant, dussiez-vous dire la Messe à cet âge, & moi la servir. Je suis avec le plus profond respect, &c.

VERS

VERS

DE MONSIEUR

DE VOLTAIRE

AU ROI

DE

PRUSSE.

Ce 20. Avril 1741.

H bien mauvais Plaiſans, Critiques obſ-
tinés,
Prétendus Beaux-Eſprits à médire achar-
nés,
Qui parlant ſans penſer, fiers avec ignorance,
Mettez légèrement les Rois dans la balance,
Qui d'un ton déciſif, auſſi hardi que faux,
Aſſurez qu'un Savant ne peut être un Héros,

Tome VI.   G   Ennemis

Ennemis de la Gloire & de la Poëſie,
Grands Critiques des Rois, allez en Siléſie;
Voïez cent Bataillons près de Neiſſ écraſés;
C'eſt-là qu'eſt mon Héros ; venez, ſi vous l'oſez.
Le voilà ce Savant que la Gloire environne,
Qui préſide aux Combats, qui commande à Bellone,
Qui du fier Charles-Douze égalant le grand cœur,
Le ſurpaſſe en prudence, en eſprit en douceur.
C'eſt lui-même ; c'eſt lui dont l'ame univerſelle
Courut de tous les Arts la carriére immortelle ;
Lui qui de la Nature a vu les profondeurs,
Des Charlatans dévots confondit les erreurs;
Lui qui dans un repas, ſans ſoins & ſans affaire,
Paſſoit les ignorans dans l'art heureux de plaire;
Qui fait tout, qui fait tout, qui s'élance à grands pas
Du Parnaſſe à l'Olimpe, & des Jeux aux Combats.
Je ſai que Charles-Douze, & Guſtave & Turenne
N'ont point bu dans les eaux qu'épanche l'Hipo-
            crène :
Mais enfin ces Guerriers, illuſtres Ignorans,
En étoient moins polis, & n'étoient pas plus grands
Mon Prince eſt au-deſſus de leur gloire vulgaire,
Quand il n'eſt point Achille, il ſait être un Homère
Tour-à-tour la terreur de l'Autriche & des Sots,
Fertile en grands projets auſſi-bien qu'en bons mots,
Il épouvente Vienne & les Suppôts de Rome;
Il parle, agit, combat, écrit, règne en Grand-Homme.
O Vous qui prodiguez l'eſprit & les vertus,
                        Repo-

Repofez-vous , mon Prince , & ne m'éfraïez plus:
Et quoique vous fachiez tout penfer & tout faire ,
Songez que les boulets ne vous refpectent guére ,
Et qu'un plomb dans un tube entaffé par des Sots ,
Peut caffer d'un feul coup la tête d'un Héros ,
Lorfque multipliant fon poids par fa viteffe
Il fend l'air qui réfifte & pouffe autant qu'il preffe·
Alors privé de vie , & chargé d'un grand nom ,
Sur un lit de parade étendu tout du long ,
Vous iriez triftement revoir votre Patrie.
O Ciel ! que feroit-on dans votre Académie ?
Un dur Anatomifte , élève d'Atropos ,
Viendroit fcalpel en main difféquer mon Héros ;
La voilà , diroit-il , cette cervelle unique ,
Si belle , fi féconde , & fi philofophique ;
Il montreroit aux yeux les fibres de ce cœur
Généreux , bienfaifant , jufte , plein de grandeur ,
Il couperoit : mais non , ces horribles images
Ne doivent point fouiller les lignes de nos pages.
Confervez , ô mes Dieux ! l'aimable F R E D E R I C ,
Pour fon bonheur , pour moi , pour le bien du Pu-
        blic ,
Vivez , Prince , & paffez dans la Paix , dans la Guerre ,
Sur-tout dans les Plaifirs , tous les Jets de la Terre ,
Théodoric , Ulric , Genferic , Alaric ,
Dont aucun ne vous vaut , felon mon pronoftic.
Mais lorfque vous aurez de victoire en victoire ,
Arondi vos Etats ainfi que votre gloire ,

G 2   Daignez

Daignez vous souvenir que ma tremblante voix
En chantant vos vertus préfagea vos exploits :
Songez bien qu'en dépit de la Grandeur Suprême
Votre main mille fois m'écrivoit , *je vous aime.*
Adieu , grand Politique, & rapide Vainqueur ,
Trente Etats fubjugés ne valent point un cœur.

RE'PONSE

RÉPONSE
DE MONSIEUR
DE VOLTAIRE
A MONSIEUR
ALGAROTI,

Conseiller de Guerre du Roi de Pologne,
Electeur de Saxe.

Février 1747.

 NFANT du Pinde & de Cythère,
Brillant & sage Algaroti,
A qui le Ciel a départi
L'art d'aimer, d'écrire & de plaire,
Et que pour comble de bienfaits
Un des meilleurs Rois de la terre
A fait son Conseiller de Guerre.

G 3   Dès

Dès qu'il a voulu vivre en paix.
Dans vos Palais de porcelaine
Recevez ces frivoles sons,
Enfilés sans art & sans peine
Au charmant Païs des Pompons.
O Saxe ! que nous vous aimons;
O Saxe ! que nous vous devons
D'amour & de reconnoissance;
C'est de votre sein que sortit
Ce Héros qui vange la France,
Et la Nymphe qui l'embellit.
Aprenez que cette Dauphine,
Par ses graces, par son esprit,
Ici chaque jour accomplit,
Ce que votre Muse divine
Dans ses Lettres m'avoit prédit.
Vous penserez que je l'ai vuë
Quand je vous en dis tant de bien,
Et que je l'ai même entenduë.
Je vous jure qu'il n'en est rien,
Et que ma Muse peu connuë,
En vous répétant dans ces vers
Cette vérité toute nuë,
N'est que l'écho de l'Univers.
Une Dauphine est entourée,
Et l'Etiquette est son tourment;
J'ai laissé passer prudemment
Des Paniers la foule dorée,

Qui

Qui remplit tout l'apartement ;
Et cinq cens Dames, qui peut-être
S'aprochant pour la censurer,
Se sont mises à l'adorer,
Dès qu'elles ont pu la connaître.
Virgile étoit-il le premier
A la toilette de Livie ;
Il laissoit passer Cornélie,
Les Ducs, & Pairs, le Chancelier,
Et les cordons bleus d'Italie,
Et s'amusoit sur l'escalier
Avec Tibule & Polimnie.
Mais à la fin j'aurai mon tour,
Les Dieux ne me refusent guéres ;
Je fais aux Graces chaque jour
Une très-dévote prière ;
Je leur dis, Filles de l'Amour,
Daignes à ma Muse discrette,
Accordant un peu de faveur,
Me présenter à votre Sœur
Quand vous serez à sa toilette.

G 4   RE'PONSE

RÉPONSE

DE MONSIEUR

DE VOLTAIRE

AU ROI

DE

PRUSSE,

Qui lui avoit mandé qu'il avoit été très-malade.

Du 9. Mars 1747.

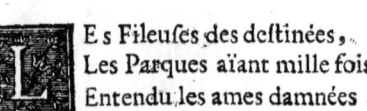

Es Fileuſes des deſtinées,
Les Parques aïant mille fois
Entendu les ames damnées
Parler là-bas de vos Exploits,
De vos Rimes ſi bien tournées,

De

De vos Conquêtes, de vos Loix, *
Et de tant de belles Journées,
Vous crurent le plus vieux des Rois.
Alors des rives du Cocyte,
A Berlin vous rendant visite,
Atropos vint avec le Tems,
Pensant trouver des cheveux blancs,
Frond ridé, face décrépite,
Et propos de quatre-vingt ans.
Que l'inhumaine fut trompée !
Elle aperçut de blonds cheveux,
Un tein fleuri, de grands yeux bleux,
Et votre flûte, & votre épée :
Elle songea pour mon bonheur,
Qu'Orphée autrefois par sa lyre,
Et qu'Alcide par sa valeur,
La bravérent dans son Empire.
Elle trembla, quand elle vit
Ce Monarque qui réunit
Les dons d'Orphée & ceux d'Alcide;
Doublement elle vous craignit,
Et jettant son ciseau perfide,
Chez ses Sœurs elle s'en alla,
Puis pour vous le trio fila
Une trâme toute nouvelle,

Bril-

*Le Roi de Prusse a fait un nouveau Code.

G 5

Brillante, dorée, immortelle;
Bref la même que pour LOUIS;
(Car vous êtes tous deux amis.)
Tous deux vous forcez des murailles,
Tous deux vous gagnés des batailles.
Contre les mêmes Ennemis.
Vous régnés sur des cœurs soumis;
L'un à Berlin, l'autre à Versailles.
Tous deux un jour… mais je finis:
Il est très-aisé de déplaire,
Quand on parle aux Rois trop long-tems.
Comparer deux Héros vivans
N'est pas une petite affaire.

SUITE

SUITE

DES

REMARQUES

SUR LES

PENSÉES

DE

PASCAL.

LVIII.

N ne *passe point dans le monde pour se connoître en Vers, si l'on n'a mis l'enseigne de Poëte ; ni pour être habile en Mathématiques, si l'on n'a mis celle de Mathématicien : mais les vrais honnêtes-gens ne veulent point d'enseigne.*

LVIII. A ce compte il seroit donc mal d'avoir une Profession, un talent marqué, &

d'y

d'y exceller ? Virgile, Homère, Corneille, Newton, le Marquis de l'Hôpital, mettoient une enseigne. Heureux celui qui réüssit dans un Art, & qui se connaît aux autres !

LIX.

Le Peuple a les opinions très-saines : par exemple, d'avoir choisi le divertissement & la chasse, plutôt que la Poësie, &c.

LIX. Il semble que l'on ait proposé au peuple de jouer à la boule, ou de faire des Vers. Non, mais ceux qui ont des organes grossiers, cherchent des plaisirs où l'ame n'entre pour rien ; & ceux qui ont un sentiment plus délicat, veulent des plaisirs plus fins : il faut que tout le monde vive.

LX.

Quand l'Univers écraseroit l'homme, il seroit encore plus noble que ce qui le tuë, parce qu'il sait qu'il meurt ; & l'avantage que l'Univers a sur lui, l'Univers n'en sait rien.

LX. Que veut dire ce mot *noble* ? Il est bien vrai que ma pensée est autre chose, par exemple, que le globe du soleil : mais est-il bien prouvé qu'un animal, parce qu'il a quelques pensées, est plus *noble* que le soleil, qui anime tout ce que nous connaissons de la nature ? Est-ce à l'homme à en décider ? Il est juge & partie. On dit qu'un Ouvrage est supérieur à un autre, quand il a couté plus de peine à l'Ouvrier, & qu'il est d'un usage plus utile : mais

en

en a-t'il moins couté au Créateur de faire le
foleil, que de pêtrir un animal haut d'environ cinq pieds, qui raifonne bien ou mal ?
Qui eft le plus utile au monde, ou de cet
animal, ou de l'aftre qui éclaire tant de glo-
bes ? Et en quoi quelques idées reçuës dans
un cerveau font - elles préférables à l'Univers
matériel ?

LXI.

*Qu'on choififfe telle condition qu'on voudra, &
qu'on y affemble tous les biens & les fatisfactions
qui femblent pouvoir contenter un homme, fi celui
qu'on aura mis en cet état eft fans occupation & fans
divertiffement, & qu'on le laiffe faire réflexion fur ce
qu'il eft, cette facilité languiffante ne le foutiendra
pas.*

LXI. Comment peut-on affembler tous les
biens & toutes les fatisfactions autour d'un
homme, & le laiffer en même-tems fans occupation & fans divertiffement ? N'eft-ce pas-
là une contradiction bien fenfible ?

LXII.

*Qu'on laiffe un Roi tout feul, fans aucune fatis-
faction des fens, fans aucun foin dans l'efprit, fans
compagnie, penfer à foi tout à loifir ; & l'on verra qu'un Roi qui fe voit, eft un homme plein de mife-
res, & qui les reffent comme les autres.*

LXII. Toujours le même fophifme. Un Roi
qui fe recueille pour penfer, eft alors très-oc-
cupé : mais s'il n'arrêtoit fa penfée que fur foi,
en

difant à foi-même je règne, & rien de plus,
ce feroit un idiot.

LXIII.

Toute Religion qui ne reconnoît pas Jesus-Chrift,
eft notoirement fauffe, & les miracles ne lui peuvent
de rien fervir.

LXIII. Qu'eft-ce qu'un miracle ? Quelque
idée qu'on s'en puiffe former, c'eft une chofe
que Dieu feul peut faire. Or on fupofe ici
que Dieu peut faire des miracles pour le fou-
tien d'une fauffe Religion : ceci mérite d'être
bien aprofondi : chacune de ces queftions peut
fournir un volume.

LXIV.

Il eft dit, croïez à l'Eglife ; mais il n'eft pas dit,
croïez aux miracles, à caufe que le dernier eft natu-
rel, & non pas le premier ; l'un avoit befoin de pré-
cepte, & non pas l'autre.

LXIV. Voici, je penfe, une contradiction :
d'un côté les miracles en certaines occafions
ne doivent fervir de rien, & de l'autre on doit
croire fi néceffairement aux miracles, c'eft
une preuve fi convaincante, qu'il n'a pas même fallu recommander cette preuve. C'eft affurément dire le pour & le contre.

LXV.

Je ne vois pas qu'il y ait plus de difficulté de croi-
re à la réfurrection des corps & à l'enfantement de
la Vierge, qu'à la création. Eft-il plus difficile de re-
produire un homme, que de le produire ?

LXV.

LXV. On peut trouver par le feul raifonnement des preuves de la création; car en
voïant que la matière n'exifte pas par elle-même, & n'a pas le mouvement par elle-même,
&c. On parvient à connaître qu'elle doit être
néceffairement créée : mais on ne parvient
point par le raifonnement à voir qu'un corps
toujours changeant doit être reffufcité un jour,
tel qu'il étoit dans le tems même qu'il changeoit. Le raifonnement ne conduit point non
plus à voir qu'un homme doit naître fans germe. La création eft donc un objet de la raifon,
mais les deux autres miracles font un objet
de la Foi.

REMAR-

REMARQUES
SUR DES
PENSÉES
DE
PASCAL,
Qui n'avoient point encore paru.

J'AI lu depuis peu * des Pensées de Pascal, qui n'avoient point encore paru : le Pere des Mollests les a eûës écrites de la main de cet illustre Auteur, & on les fait imprimer: elles me paroissent confirmer ce que j'ai dit, que ce grand génie avoit jetté au hazard toutes ces idées, pour en réformer une partie & emploïer l'autre, &c.

Parmi ces dernières Pensées que les Editeurs des Oeuvres de Pascal avoient rejettées du Recueil, il me paroît qu'il y en a beaucoup qui méritent d'être conservées. En voici quelques-unes que ce grand-homme eût dû, me semble, corriger.

I. *Toutes*

* Le 10, Mai 1738.

I.

Toutes les fois qu'une proposition est inconcevable,
il ne la faut pas nier à cette marque, mais examiner
le contraire ; & si on le trouve manifestement faux,
on peut affirmer le contraire, tout incomprehensible
qu'il est.

I. Il me semble qu'il est évident que les deux
contraires peuvent être faux. Un bœuf vole au
Sud avec des aîles, un bœuf vole au Nord sans
aîles ; vingt-mille Anges ont tué hier vingt-
mille hommes, vingt-mille hommes ont tué
hier vingt-mille Anges : ces propositions contraires sont évidemment fausses.

II.

Quelle vanité que la Peinture qui attire l'admira-
tion par la ressemblance des choses dont on n'admire
pas les originaux.

II. Ce n'est pas dans la bonté du caractère
d'un homme que consiste assurément le mérite
de son Portrait, c'est dans la ressemblance. On
admire César en un sens, & sa statuë ou son
image sur toile en un autre sens.

III.

Si les Medecins n'avoient des soutanes & des mu-
les, si les Docteurs n'avoient des bonnets quarrés &
des robes très-amples, ils n'auroient jamais eu la con-
sidération qu'ils ont dans le monde.

III. Au contraire, les Medecins n'ont cessé
d'être ridicules, n'ont aquis une vraie considé-
ration, que depuis qu'ils ont quité ces livrées de
la

la pédanterie : les Docteurs ne font reçûs dans
le monde parmi les honnêtes-gens, que quand
ils font fans bonnet quarré & fans argumens.

Il y a même des Païs où la Magiftrature fe
fait refpecter fans pompe. Il y a des Rois
Chrétiens très-bien obéis, qui négligent la cérémonie du Sacre & du Couronnement. A mefure que les hommes acquièrent plus de lumières, l'apareil devient plus inutile : ce n'eft
guères que pour le bas-peuple qu'il eft encore
quelquefois néceffaire, *ad populum phaleras*.

I V.

Selon ces lumières naturelles, s'il y a un Dieu, il
eft infiniment incompréhenfible, puifque n'aïant ni
parties ni bornes, il n'a aucun raport à nous : nous
fommes donc incapables de connoître, ni ce qu'il eft,
ni s'il eft.

IV. Il eft étrange que M. Pafcal ait cru qu'on
pouvoit deviner le péché originel par la raifon, & qu'il dife qu'on ne peut connaître par
la raifon fi Dieu eft. C'eft aparemment la lecture de cette Penfée qui engagea le Pere Hardouin à mettre Pafcal dans fa Lifte ridicule des
Athées. Pafcal eût manifeftement rejetté cette
idée, puifqu'il la combat en d'autres endroits.
En éfet, nous fommes obligés d'admettre des
chofes que nous ne conçevons pas. *J'exifte,*
donc quelque chofe exifte de toute éternité, eft une
propofition évidente; cependant comprenons-
nous l'éternité ?

Y. *Croïez*

V.

Croïez-vous qu'il soit impossible que Dieu soit in-
fini sans parties ? oui. Je veux donc vous faire voir
une chose infinie & indivisible : c'est un point se mou-
vant par-tout d'une vitesse infinie, car il est en tous
lieux, & tout entier dans chaque endroit.

V. Il y-a-là quatre faussetés palpables. 1. Qu'un
Point Mathématique existe seul. 2. Qu'il se
meuve à droite & à gauche en même-tems.
3. Qu'il se meuve d'une vitesse infinie, car il
n'y a vitesse si grande qui ne puisse être augmentée. 4. Qu'il soit tout entier par-tout.

VI.

Homère a fait un Roman qu'il donne pour tel.
Personne ne doutoit que Troye & Agamemnon n'a-
voient non plus été que la Pomme d'or.

VI. Jamais aucun Ecrivain n'a révoqué en
doute la Guerre de Troye. La fiction de la
Pomme d'or ne détruit pas la vérité du fond
du sujet. L'Ampoule aportée par une Co-
lombe , & l'Oriflame par un Ange, n'empêchent pas que Clovis n'ait en éfet règné en
France.

VII.

Je n'entreprendrai pas de prouver ici par des rai-
sons naturelles , ou l'Existence de Dieu , ou la Tri-
nité , ou l'Immortalité de l'Ame , parce que je ne me
sentirois pas assez fort pour trouver dans la nature
de quoi convaincre des Athées endurcis.

VII. Encore une fois, est-il possible que ce
soit

foit Pafcal qui ne fe fente pas affez fort pour prouver l'exiftence de Dieu ?

VIII.

Les opinions relâchées plaifent tant aux hommes naturellement, qu'il eft étrange qu'elles leur déplaifent.

VIII. L'expérience ne prouve-t'elle pas au contraire, qu'on n'a de crédit fur l'efprit des peuples, qu'en leur propofant le difficile, l'impoffible même à faire & à croire. Les Stoïciens furent refpectés, parce qu'ils écrafoient la Nature-humaine. Ne propofez que des chofes raifonnables, tout le monde répond, nous en favions autant. Ce n'eft pas la peine d'être infpiré pour être commun : mais commandez des chofes dures, impraticables ; peignez la Divinité toujours armée de foudres, faites couler le fang devant fes Autels, vous ferez écouté de la multitude, & chacun dira de vous, il faut qu'il ait bien raifon, puifqu'il débite fi hardiment des chofes fi étranges.

Je ne vous envoie point mes autres Remarques fur les Penfées de M. Pafcal, qui entraîneroient des difcuffions trop longues. C'eft affez d'avoir cru apercevoir quelques erreurs d'inatention dans ce grand génie : c'eft une confolation pour un efprit auffi borné que le mien, d'être bien perfuadé que les plus grands hommes fe trompent comme le vulgaire.

LETTRE

LETTRE

DE

L'AUTEUR

A

M^R. DE S****.

 E vous remercie, Monfieur, de la figure que vous avez bien voulu m'envoïer, de la Machine dont vous vous servez pour fixer l'image du Soleil. J'en ferai une fur votre deffein, & je ferai délivré d'un grand embarras ; car moi qui fuis fort mal adroit, j'ai toutes les peines du monde dans ma Chambre avec mes Miroirs. A mefure que le Soleil avance, les couleurs s'en vont, & reffemblent aux affaires de ce monde, qui ne font pas un moment de fuite dans la même fituation. J'appelle votre Machine un *Sta Sol.* Depuis Jofué, perfonne avant vous n'avoit arrêté le Soleil.

J'ai

J'ai reçu dans le même paquet l'Ouvrage que je vous avois demandé, dans lequel mon Adversaire, & celui de tous les Philosophes, emploïe environ trois cens pages au sujet de quelques Pensées de *Pascal*, que j'avois examinées dans moins d'une feuille.

Je suis toujours pour ce que j'ai dit. Le défaut de la plupart des Livres est d'être trop longs. Si on avoit eu la raison pour soi, on seroit court ; mais peu de raison & beaucoup d'injures ont fait les trois cens pages.

J'ai toujours cru que *Pascal* n'avoit jetté ses idées sur le papier, que pour les revoir & en rejetter une partie. Le Critique n'en veut rien croire. Il soutient que *Pascal* aïmoit toutes ses idées, & qu'il n'en eût retranché aucune : mais s'il savoit que les Editeurs eux-mêmes en suprimérent la moitié, il seroit bien surpris.

Il n'a qu'à voir celles que le Pere des Mollests a recouvrées depuis quelques années, écrites de la main de *Pascal* même ; il sera bien plus surpris encore. Elles sont imprimées dans le *Recueil de Littérature*. En voici quelques-unes.

Selon les lumières naturelles s'il y a un Dieu, il n'a ni parties ni bornes, il n'a aucun rapport à nous. Nous sommes donc incapables de connoître, ni ce qu'il est, ni s'il est. Croïez-vous en bonne-foi, Monsieur, que *Pascal* eût conservé ce *s'il est ?*

Apa-

Aparemment que le Pere Hardouin avoit eu cette penſée , quand il mit *Paſcal* dans ſa ridicule Liſte des Athées modernes.

Je ne me ſentirois pas aſſez de force pour trouver dans la nature de quoi convaincre des Athées.

Mais Clarck, Locke, Wolf, & tant d'autres ont eu cette force ; & aſſurément *Paſcal* l'auroit eue.

Toutes les fois qu'une Propoſition eſt inconcevable, il ne faut pas la nier, mais examiner le contraire ; & s'il eſt manifeſtement faux, on peut affirmer le contraire, tout incompréhenſible qu'il eſt.

Paſcal avoit oublié ſa Géométrie, quand il faiſoit cet étrange raiſonnement. Deux quarés font un cube, deux cubes font un quaré, voilà deux propoſitions contraires , toutes deux également abſurdes, &c.

Je veux vous faire voir une choſe infinie & indiviſible ; c'eſt un point ſe mouvant par-tout d'une viteſſe infinie ; car il eſt en tous lieux & tout entier.

Voilà qui eſt encore bien antimathématique. Il y a autant de fautes que de mots. Aſſurément de telles idées n'étoient pas faites pour être emploïées. Mon Critique changera un peu d'avis, s'il va à votre école. Il verra qu'il s'en faut bien qu'on doive croire aveuglément tout ce que *Paſcal* a dit.

Il croïoit toujours pendant la derniére année de ſa vie voir un abîme à côté de ſa chaiſe.

Fau-

Faudroit-il pour cela que nous en imaginaſ-
ſions autant ? Pour moi, je vois auſſi un abîme,
mais c'eſt dans les choſes qu'il a cru expliquer.

Vous trouverez dans les Mêlanges de Leibnitz, que la mélancolie égara ſur la fin la raiſon
de *Paſcal* ; il le dit même un peu durement.
Il n'eſt pas étonnant, après-tout, qu'un homme d'un tempérament délicat, d'une imagination triſte, comme *Paſcal*, ſoit, à force de
mauvais régime, parvenu à déranger les organes de ſon cerveau. Cette maladie n'eſt ni
plus ſurprenante, ni plus humiliante que la
fiévre & la migraine. Si le grand *Paſcal* en a
été attaqué, c'eſt *Samſon* qui perd ſa force.

Je ne ſai de qu'elle maladie étoit affligé le
Docteur qui argumente ſi amérement contre
moi ; mais il prend le change en tout, & principalement ſur l'état de la queſtion.

Le fond de mes petites Remarques ſur les
Penſées de Paſcal, c'eſt qu'il faut croire ſans
doute au Péché originel, puiſque la Foi l'ordonne ; & qu'il faut y croire, d'autant plus que
la raiſon eſt abſolument impuiſſante à nous
montrer que la nature-humaine eſt déchue. La
révélation ſeule peut nous l'aprendre. *Platon*
s'y étoit jadis caſſé le nez. Comment pouvoit-
il ſavoir que les hommes avoient été autrefois
plus beaux, plus grands, plus forts, plus heureux : qu'ils avoient eu de belles aîles, & qu'ils
avoient fait des enfans ſans femmes ?

Tous

Tous ceux qui se sont servis de la Physique pour prouver la décadence de ce petit Globe de notre Monde, n'ont pas eu meilleure fortune que Platon. Voïez-vous ces vilaines Montagnes, *disoient-ils*, ces Mers qui entrent dans les terres, ces Lacs sans issue ? Ce sont des débris d'un Globe maudit. Mais quand on y a regardé de plus près, on a vu que ces Montagnes étoient nécessaires pour nous donner des Rivières & des Mines, & que ce sont les perfections d'un Monde béni.

De même mon Censeur assure que notre vie est fort racourcie en comparaison de celle des Corbeaux & des Cerfs; il a entendu dire à sa Nourice que les Cerfs vivent trois cens ans, & les Corbeaux neuf cens. La Nourice d'Hésiode lui avoit fait aussi aparemment le même conte. Mais mon Docteur n'a qu'à interroger quelque Chasseur, il saura que les Cerfs ne vont jamais à vingt ans. Il a beau faire, l'homme est de tous les animaux celui à qui Dieu acorde la plus longue vie; & quand mon Critique me montrera un Corbeau qui aura cent deux ans, comme Mr. de *St. Aulaire* & Madame de *Chanclos*, il me fera plaisir.

C'est une étrange rage que celle de quelques Messieurs, qui veulent absolument que nous soïons misérables. Je n'aime point un Charlatan qui veut me faire acroire que je suis malade pour me vendre ses pillules. Garde ta dro-

Tome VI.   H   gue,

gue, mon ami, & laiffe-moi ma fanté. Mais
pourquoi me dis-tu des injures ? parce que
je me porte bien, & que je ne veux point de
ton orviétan.

Cet homme m'en dit de très-groffiéres, felon la louable coutume des gens pour qui les
rieurs ne font pas. Il a été déterrer dans je ne
fai quel Journal, je ne fai quelles Lettres fur la
nature de l'Ame, que je n'ai jamais écrites,
& qu'un Libraire a toujours mifes fous mon
nom à bon compte, auffi-bien que beaucoup
d'autres chofes que je ne lis point.

Mais puifque cet homme les lit, il devoit
voir qu'il eft évident que ces Lettres fur la
nature de l'Ame ne font point de moi, & qu'il
y a des pages entiéres copiées mot à mot de
ce que j'ai écrit autrefois fur Locke. Il eft
clair qu'elles font de quelqu'un qui m'a volé ; mais je ne vole point ainfi, quelque
pauvre que je puiffe être.

Mon Docteur fe tue à prouver que l'Ame eft
fpirituelle. Je veux croire que la fienne l'eft,
mais en vérité fes raifonnemens le font fort peu.

Il veut donner des fouflets à Locke fur ma
joue, parce que Locke a dit que Dieu étoit
affez puiffant pour faire penfer un élément de
la Matière. Plus je relis ce Locke, & plus je
voudrois que tous ces Meffieurs l'étudiaffent.
Il me femble qu'il a fait comme Augufte, qui
donna un Edit *de coërcendo intra fines Imperio.*
                                        Locke

Locke a refferré l'Empire de la Science pour
l'affermir. Qu'eft-ce que l'Ame ? Je n'en fai
rien. Qu'eft-ce que la Matière ? Je n'en fai rien.
Voilà Joseph Leibnitz, qui a découvert que la
Matière eft un affemblage de Monades. Soit:
Je ne le comprends pas, ni lui non plus. Eh
bien, mon Ame fera une Monade ; ne me voilà-t-il pas bien inftruit ? Je vais vous prouver
que vous êtes immortel, me dit mon Docteur. Mais vraiment il me fera plaifir ; j'ai tout
auffi grande envie que lui d'être immortel ; je
n'ai fait la HENRIADE que pour cela. Mais
mon homme fe croit bien plus fûr de l'immortalité par fes argumens, que moi par ma
Henriade :

Vanitas vanitatum, & Metaphyfica vanitas!

Nous fommes faits pour compter, mefurer, pefer : voilà ce qu'a fait *Newton* ; voilà
ce que vous faites avec *Monfieur Mufchembroek*.
Mais pour les premiers principes des chofes,
nous n'en favons pas plus qu'*Epiftémon* & Maître *Editue*.

Les Philofophes qui font des Syftèmes fur la
fecrette conftruction de l'Univers, font comme nos Voïageurs qui vont à *Conftantinople*,
& qui parlent du Serrail : ils n'en ont vu que
les dehors, & ils prétendent favoir ce que fait
le Sultan avec fes Favorites. Adieu, Mon-

fieur,

fieur, fi quélqu'un voit un peu, c'eft vous;
mais je tiens mon Cenfeur aveugle. J'ai l'honneur de l'être auffi; mais je fuis un *Quinze-
vingt* de Paris, & lui un Aveugle de Province.
Je ne fuis pas affez aveugle pourtant pour ne
pas voir tout votre mérite, & vous favez combien mon cœur eft fenfible à votre amitié.
Je fuis, &c.

A Ciray le 1. *de Juin* 1741.

RE'PONSE

RÉPONSE

A MONSIEUR

DE VOLTAIRE,

Sur son POËME DE LA BATAILLE DE FONTENOY, *par* M. L. M. de TR..... *Maréchal des Camps &* *Armées de Sa Majesté.*

E digne Fils de Henri-quatre
Vient à nos yeux de l'imiter;
Qu'un Français qui l'a vu combat-
tre
Aime à te l'entendre chanter !

Henri dans les champs de la gloire,
En combattant pour ses foyers,
Reçut des mains de la victoire
Et son empire & ses lauriers.

LOUIS, ta Couronne affermie,
Gage du bonheur de l'Etat,

H 3   Ne

Ne crains plus la Ligue ennemie,
Le fanatifme & l'attentat.

Maître abfolu dès ton aurore,
C'eft pour toi qu'aux piés des Autels
Un Peuple foumis qui t'adore
Offre des vœux aux immortels.

Tu fais refpecter les Frontiéres
Que toi feul pouvois t'impofer,
Ton bras renverfe les barriéres
Que l'on veut en vain t'opofer.

Ton grand cœur ne veut pas atendre
L'ennemi qui leur fert d'apui ;
Dès qu'il s'aprête à les défendre,
Tu vole au-devant de lui.

Il vient, déja la foudre gronde,
Et fait voler au loin la mort ;
Aux piés du plus grand Roi du monde
Les Dieux arrêtent fon éfort.

Bien-tôt une Colonne entiére,
L'élite de deux Nations,
Fait pénétrer fa tête altiére
Au travers de nos Bataillons.

Et de métaux & de bitume,
Tel on voit un torrent affreux,

Dont

Dont le cours entraîne & confume
Tout ce qui s'opofe à fes feux.

Volez Troupe fiére & fidèle , *
Si digne de garder nos Rois ;
L'amour , la gloire vous apelle ,
De L o u i s entendez la voix.

Il vous auroit conduit lui-même ,
Sans nos larmes & fans nos cris ,
Méritez cet honneur fuprême
En renverfant fes ennemis.

Exilez d'une Ifle chérie , †
Victimes d'un fort inhumain ,
Venez défendre la Patrie
Qui vous a reçu dans fon fein.

Suivez cette antique Cohorte ¶
Qu'aux périls vous voïez courir ,
Jaloux du beau feu qui l'emporte ,
Allez triompher ou mourir.

Tout vole , & ce combat horrible
Dans cet inftant fixe le fort ,

L'An-

* La Maifon du Roi.
† Les Irlandois.
¶ Normandie , compofée de vieilles bandes noires
de cette Province.

H 4

L'Anglais tombe, & toujonrs terrible,
Il frappe en recevant la mort.

Abatu, mais encore farouche,
La rage eſt peinte dans ſes yeux,
On entend ſortir de ſa bouche
Des cris mourans, mais furieux.

Du ſein de la voute azurée
Minerve regardoit L o u i s,
Veilloit ſur ſa tête ſacrée
Et ſur les beaux jours de ſon Fils.

Tous deux, du Temple de Mémoire,
Arrachant ces ſanglants lauriers
Perdus, mais perdus avec gloire
Aux funeſtes champs de Poitiers.

Leur voix arrête le carnage,
Et du Soldat victorieux
L'amour qui ſuccéde à la rage
Eleve ſes cris juſqu'aux Cieux.

Couverts d'armes étincelantes,
Nos Guerriers viennent tour-à-tour,
Ils baiſent les mains triomphantes
Qui les font vaincre en ce jour.

Maurice vient, * ſon Roi l'admire,
                                    Craint

* Le Maréchal, Comte de Saxe.

Craint de le voir à ſes genoux,
L'embraſſe, & Maurice deſire
Mourir dans un moment ſi doux.

Le plus beau jour de votre vie,
Français, vient de luire pour vous;
L'Anglois, la diſcorde & l'envie
En ſont également jaloux.

Qu'il ſoit célébré par vos fêtes
De ces lauriers encore ſanglans,
Que tout Français orne les têtes
De ſa femme & de ſes enfans!

Qu'il leur diſe, » Ouï, notre Maître
» Pour nous vient d'expoſer ſes jours;
» Vous, qui ne faites que de naître,
» Vivez pour le ſervir toujours.

Et toi, digne Dépoſitaire
Des faſtes d'un auſſi grand Roi,
Souffres que ma voix téméraire
Oſe le chanter avec toi.

A Mʀ.

178

A Mᴿ· DE TR······

 U'ᴇɴᴛʀᴇ tous nos Guerriers on célèbre
     ta gloire,
     Tr....qui du Combat vole au Sacré Vallon;
Là tu fus couronné des mains de la Victoire,
Ici tu le seras de celles d'Apollon.

Par J. B. G. L. L.

LETTRE

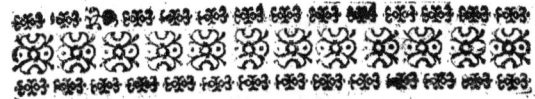

LETTRE

DE

MONSIEUR DE C***,

De l'Académie des Sciences, des Belles-Lettres, & des Arts de Roüen.

A MONSIEUR

DE VOLTAIRE.

 O s Vers avoient d'Henri confacré la clé-
mence,
    Et vos recits de Charles affuroient les lau-
    riers.
C'étoit vous enhardir à montrer à la France,
Dans le meilleur des Rois le plus grand des Guer-
    riers.

Quel Dieu, vous élevant à fa gloire fuprême,
En fait luire un raïon fur votre front chéri ?
Un Roi qui vous permet de le chanter lui-même,

             H 6   Un

Un Roi plus craint que Charles, & plus aimé
    qu'Henri.

Suivez ſes pas, entrez au Temple de Mémoire ;
Forcez, en y gravant ſes glorieux ſuccès,
Vienne à les admirer, l'avenir à les croire ;
Ecrivez ; L o u i s marche, il conduit les Français.

Déeſſe des Héros, Renommée immortelle,
O toi, qui pour L o u i s fis parler tes cent voix,
Revole ſur la Flandre où ſa gloire t'apelle ;
Il va quitter Tournay pour de plus grands Exploits.

Sur la rive prochaine il a porté la foudre,
Et l'Eſcaut frémiſſant, l'a vu franchir ſes eaux.
La nuit vient ; l'Ennemi veille pour ſe réſoudre,
Et L o u i s ſur la terre a le lit des Héros.

Avec des doigts de ſang, enfin la triſte Aurore,
Ouvre à regret les Cieux aux chevaux du Soleil,
Et gémit que ce jour qu'elle preſſe d'éclore,
Pour tant d'infortunés ſoit le dernier réveil.

Ces deux Camps opoſés, qu'arma la barbarie,
Au ſignal des enfers fondent à coups preſſés :
Chaque homme eſt à chaque homme une affreuſe
    furie,
Les rangs déja détruits ſont déja remplacés.

Le fer n'y ſuffit plus, & la flâme qui tonne,
                          Achève

Achève d'écraser ces Héros renaiſſans ;
Rien n'échape, tout meurt. La cruelle Bellonne
Aplaudit à nos Arts deſtructeurs des vivans.

Mon Roi n'eſt point caché ſous l'immortelle Egide ;
Ses Sujets l'entouroient, ils tombent près de lui :
La fortune balance, & notre amour décide ;
Notre amour, de nos Rois, l'inébranlable apui

Comme on vit pour ces murs, qu'ils ne purent dé-
    fendre,
Jadis s'armer des Dieux aux bords du Simoïs,
Tels Waldeck, Cumberland, viennent ſauver la
    Flandre,
Trouvent un Dieu plus fort, & cédent à L o u i s.

Il triomphe ; il s'arrête en ſa marche ſanglante ;
Il mérita de vaincre, il pardonne aux vaincus.
Non, la valeur n'eſt pas cette fureur brillante,
Qui, ſous un joug de fer, oprime les vertus.

La valeur eſt l'effort que ſe permet le ſage,
Pour repouſſer les traits de la témérité.
Le Héros, déſarmé par un juſte avantage,
Tend à ſon ennemi la main qui l'a domté.

Pourquoi les Nations, vainement conjurées,
Cherchoient-elles Louis aux Champs de Fontenoy ?
Il les montre à ſon Fils par la mort déchirées,

                       Et

Et Roi, par ce spectacle, instruit le Fils d'un Roi.

Voïez, mon Fils, voïez les horreurs de la guerre;
Ecoutez ces mourans, ils se plaignent à nous.
Hommes, de sang humain, nous ennivrons la terre,
Et Rois, nous sommes nés pour le bonheur de tous.

Voltaire, pour sufire à peindre sa grande ame,
Il falloit vos talens : Poëte, Historien,
Excitez votre esprit que le sublime enflâme,
Homère trouve Achille, il ne leur manque rien.

Ah! plutôt que touché de tant de funérailles,
Louis offre à vos chants Titus & ses bienfaits!
Qu'entouré des beaux Arts il vienne dans Versail-
les,
Former son digne Fils aux vertus de la Paix.

COPIES

COPIES COLLATIONNÉES

DE TOUTES LES

PIECES

Qu'on a pu recouvrer

CONCERNANT

LA VOLTAIROMANIE

COPIES COLLATIONNÉES
DE TOUTES LES
PIECES
Qu'on a pu recouvrer concernant
LA VOLTAIROMANIE.

LETTRE
DU SIEUR
GUYOT DESFONTAINES,

Ecrite en sortant de Bissetre. La Lettre est signée ; le Cachet est encore entier ; c'est un chévron & trois marteaux.

De Paris ce 31. Mai.

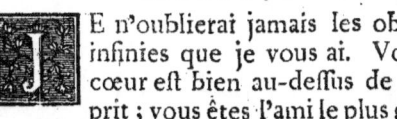

JE n'oublierai jamais les obligations infinies que je vous ai. Votre bon cœur est bien au-dessus de votre esprit ; vous êtes l'ami le plus généreux qui ait jamais été. Que ne vous dois-je point ?
Ma

Ma vie doit être emploïée à vous marquer ma reconnoissance. L'Abbé Nadal, l'Abbé Depont, Danchet, Fréret, se réjouïssent; ils traitent ma personne comme je traiterai toujours leurs indignes Ecrits. . . . . . Ne pourriez-vous point faire ensorte que l'ordre qui m'exile à trente lieuës, soit levé ? Voilà, mon cher Ami, ce que je vous conjure d'obtenir encore pour moi; je ne me recommande qu'à vous, qui seul m'avez servi, &c.

LETTRE

LETTRE
DE MONSIEUR
TIRIOT
A MONSIEUR
DE VOLTAIRE.
Du 16. Août 1726.

L a fait du tems de Biffêtre un Ou-
vrage contre vous, intitulé *Apologie
de M. de Voltaire*, que je l'ai forcé
avec bien de la peine à jetter dans
le feu. C'eſt lui qui a fait à Evreux une édition du *Poëme de la Ligue*, dans laquelle il a in-
féré des Vers contre M. de la Motte, &c.

DU

DU MÊME

A UNE AUTRE PERSONNE

Du 31. Décembre 1738.

E me souviens très-bien qu'à la Rivière Bourdet chez feu M. le Président de Bernière, il fut question d'un Ecrit contre M. de Voltaire, que l'Abbé Desfontaines me fit voir, & que je l'engageai de jetter au feu, &c.

DU

DU MÊME

A MONSIEUR

DE VOLTAIRE.

Du 14. Janvier 1739.

 E démens les impostures d'un calom-
niateur; je méprise les éloges qu'il
me donne; je témoigne ouverte-
ment mon estime, mon amitié, ma
reconnaissance pour vous, &c.

COPIE

COPIE

De la Lettre de Madame de Bernière à
Mr. de Voltaire , dont l'Original a
été porté à M. le Chancelier , par Mr.
D. Conseiller au Parlement.

A Paris le 9. Janvier 1739.

RIEN n'aproche de l'horreur & de l'a-
bomination de l'Abbé des Fontaines;
c'est un monstre qu'il faudroit étouf-
fer : il ose donner au Public les impos-
tures les plus grossières , les plus affreuses , &
l'ingratitude la plus noire à votre égard. Feu
Mr. de Bernière ni moi ne le connoissions que
de réputation ; il n'est ni son Parent ni le mien.
Il est vrai qu'il avoit quelques alliances avec la
Belle-mere de Mr. de Bernière , mais cela n'a-
voit nul raport avec nous. Vous nous le pré-
sentâtes ; tout ce qui venoit de votre part étoit
sûr d'être bien reçu. Quelque-tems après il fut
mis à Bissêtre : ce fut dans cette ocasion où
vous vous donnâtes tous les mouvemens pos-
sibles pour l'en tirer, & vous emploïâtes tous

vos

vos amis. Ce ne fut assurément qu'à votre sol-
licitation que Mr. de Bernière le reclama pour
son Parent, répondit de sa vie & mœurs, & le
mena à la Rivière Bourdet; car vous savez bien
le peu d'estime qu'il avoit pour lui; & depuis
le séjour qu'il fit avec nous, il ne voulut jamais
le revoir.

Il est vrai que vous aviez loué un apartement
dans la maison où nous demeurions sur le Quai,
où vous aviez donné un logement à Tiriot,
que vous avez très-bien païé pour vous & pour
lui. Vous nous avez souvent prêté de l'argent
sans aucun intérêt. Tout le monde sait combien nous fûmes fâchés lui & moi lorsqu'en
1726. vous nous remîtes votre apartement.
Vous cherchâtes à nous consoler, en venant
nous voir presque tous les jours tant que vous
restâtes à Paris; vous aviez même fait beaucoup de dépense pour rendre votre apartement commode & logeable; vous avez la sa-
tisfaction, mon cher Voltaire, que tous les
honnêtes-gens sont irrités contre l'Abbé Desfontaines, & semblent partager avec vous ses
odieuses calomnies. Pour moi, je ne cesse de
dire à tout le monde les vérités que je vous
écris, &c. *Signé la Présidente*

DE BERNIERE.

DESAVEU

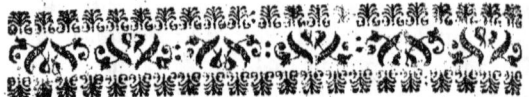

DESAVEU
DE L'ABBÉ
DESFONTAINES,

A l'occasion du Libelle intitulé La Voltairomanie, *ou* Mémoire d'un jeune Avocat. *Ce desaveu déposé au Greffe de la Police , a été inséré dans les Gazettes.*

J E déclare que je ne suis point l'Auteur d'un Libelle imprimé , qui a pour titre *La Voltairomanie*, que je le désavoue en son entier , regardant comme calomnieux tous les faits qui sont imputés à M. de Voltaire dans ce Libelle , & que je me croirois deshonoré si j'y avois eu la moindre part, aïant pour lui tous les sentimens d'estime dus à ses talens, & que le Public lui acorde si justement. *Signé*

DESFONTAINES.
LETTRE

LETTRE
DU SOUDOYEN
DES
AVOCATS
DE PARIS
A MONSIEUR
DE VOLTAIRE.

A Paris ce 12. Février 1739.

'AI vu, Monsieur, un Imprimé qui a couru ici, intitulé *La Voltairomanie,* ou *Lettre d'une jeune Avocat en forme de Mémoire.* J'aï vu au Palais la plupart de Messieurs les Avocats, après avoir parlé à Mr. Deniau, qui est à present notre Bâtonnier. Je puis vous assurer, Monsieur, qu'il n'y a qu'un cri de blâme & d'indignation contre les calom-

Tome VI.　　　　　　　　I　　　　nies

nies atroces répandues dans ce Libelle. Le fentiment commun eft qu'il n'eft pas poffible qu'un
Ouvrage fi méchant foit imputé à un Avocat,
ni même à quelqu'un qui connoiffe les Loix de
cette Profeffion, dont le premier devoir eft la
fageffe. Je vous protefte au nom de tous ceux à
qui j'ai parlé (& c'eft encore une fois la meilleure partie du Palais) que bien loin que quelqu'un
s'en avoue l'Auteur, tous le condamnent comme extrêmement fcandaleux. Je vous ajoute-
rai même, que c'eft avec une vraïe peine que la
plupart vous ont vu fi injurieufement traité
dans cet Ecrit; car nous faifons gloire d'honorer les grands génies, & vos Ouvrages font dans
nos mains. Tout cela vous feroit atefté par Mr.
le Bâtonnier au nom de l'Ordre, fi l'on pouvoit
convoquer une Affemblée générale. Si de pareilles Brochures diftribuées fous le nom va-
gue d'un Avocat devenoient fréquentes, nous
ferions expofés fans ceffe à nous mettre en
mouvement pour les defavouer. Mais pour fu-
pléer à une ateftation en forme, je me fuis chargé de vous rendre compte du fentiment général, & je le fais de l'aveu de tous ceux à qui j'en
ai parlé. Je m'en aquite avec d'autant plus de
fatisfaction, que c'eft ce que j'avois penfé à la
vue du Libelle. Je fuis avec toute l'eftime & la
confidération poffible,

Votre très-humble, &c.

PAGEAU.
LETTRE

LETTRE

D'UN

CONSEILLER D'ÉTAT

A MONSIEUR

DE VOLTAIRE.

A Paris ce 7. Février 1739.

'E s t un vilain homme que L. D. F.
Monſieur. Son ingratitude eſt aſſurément pire encore que les crimes qui
vous avoient donné lieu de l'obliger.
N'apréhendez pas de n'avoir pas les Puiſſances pour vous. Une fois il m'arriva, en dînant
chez Mr. le Cardinal, d'avancer la propoſition, *qu'il étoit Curé d'une groſſe Cure en Nor-*
mandie. Je révoltai toute l'Aſſiſtance contre
moi. Son Eminence me le fit répéter trois
fois; je me voïois perdu d'eſtime & de for-

I 2   tune

tune, ſans le Prévôt des Marchands qui té-
moigna ce fait. M. le Chancelier penſe de
même ſur le compte de ce B... de Police. Mr.
Hérault doit penſer de même, ou il ſeroit
juſticiable de ceux qu'il juſtifie, &c.

LETTRE

LETTRE

DU SIEUR

PRAUTL,

LIBRAIRE

A Paris ce 24. Janvier 1739.

MADAME,

Vous savez que c'est à un Magistrat connu par sa vertu & son mérite à qui j'ai l'obligation de connoître Mr. de Voltaire, dont il est l'ami. J'ai souhaité pendant long-tems illustrer mon commerce des Ouvrages qu'un homme que je ne connoissois encore que par les talens de son esprit, & qui depuis m'a si fort attaché à lui par les qualités de son cœur. Ma bonne volonté, ma sincérité , titres qui valent toujours auprès de lui, ont achevé ce que la recommandation avoit commencé. Depuis ce tems-là

I 3   con-

confiance m'a rendu l'inftrument de tant d'actions de générofité, qu'autant par juftice pour lui que par reconnoiffance pour celles dont je me fuis particuliérement reffenti, je me crois obligé d'en rendre par-tout un témoignage autentique, & de répondre à l'injufte accufation du Libelle intitulé *La Voltairomanie*, que tous les honnêtes-gens ne voient qu'avec indignation. Voici l'hiftoire des Ouvrages de Mr. de Voltaire depuis que je le connois, & je fuis en état de le prouver par des Pieces juftificatives.

J'ai commencé par imprimer *La Henriade* avec des corrections confidérables, & Mr. de Voltaire, en me la donnant, en abandonna le profit à un Jeune-homme, que fes talens lui ont attaché, & à qui il a encore fait préfent depuis de la *Tragédie de la mort de Céfar*. Il permit dans le même-tems à un autre Libraire de réimprimer *Zaïre*, dont le Privilége étoit expiré. Il m'a donné à moi fes Tragédies d'*Oedipe*, *Hérode*, *Mariamne*, & celle de *Brutus*. Enfin il a fait préfent de fes *Elémens de Newton* à fes Libraires d'Hollande. Peu de tems après on en a fait une feconde édition fous le titre de *Londres*; & je fai que le Libraire qui l'avoit fait à l'infu de Mr. de Voltaire, crut cependant, avant de la faire paroître, lui devoir l'atention de la lui communiquer, & de fe foumettre à fes corrections; & l'édition étant en état de paroî-

roître, Mr. de Voltaire en a acheté cent-cinquante exemplaires pour en faire des presens à
Paris, qu'il a païés, & qui lui reviennent,
avec la relieure, à près de cent piftolles. Voilà, MADAME, ce que les Ouvrages de Mr.
de Voltaire lui ont produit; voilà plûtôt dequoi confondre le Calomniateur;& vous voïez
quelle foi on peut ajouter aux impoftures dont
fon Ouvrage eft tiffu. J'ai l'honneur d'être avec
un très-profond refpect,

MADAME,

Votre très-humble & très-
obéïffant Serviteur ,

PRAULT fils.

I 4   LETTRE

LETTRE

DU SIEUR

JORE,

Au nom duquel l'Auteur de tant de Libelles contre Monsieur de Voltaire avoit composé un Factum.

A Paris ce 30. Décembre 1738.

MONSIEUR,

'AI déja eu l'honneur de vous écrire le 20. du présent mois dans l'amertume de mon cœur, pour vous demander pardon, & pour vous marquer le sincère repentir que j'éprouve du procès injuste que votre ennemi, que vous connoissez, m'avoit engagé de vous intenter. Je vous ai déjà marqué mon regret, & l'horreur que j'ai d'avoir attaqué si cruellement
celui

celui qui étoit mon Bienfaiteur. Je vous difois
que j'avois reconnu l'erreur où l'on m'avoit
mis. Soïez fûr, MONSIEUR, que mon affliction eſt égale à ma faute. Daignez pouſſer vo-,
tre générofité juſqu'à m'accorder le pardon
que j'oſe vous demander. Je defavouë le
Factum injuſte & calomnieux que l'on a mis
fous mon nom, & que j'ai eu le malheur de
figner. J'étois aveuglé; on m'a féduit. Je vous
le répéte encore, j'en fuis au defefpoir; j'en
fuis tombé malade; il n'y a rien que je ne
faſſe le reſte de ma vie pour réparer ma faute.
Enfin, MONSIEUR, fi vous étiez témoin de
mon affliction d'avoir été trompé par de mauvais confeils, vous auriez pitié de mon état.
Aïez la bonté au moins de me faire dire que
vous avez celle de me pardonner, fi vous ne
daignez pas m'écrire de votre main. Je païe-
rois tous les frais du Procès, fi j'avois de l'argent; & il n'y a rien que je ne faſſe le reſte
de ma vie, pour vous témoigner en particulier & en public le repentir, l'admiration pour
votre caractère; & le très-profond refpect avec
lequel je fuis,

MONSIEUR,

*Votre très-humble & très-
obéïſſant Serviteur,*

JORE.

I 5   LETTRE

LETTRE

DU MÊME SIEUR

JORE,

A MONSIEUR

DE VOLTAIRE.

A Paris ce 2. Août 1742.

MONSIEUR,

EST-IL possible que vous m'honoriez encore de nouveaux bienfaits, & que votre compassion soit toujours plus forte que le ressentiment de la faute que j'ai commise envers vous ! Vous augmentez ma reconnoissance & mon repentir. Mon devoir est de publier cet excès de vertu, & de forcer le cruel ennemi que vous avez, & qui m'avoit séduit contre vous, à reconnoître

en

en vous le plus généreux de tous les hommes.
Il doit être aussi honteux que moi de vous
avoir haï. Je suis avec la vénération que je
dois à une si belle ame ; & avec le repentir
le plus respectueux,

MONSIEUR,

> *Votre très - humble & très-*
> *obéissant Serviteur ,*

JORE.

LETTRE

DE MONSIEUR

LINANT,

Qui a remporté trois Prix à l'Académie Françaife.

A Paris ce 6. Février 1739.

 'A I été indigné plus qu'un autre de toutes les calomnies atroces dont le Libelle en queftion eft rempli ; & c'eft bien à moi de le démentir, puifque j'ai reçu de Mr. de Voltaire mille bienfaits, qu'il m'a élevé & fervi de Père pendant plufieurs années: ce que je fuis prêt d'atefter devant tout le monde, &c.

LINANT.

LETTRE

LETTRE

DU SIEUR

DEMOULINS.

A Paris ce 6. Février 1739.

E fuis plus à portée que perfonne de démentir les calomnies abominables de l'Abbé Desfontaines, aïant connu Mr. de Voltaire dès fon enfance chez Mr. fon Pere, Tréforier de la Chambre-des-Comptes. Je l'ai toujours révéré. Je déclare avoir fait, par fes ordres, dans le tems que j'étois chargé du foin de fes affaires domeftiques, nombre de gratifications & charités, d'avoir nourri, logé & entretenu pendant plus de deux années deux jeunes Hommes-de-Lettres qui lui étoient étrangers. Ce que j'offre de juftifier en cas de befoin par mes Regiftres.

DEMOULINS.
Négociant, vieille Ruë du Temple,
Cu-de-fac d'Argenfon.

LETTRE

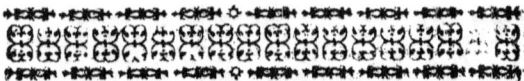

LETTRE

DE MONSIEUR

L'ABBÉ MOUSSINOT,

Chanoine de St. Méry, Prêtre, &
Docteur de Sorbonne.

A Paris ce 12. Février 1739.

E déclare que je ne saurois retenir mon indignation au sujet de *La Voltairomanie*. Quelles calomnies épouvantables contre un homme que je connois depuis vingt-cinq années ! Combien de fois ai-je à sa priére, donné à plusieurs Gens-de-Lettres des sommes assez considérables pour leurs études ! Rien n'est plus contraire à la vérité, que tout ce qui est contenu dans cet infame Ouvrage contre un si honnête-homme, &c.

Fin des Copies Collationnées.

VERS

VERS

DE MONSIEUR

DE VOLTAIRE

A M^R. LA NOUË,

C O M É D I E N,

AUTEUR DE

MAHOMET II.

 **M**ON cher la Nouë, illuſtre Pere
De l'invincible Mahomet,
Soïez le Parrein d'un Cadet,
Qui ſans vous n'a pas dequoi plaire;
Votre Fils eſt un conquérant,
Et le mien eſt un bon Apôtre,
Prêtre, dévot, fourbe, brigand;
Qu'il ſoit le Chapelain du vôtre.

RÉPONSE

RÉPONSE

DE MONSIEUR

LA NOUË

A MONSIEUR

DE VOLTAIRE

E Cadet, cher Voltaire, outré dans sa
    fureur,
En me glaçant d'éfroi remplit mes sens
    d'horreur;
Sa morale effrénée a de quoi me déplaire,
Malgré tant de beautez mon cœur est consommé;
Avant qu'il soit Chapelain de l'aîné,
A Bissètre il lui faut six mois de Séminaire.

EPITRE

EPITRE
A MONSIEUR
DE VOLTAIRE.

LLUSTRE appui du Cothurne François,
Qui du deſtin forçant les dures loix,
(Malgré les traits d'une jalouſe envie)
Sçais redonner une immortelle vie
A des Héros dont les titres fameux
Etoient tombés & péris avec eux.
Ouï, dans tes vers, & Racine & Corneille,
Tu réunis l'une & l'autre merveille ;
Et ton pinceau par de nobles éforts
Sçait remplacer ces deux illuſtres morts.....
En vil flâteur, crois-tu que je t'encenſe ?
C'eſt un éloge auquel ſouſcrit la France,
L'Europe entiére..... & je ſçai cent mortels
Qui dans leur cœur t'érigent des autels....
Lorſque pour toi parle toute la terre,
Prétends-tu donc me contraindre à me taire,
Quand le Public, équitable cenſeur,
De tes écrits me vante la grandeur,

La

La dignité , la grace , l'élégance ?
Prétends-tu donc au plus honteux silence
Me condamner avec mon Appollon ?
Plutôt périsse , & le sacré vallon ,
Et le Pégase , & l'onde poëtique
Que de souscrire à cet arrêt inique ;
J'aime mieux voir condamner mon projet
Que de me taire en un si beau sujet.

   Un Peuple entier dans la divine Alzire
Vient d'applaudir à l'Auteur de Zaïre.
Qui mieux que lui sçait avec dignité
Faire parler la magnanimité ?
Mettre en son jour avec plus de noblesse ,
Du vrai Héros la sublime sagesse ?
Héros païen , devant cette grandeur
Abaisse ici ta superbe hauteur :
Il n'appartient qu'au seul Christianisme
De nous montrer le parfait héroïsme.
Antiquité , ne t'enorgueillit plus ,
Tu n'eus chez toi que l'ombre des vertus ;
Ceux que nous peint ta plume mensongére ,
Qu'ont-ils été , qu'une ébauche legére
De ce Héros dont la Religion
Nous trace ici le fidéle craïon ?
Quels sont les noms qui brillent sur la scéne ?
De fiers mortels , dont l'ame altière & vaine
D'un fol orgueil reçut les justes fers

                                          Après

Après avoir enchaîné l'Univers;
Que leur servoient de pompeux diadêmes,
S'ils ont été vils esclaves d'eux-mêmes?
Dompter son cœur, pardonner en mourant,
C'est-là le seul & le vrai conquérant :
Viens comparer avec cette noblesse
De tes Héros l'orgueilleuse bassesse.

  Sage ARROUET, arbitre de nos cœurs,
Où puises-tu de si vives couleurs?
Quels traits divins ! quelle riche peinture,
Où l'art s'allie à la simple nature?
Par quel attrait sçais-tu dans tes écrits
Si puissament captiver les esprits!
Jamais Sophocle autrefois dans Athènes
Ne les lia par de plus fortes chaînes;
Et n'inspira par son stile pompeux
Des sentimens plus grands, plus généreux, ...
Avec plus d'art le touchant Euripide
Fit-il sentir au spectateur avide,
Par de plaintifs & douloureux accens,
Des tendres pleurs les charmes ravissans?
Ouï, l'héroïque & grande Tragédie,
Avec l'orgueil de son mâle génie
T'a fait un don de ces sçavans pinceaux
Dont elle peint les Rois, & les Héros ;
Et te cédant son Sceptre & sa Couronne
T'a fait asseoir en son sublime Trône....

Le

Le noble amour te prête ſes atraits,
Son feu divin, ſes fléches & ſes traits;
Et de ſa mere emprunte la ceinture
Pour relever l'éclat de ta parure :
Et c'eſt de-là qu'au gré de ton vouloir
Tu ſçais frapper, attendrir, émouvoir.....
    Mais non moins grand que dans le dramatique,
Fais-tu parler la Poëſie épique,
On voit de près les horreurs des combats,
Et la diſcorde ébranlant les Etats.....
Mille Héros entrent dans la carriére
Couverts de feu, de ſang & de pouſſiére,
Et la trompette aux accens belliqueux
Jette la crainte & l'allarme en tous lieux.
Plus d'un guerrier ardent & magnanime
De ſa valeur eſt déja la victime,
Et de ſa faulx conduite par le ſort,
Par tout ſévit l'impitoïable mort.....
Eſt-ce un mortel, ou le Dieu Mars lui-même?
Eſt-ce des Dieux le Monarque ſuprême
Qui vient ſans crainte affronter les hazards?
Non. C'eſt Henri..... Henri dont les regards,
Etincelans de l'amour de la gloire,
A ſes côtés font marcher la victoire....
Par ces regards ſoutenus, aguerris,
Tous nos ſoldats ſont autant de Henris....
Mais vainement mon audace s'allume;

Ces

Ces traits font-ils pour une foible plume ;
Héros François tous vos exploits fameux
Seront tranfmis à nos derniers neveux ;
Et vous vivrez dans votre Henriade
Auffi long-tems que ceux de l'Iliade....
   Enfin quittant des Mufes le pinceau,
Que tu fçais bien, Quinte-Curce nouveau,
Par le tiffu d'une élégante Hiftoire
Mettre un grand nom au temple de mémoire !
Ouï, par toi feul le Monarque Suédois
Du tems verra triompher fes exploits :
Un fort jaloux le réduifit en cendre ;
Mais tu le rends le moderne Alexandre.
   Il eft encor chez toi d'autres talens,
Non moins fameux, & non moins éclatans.
Quel aftre heureux, & t'infpire & t'éclaire !
En chacun d'eux on reconnoît VOLTAIRE ;
Par tout du grand..... Eft-il un feul écrit
Qui n'ait les traits de ton fublime efprit ?
Et voit-on rien de ce que tu fais naître
Qui ne décele & n'anonce un grand maître ?
Frappés au coin de l'immortalité,
Et foutenus par leur folidité,
Mieux que l'acier tes précieux Ouvrages
Sçauront du tems repouffer les outrages....
Paris charmé de tes fçavans tableaux,
Se promettant des miracles nouveaux,

                          Eft

Eſt ſuſpendu comme au bout de ta plume,
Et ſon deſir par l'atente s'allume.....
Mais ce n'eſt pas comme un écrit galand
Que tous les mois à coup ſûr on atend;
On ne fait pas un œuvre dramatique
Comme l'on toiſe un Opéra comique.
Le Ciel jaloux réſerve un ſi grand bien
Pour les Chriſons, heureux diſeurs de rien,
Qui tous les ans tirent de leurs cervelles
Les fruits morts-nés de dix piéces nouvelles;
Deſtin maudit ! dont le bizarre honneur
Ne fut jamais que pour un ſage Auteur !
Il faut en tout qu'il ſe peîne & qu'il ſuë,
Ou la penſée, ou la rime le tuë.....
Si ſes écrits enfin produits au jour
Sont du Public le délice & l'amour,
Les ſots Auteurs piqués de jalouſie,
Aiguillonnés du démon de l'envie,
Le chicanant ſur chacun de ſes mots
Feront entr'eux mille lâches complots;
Et ſe joignant . . . .
L'accuſeront de ſon trop de mérite:
On voit ainſi de vils oiſeaux ſans nom
Fondre en couroux ſur l'oiſeau de Junon.

     Qui mieux que toi ſçait ce que peut l'envie,
L'orgueil bleſſé, la noire hypocriſie ?
Depuis long-tems en butte à tous les traits,

                                 De

De l'esprit fourbe ignores-tu les traits ?
Ces envieux que ton génie irrite
Sont les garands de ton rare mérite.....
C'est de tout tems que de sçavans écrits
Ont offensé mille jaloux esprits.....
Dédaigne-les ; sois tel qu'un fier Molosse,
Dont le superbe & spacieux Colosse
Se voit sans crainte assailli de bassets
Qui n'ont pour tout que d'importuns caquets :
Tel autrefois aux rives strimonées
Alcide vit des essains de Pigmées
Joindre la ruse à l'inutile éfort
Pour l'attaquer comme on attaque un fort.....
   Lorsque la Parque aura coupé la trame
De tes beaux jours , & qu'enfin ta grande ame
Aïant rompu ses terrestres liens ,
Aura pris place aux Champs Elisiens
Entre Corneille & le tendre Racine ,
Ton nom bravant l'avare Libitine
Plus que jamais vivra dans tes écrits ;
L'envie alors reconnoîtra le prix
De ces divins & sublimes ouvrages ;
Ce moment seul réunit les suffrages ;
Ouï , la mort seule en mettant au tombeau ,
Met aux écrits leur véritable sceau.....
A l'envieux n'est-on plus redoutable ,
Son cœur alors devient plus équitable ;

                          Et

Et dès l'inftant qu'il nous a vûs périr
Ses foibles yeux commencent à s'ouvrir;
Mais fi du fort il faut être victime
Pour mériter cet éloge unanime,
Des fots efprits j'aime mieux les rebuts,
Et refpirer une heure ou deux de plus;
Et quel que foit le flâteur avantage
D'être en tout point goûté d'un efprit fage
(S'il te faut dire ici mon fentiment)
On le païroit encor trop chérement......
Quoique le Ciel flâte les grands Poëtes
D'un fort tranquile en d'heureufes retraites;
Cher ARROUET, que jamais tel bonheur,
Du moins fi-tôt ne tente ton grand cœur :
D'un foible Auteur la perte eft réparable;
Mille pour un dans fon pofte honorable,
Feront briller d'auffi rares talens,
Tiendront fa place & rempliront les rangs.
On voit les champs en herbes inutiles
N'être toujours, hélas! que trop fertiles;
Mais un fublime & généreux efprit
D'un fiécle entier fouvent eft le feul fruit.

AFFAIRES

AFFAIRES POLITIQUES.

CHAPITRE PREMIER.

MINORITÉ DE *LOUIS XIV.* VICTOIRE DES FRANÇAIS SOUS LE GRAND CONDÉ, ALORS DUC D'ENGUIEN.

LE Cardinal de Richelieu, & Louïs XIII. venoient de mourir ; l'un admiré & haï, l'autre déja oublié. Ils avoient laissé aux Français, alors très-inquiets, de l'aversion pour le nom seul du Ministère, & peu de respect pour le Trône. Louïs XIII. par son Testament, établissoit un Conseil de Régence. Ce Monarque, mal obéï pendant sa vie, se flâta de l'être mieux après sa mort. Mais la première démarche de sa veuve Anne d'Autriche, fut de faire annuller les

Tome VI.   K   volon-

volontés de son mari, par un Arrêt du Parlement de Paris du 18. Août 1643. Ce Corps,
long-tems oposé à la Cour, & qui avoit à peine conservé sous Louïs la liberté de faire des
Remontrances, cassa le Testament de son Roi,
avec la même facilité qu'il auroit jugé la cause
d'un Citoïen. Anne d'Autriche s'adressa à cette Compagnie pour avoir la Régence illi-
mitée ; parce que Marie de Médicis s'étoit
servie du même Tribunal après la mort d'Henri IV. & Marie de Médicis avoit donné cet
exemple ; parce que toute autre voïe eût été
longue & incertaine, que le Parlement entouré de Gardes ne pouvoit résister à ses volontés, & qu'un Arrêt rendu par le Parlement
& par les Pairs, sembloit assurer un droit incontestable. *

L'usage qui donne la Régence aux Meres
des Rois parut donc alors aux Français une
Loi presque aussi fondamentale que celle qui
prive les femmes de la Couronne. Le Parlement de Paris aïant décidé deux fois cette
ques-

---

* Riencourt, dans son Histoire de Louïs XIV.
a si peu de sens, qu'il dit que le Testament de Louïs
XIII. fut vérifié au Parlement. Ce qui trompa cet
Ecrivain sans jugement, c'est qu'en éfet Louïs XIII.
avoit déclaré la Reine Régente ; ce qui fut confir-
mé : mais il avoit limité son autorité ; ce qui fut
cassé.

queftion ; c'eft-à-dire , aïant feul déclaré par
des Arrêts ce droit des Meres, parut en éfet
avoir donné la Régence. Il fe regarda, non
fans quelque vraifemblance, comme le Tu-
teur des Rois, & chaque Confeiller crut être
une partie de la Souveraineté.

Anne d'Autriche fut obligée d'abord de
continuer la guerre contre le Roi d'Efpagne
Philippe IV. fon frére, qu'elle aimoit. Il eft dificile de dire précifément pourquoi l'on faifoit
cette guerre ; on ne demandoit rien à l'Efpagne, pas même la Navarre, qui auroit dû être
le patrimoine des Rois de France. On fe battoit depuis 1635. parce que le Cardinal de
Richelieu l'avoit voulu. La France & la Suéde attaquoient aufli l'Empereur ; mais vers ce
tems-là le fort de la guerre étoit du côté de
la Flandre. Les Troupes Efpagnoles fortirent
des frontiéres du Haïnaut, au nombre de
vingt-fix mille hommes, fous la conduite
d'un vieux Général expérimenté, nommé Don
Francifco de Mello. Ils vinrent ravager les
frontiéres de Champagne : ils attaquérent Rocroy, & ils crurent pénétrer bien-tôt jufqu'aux portes de Paris, comme ils avoient fait
huit ans auparavant. La mort de Louïs XIII.
la foibleffe d'une Minorité, relevoient leurs éf-
pérances ; & quand ils virent qu'on ne leur
opofoit qu'une armée inférieure en nombre,
commandée par un jeune homme de 21.

K 2   an,

an , leur espérance se changea en sécurité.

Ce jeune homme sans expérience , qu'ils méprisoient , étoit Louïs de Bourbon alors Duc d'Enguien , connu depuis sous le nom du Grand Condé. La plûpart des Grands Capitaines sont devenus tels par degrés. Ce Prince étoit né Général ; l'art de la guerre sembloit en lui un instinct naturel ; il n'y avoit en Europe que lui & le Suedois Tortenson qui eussent eu à vingt ans ce génie qui peut se passer de l'expérience.

Le Duc d'Enguien avoit reçu , avec la nouvelle de la mort de Louïs XIII. l'ordre de ne point hazarder de bataille. Le Maréchal de l'Hôpital, qui lui avoit été donné pour le conseiller & pour le conduire , secondoit par sa circonspection ces ordres timides. Le Prince ne crut ni le Maréchal , ni la Cour ; il ne confia son dessein qu'à Gassion Maréchal de Camp , digne d'être consulté par lui ; ils forcérent le Maréchal à trouver la bataille nécessaire.

On remarque que le Prince aïant tout réglé le soir 19. Mai, veille de la bataille, s'endormit si profondément, qu'il fallut le réveiller pour la donner. On conte la même chose d'Alexandre. Il est naturel qu'un jeune homme , épuisé des fatigues que demande l'arrangement d'un si grand jour , tombe ensuite dans un sommeil plein ; il l'est aussi , qu'un génie fait pour la guerre , agissant sans inquiétude,

tude, laiſſe au corps aſſez de calme pour dormir. Le Prince gagna la bataille par lui-même, par un coup d'œil, qui voïoit à la fois le danger & la reſſource, par ſon activité exemte de trouble, qui le portoit à propos à tous les endroits. Ce fut lui qui avec de la Cavalerie attaqua cette Infanterie Eſpagnole, juſques-là invincible, auſſi forte, auſſi reſ-ſerrée que la Phalange ancienne ſi eſtimée, & qui s'ouvroit avec une agilité que la Phalange n'avoit pas, pour laiſſer partir la décharge de dix-huit canons qu'elle renfermoit au milieu d'elle. Le Prince l'entoura, & l'attaqua trois fois. A peine victorieux, il arrêta le carnage. Les Officiers Eſpagnols ſe jettoient à ſes genoux, pour trouver auprès de lui un azile contre la fureur du Soldat vainqueur. Le Duc d'Enguien eut autant de ſoin de les épargner, qu'il en avoit pris pour les vaincre.

Le vieux Comte de Fontaine, ou de Fuentes, qui commandoit cette Infanterie Eſpagnole, mourut percé de coups. Condé en l'aprenant, dit qu'il voudroit être mort comme lui, s'il n'avoit pas vaincu.

Le reſpect qu'on avoit encor en Europe pour les Armées Eſpagnoles fut anéanti, & l'on commença à faire cas des Armées Françaiſes, qui n'avoient point depuis cent ans gagné de bataille ſi mémorable. Car la ſan-

glan-

glante journée de Marignan, difputée plûtôt
que gagnée par François I. fur les Suiffes,
avoit été l'ouvrage des Bandes Noires Allemandes, autant que des Troupes Françaifes.

Les journées de Pavie & de St. Quentin,
étoient encor des époques fatales à la réputation de la France. Henri IV. avoit eu le malheur de ne remporter des avantages mémorables que fur fa propre Nation. Sous Louïs
XIII. le Maréchal de Guébriant avoit eu de
petits fuccès ; mais toûjours balancés par des
pertes. Les grandes batailles qui ébranlent les
Etats, & qui reftent à jamais dans la mémoire
des hommes, n'avoient été données en ce
tems que par Guftave Adolphe, Roi de Suede.

Cette journée de Rocroy devint l'époque
de la gloire Françaife, & de celle de Condé :
il fut vaincre & profiter de la victoire. Ses
Lettres à la Cour firent réfoudre le Siége de
Thionville, que le Cardinal de Richelieu n'a-
voit pas ofé hazarder, & que fes Couriers revenus trouvérent tout préparé pour cette expédition.

Le Prince de Condé paffa à travers le Païs
ennemi, trompa la vigilance du Général Beck,
& prit enfin Thionville le 8. Août 1643. De-
là il courut mettre le Siége devant Cirq, &
s'en rendre maître. Il fit repaffer le Rhin aux
Allemands ; il le paffa après eux ; il vint réparer les pertes & les défaites que les Fran-
çaïs

çais avoient essuïés sur ces frontiéres après la mort du Maréchal de Guébriant. Il trouva Fribourg pris , & le Général Mercy sous ses murs, avec une Armée supérieure encor à la sienne. Condé avoit sous lui deux Maréchaux de France , dont l'un étoit le Maréchal de Gramont , & l'autre ce Vicomte Turenne, qui passoit déja pour un des plus habiles Capitaines de son tems , & qu'on osoit comparer au Maréchal de Guébriant.

Ce fut avec eux qu'il attaqua le Camp de Mercy retranché sur deux éminences le 31. Août 1644. Le combat recommença trois fois , à trois jours différents. On dit que le Duc d'Enguien jetta son Bâton de Commandement dans les Retranchements des Ennemis , & marcha pour le reprendre l'épée à la main à la tête du Régiment de Conty. Il falloit peut-être des actions aussi hardies pour mener les Troupes à des attaques si difficiles. Cette bataille de Fribourg , plus meurtriére que décisive, fut comptée pour la seconde Victoire de ce Prince. Mercy décampa quatre jours après. Philisbourg & Mayence rendus , furent la preuve & le fruit de la Victoire.

L'année suivante il livra bataille à Altemen dans les plaines de Norlingue le 3. Août 1645. Gramont & Turenne commandoient encor sous ses ordres. Mercy & Glene étoient à la tête de l'Armée Allemande. La Victoire des Français

K 4 fut

fut plus complette , & non moins fanglante qu'à Fribourg. Le Maréchal de Gramont fut fait prifonnier ; mais Glene fut pris , & Mercy fut tué. Ce Général , compté entre les plus Grands Capitaines , fut enterré dans le champ de bataille , & on mit fur fa tombe cette Infcription Latine : *Sta , Viator , Heroëm calcas.* Arrête , Voïageur , tu foule aux piés un Héros.

Le Prince affiégea enfuite Dunkerque à la vuë de l'Armée Efpagnole , & il fut le premier qui donna cette Place à la France le 7. Octobre 1646.

Tant de fuccès & de fervices , moins récompenfés que fufpects à la Cour, le faifoient craindre du Miniftére autant que des Ennemis. On le tira du Théâtre de fes Conquêtes & de fa gloire , & on l'envoïa en Catalogne avec de mauvaifes Troupes mal païées ; il affiégea Lérida , & fut obligé de lever le fiége. On l'accufe dans quelques Livres , de fanfaronade , pour avoir ouvert en 1647. la tranchée avec des violons ; on ne favoit pas que c'étoit l'ufage en Efpagne.

Bien-tôt les affaires chancelantes forcérent la Cour de rapeller Condé en Flandre. L'Archiduc Léopold , frére de l'Empereur , affiégeoit Lens en Artois. Condé rendu à fes Troupes , qui avoient toujours vaincu fous lui , les mena droit à l'Archiduc. C'étoit pour la troifiéme fois qu'il donnoit bataille avec le défa-

van-

vantage du nombre. Il dit à fes Soldats ces feules paroles ; *Amis, fouvenez-vous de Rocrey, de Fribourg & de Norlingue.* Cette bataille de Lens mit le comble à fa gloire.

Il dégagea lui-même le Maréchal de Gramont, qui plioit avec l'aîle gauche ; il prit le Général Beck le 20. Août 1648. L'Archiduc fe fauva à peine avec le Comte de Fuenfaldagne. Les Impériaux & les Efpagnols, qui compofoient cette Armée, furent diffipés ; ils perdirent plus de cent Drapeaux, trentehuit piéces de canons ; ce qui étoit alors très-confidérable. On leur fit cinq mille prifonniers ; on leur tua trois mille hommes, le refte déferta, & l'Archiduc demeura fans Armée.

Tandis qu'en 1645. le Prince de Condé * comptoit ainfi les années de fa jeuneffe par des Victoires, & que le Duc d'Orléans, frére de Louïs XIII. avoit auffi foutenu la réputation d'un Fils d'Henri IV. & celle de la France, par la prife de Gravelines ; par celle de Courtray & de Mardik en Juillet 1644. le Vicomte de Turenne avoit pris Landau, il avoit chaffé les Efpagnols de Trêve, & rétabli l'Electeur au mois de Novembre enfuivant.

Il gagna avec les Suedois la bataille de Lavingen-Sommerhaufen; & contraignit le Duc de
Bavié-

* Son pere mort en 1646.

K 5

Baviére à fortir de fes Etats à l'âge de près de
80. ans, en Novembre 1647.

Le Comte de Harcourt prit Balaguier, &
battit les Efpagnols en 1645. Ils perdirent en
Italie Portolongone.

Vingt Vaiffeaux & vingt Galéres de France,
qui compofoient prefque toute la Marine ré-
tablie par Richelieu, battirent la Flote Efpagnole fur la côte d'Italie en 1646.

Ce n'étoit pas tout, les Armes Françaifes
avoient encor envahi la Lorraine fur le Duc
Charles IV. Prince guerrier, mais inconftant,
imprudent & malheureux, qui fe vit à la fois
dépouillé de fon Etat par la France, & retenu prifonnier par les Efpagnols.

Les Alliez de la France preffoient la Puiffance Autrichienne au Midy & au Nord.

Le Duc d'Albuquerque, Général des Por-
tugais, gagna contre l'Efpagne la bataille de
Badajox en May 1644.

Torftenfon défit les Impériaux près de Ta-
bor en Bohême, & remporta une Victoire
complette en Mars 1645.

Le Prince d'Orange, à la tête des Hollandois, pénétra jufques dans le Brabant.

Le Roi d'Efpagne, battu de tous côtés,
voïoit le Rouffillon & la Catalogne entre les
mains des Français. Naples révolté contre lui,
venoit de fe donner au Duc de Guife, dernier Prince de cette Branche de la Maifon de
Lor-

Lorraine fi féconde en hommes illuftres & dangereux, en 1647. Celui-ci, qui ne paffa que pour un Avanturier audacieux, parce qu'il ne réuffit pas, avoit eu du moins la gloire d'aborder feul dans une barque au milieu de la Flotte d'Efpagne, & de défendre Naples, fans autre fecours que fon courage.

A voir tant de malheurs qui fondoient fur la Maifon d'Autriche, tant de Victoires accumulées par les Français, & fecondées des fuccès de leurs Alliez, on croiroit que Vienne & Madrid n'atendoient que le moment d'ouvrir leurs portes, & que l'Empereur & le Roi d'Efpagne étoient prefque fans Etats, cependant cinq années de gloire à peine traverfées par quelque revers, ne produifirent que très-peu d'avantages réels, beaucoup de fang répandu, & nulle révolution. S'il y en eut une à craindre, ce fut pour la France ; elle touchoit à fa ruïne au milieu de ces profpéritez aparentes.

K 6   CHAPI-

CHAPITRE II.

GUERRE CIVILE.

L A Reine Anne d'Autriche, Régente absoluë, avoit fait du Cardinal Mazarin le maître de la France, & le sien. Il avoit sur elle cet empire, qu'un homme adroit devoit avoir sur une femme née avec assez de faiblesse pour être dominée, & avec assez de fermeté pour persister dans son choix.

Que cette Reine ait été déterminée à ce choix par son cœur ou par la politique, c'est ce qu'on n'a jamais sçu, & ce que les plus clairvoïans tâchérent en vain de démêler. Mazarin usa d'abord avec modération de sa puissance. Il faudroit avoir vécu long-tems avec un Ministre pour peindre son caractére, pour dire quel degré de courage ou de faiblesse il avoit dans l'esprit, à quel point il étoit ou prudent ou fourbe. Ainsi sans vouloir deviner ce qu'étoit Mazarin, on dira seulement ce qu'il fit. Il affecta dans les commencemens de sa grandeur, autant de simplicité que Richelieu avoit déploïé de hauteur. Loin de prendre des Gardes, & de marcher avec un faste Roïal, il eut d'abord le train le plus modeste; il mit

de

de l'affabilité, & même de la molesse par tout
où son Prédécesseur avoit fait paroître une
fierté inflexible. La Reine vouloit faire aimer
sa Régence & sa personne, de la Cour & des
Peuples, & elle y réussissoit. Gaston, Duc d'Orléans frere de Louïs XIII. & le Prince de Condé, apuïoient son pouvoir, & n'avoient d'é-
mulation que pour servir l'Etat.

Il falloit des Impôts pour soutenir la Guerre contre l'Espagne & contre l'Empire ; on en
établit quelques-uns bien modérez, sans doute en comparaison de ce que nous avons païé
depuis, & bien peu de sufisants pour les besoins de la Monarchie.

Le Parlement, en possession de vérifier les
Edits de ces Taxes, s'oposa vivement à l'E-
dit du Tarif en 1647. Il aquit la confiance des
Peuples par les contradictions dont il fatigua
le Ministére.

Enfin en 1648. douze Charges de Maîtres
des Requêtes nouvellement créées, & environ
quatre-vingt mille écus de gages des Compa-
gnies Supérieures retenus, soulevérent toute
la Robe, & avec la Robe tout Paris ; ce qui
feroit à peine aujourd'hui dans le Roïaume la
matiére d'une nouvelle, excita alors une Guerre Civile.

Broussel, Conseiller-Clerc de la Grand'-
Chambre, homme de nulle capacité, & qui
n'avoit d'autre mérite que d'ouvrir toujours
les

les avis contre la Cour, aïant été arrêté, le
Peuple en montra plus de douleur que la mort
d'un bon Roi n'en a jamais caufée. On vit re-
nouveller les Barricades de la Ligue ; le feu de
la fédition parut allumé dans un inftant, & difficile à éteindre. Il fut atifé par la main du
Coadjuteur, depuis Cardinal de Retz. C'eft le
premier Evêque qui ait fait une Guerre Civile fans avoir la Religion pour prétexte. Cet
homme fingulier s'eft peint lui-même dans fes
Mémoires, écrits avec un air de grandeur, une
impétuofité de génie, & une inégalité, qui font
l'image de fa conduite. C'étoit un homme,
qui du fein de la débauche, & languiffant encore des fuites qu'elle entraîne, prêchoit le
Peuple, & s'en faifoit idolâtrer. Il refpiroit la
faction & les complots ; il avoit été à l'âge de
23. ans l'ame d'une Confpiration contre la vie
de Richelieu : il fut l'auteur des Barricades ;
il précipita le Parlement dans les cabales, &
le Peuple dans les féditions. Ce qui paroît
furprenant, c'eft que le Parlement entraîné
par lui, leva l'étendart contre la Cour avant
même d'être apuïé par aucun Prince.

Cette Compagnie depuis long-tems étoit
regardée bien différemment par la Cour & par
le Peuple. Si l'on en croïoit la voix de tous
les Miniftres & de la Cour, le Parlement de
Paris étoit une Cour de Juftice, faite pour juger les Caufes des Citoïens : il tenoit cette pré-
roga-

rogative de la feule volonté des Rois ; il n'a-
voit fur les autres Parlemens du Roïaume d'autre prééminence que celle de l'ancienneté, &
d'un Reffort plus confidérable : il n'étoit la
Cour des Pairs, que parce que la Cour réfidoit
à Paris : il n'avoit pas plus de droit de faire des
Remontrances que les autres Corps, & ce
droit étoit encore une pure grace : il avoit
fuccédé à ces Parlemens, qui repréfentoient
autrefois la Nation Françoife ; mais il n'avoit
de ces anciennes Affemblées rien que le feul
nom : & pour preuve inconteftable, c'eft
qu'en éfet les Etats-Généraux étoient fubfti-
tués à la place de ces Affemblées de la Nation, & le Parlement de Paris ne reffembloit
pas plus aux Parlemens tenus par nos premiers
Rois, qu'un Conful de Smyrne ou d'Alep ne
reffemble à un Conful Romain.

Cette feule erreur de nom étoit le prétexte
des prétentions ambitieufes d'une Compagnie
d'Hommes de Loi, qui tous, pour avoir acheté leurs Offices de Robe, penfoient tenir la
place des Conquérans des Gaules, & des Seigneurs des Fiefs de la Couronne. Ce Corps
en tous les tems avoit abufé du pouvoir que
s'arroge néceffairement un premier Tribunal
toujours fubfiftant dans une Capitale. Il avoit
ofé donner un Arrêt contre Charles VII. & le
bannir du Roïaume : il avoit commencé un
Procès Criminel contre Henri III. il avoit en
tous

tous les tems résisté , autant qu'il l'avoit pû , à
ses Souverains ; & dans cette Minorité de
Louïs XIV. sous le plus doux des Gouvernemens , & sous la plus indulgente des Reines ,
il vouloit faire la Guerre Civile à son Prince ,
à l'exemple de ce Parlement d'Angleterre , qui
tenoit alors son Roi prisonnier , & qui lui fit
trancher la tête. Tels étoient les discours &
les pensées du Cabinet.

Mais les Citoïens de Paris , & tout ce qui
tenoit à la Robe , voïoient dans le Parlement
un Corps auguste , qui avoit rendu la Justice
avec une intégrité respectable , qui n'aimoit
que le bien de l'Etat ; & qui l'aimoit au péril de
sa fortune , qui bornoit son ambition à la gloire de réprimer l'ambition des Favoris , qui
marchoit d'un pas égal entre le Roi & le Peuple ; & sans examiner l'origine de ses Droits
& de son pouvoir, on lui supposoit les Droits
les plus sacrés , & le pouvoir le plus incontestable , quand on le voïoit soutenir la Cause du Peuple contre des Ministres détestés ;
on l'apelloit *le Pere de l'Etat* , & on faisoit peu de
différence entre le droit qui donne la Couronne aux Rois , & celui qui donnoit au Parlement
le pouvoir de modérer les volontés des Rois.

Entre ces deux extrémités un milieu juste
étoit impossible à trouver ; car enfin il n'y
avoit de Loi bien reconnuë que celle de l'o-
casion & du tems. Sous un Gouvernement ri-
gou-

goureux le Parlement n'étoit rien : il étoit tout
fous un Roi faible, & l'on pouvoit bien lui
apliquer ce que dit Mr. de Guimenée, quand
cette Compagnie fe plaignit fous Louïs XIII.
d'avoir été précédée par les Députez de la No-
bleſſe : *Meſſieurs, vous prendrez bien votre revan-
che dans la Minorité.*

On ne veut point répéter ici tout ce qui
a été écrit fur ces troubles, & copier des Livres, pour remettre fous les yeux tant de détails, alors ſi chers & ſi importans, & aujour-
d'hui preſqu'oubliés : mais on doit dire ce qui
caractériſe l'eſprit de la Nation, & moins ce qui
apartient à toutes les Guerres Civiles, que ce
qui diſtingue celle de la Fronde.

Deux pouvoirs établis chez les hommes,
uniquement pour le maintien de la paix; un Archevêque & un Parlement de Paris aïant commencé les Troubles, le Peuple crut tous ſes
emportemens juſtifiés. La Reine ne pouvoit
paroître en Public fans être outragée; on ne
l'apelloit que *Dame Anne* ; & ſi on ajoutoit
quelque titre, c'étoit un oprobre. Le Peuple
lui reprochoit avec fureur de facrifier l'Etat à
fon amitié pour Mazarin ; & ce qu'il y avoit
de plus infuportable, elle entendoit de tous
côtez. ces Chanfons & ces Vaudevilles, mo-
numents de plaifanterie & de malignité, qui
fembloient devoir éternifer le doute où l'on
étoit de fa vertu.

Elle

Elle s'enfuit de Paris le 6. Janvier 1649.
avec ses enfans, son Ministre, le Duc d'Orléans, frere de Louïs XIII. le Grand Condé
lui-même, & alla à St. Germain ; on fut obligé de mettre en gage chez des Usuriers les
Pierreries de la Couronne. Le Roi manqua
souvent du nécessaire. Les Pages de sa Chambre furent congédiez, parce qu'on n'avoit pas
dequoi les nourrir. En ce tems-là même la
tante de Louïs XIV. fille de Henri le Grand,
femme du Roi d'Angleterre, réfugiée à Paris,
y étoit réduite aux dernières extrémités de la
pauvreté ; & sa fille, depuis mariée au frere
de Louïs XIV. restoit au lit n'aïant pas dequoi
se chauffer ; sans que le Peuple de Paris, eny-
vré de ses fureurs, fît seulement atention aux
afflictions de tant de personnes Roïales.

La Reine, les larmes aux yeux, pressa le
Prince de Condé de servir de Protecteur au
Roi. Le Vainqueur de Rocroy, de Fribourg,
de Lens & de Norlingue, ne put démentir tant
de services passez : il fut flâté de l'honneur de
défendre une Cour qu'il croïoit ingrate,
contre la Fronde qui recherchoit son apui. Le
Parlement eut donc le Grand Condé à combattre, & il osa soutenir la Guerre.

Le Prince de Conty, frere du Grand Condé, aussi jaloux de son frere aîné, qu'incapable de l'égaler ; le Duc de Longueville, le Duc
de Beaufort, le Duc de Bouillon, animez par
l'es-

l'efprit remuant du Coadjuteur , & avides de
nouveautés , fe flâtant d'élever leur grandeur
fur les ruïnes de l'Etat , & de faire fervir à
leurs deffeins particuliers les mouvemens aveu-
gles du Parlement , vinrent lui offrir leurs fervices. On nomma dans la Grand'-Chambre-
les Généraux d'une Armée qu'on n'avoit pas.
Chacun fe taxa pour lever des Troupes : il
y avoit vingt Confeillers pourvus de Charges
nouvelles , créées par le Cardinal de Richelieu.
Leurs Confréres , par une petiteffe d'efprit ,
dont toute fociété eft fufceptible , fembloient
pourfuivre fur eux la mémoire de Richelieu ;
ils les accabloient de dégoûts , & ne les regardoient pas comme Membres du Parlement :
il fallut qu'ils donnaffent chacun 15000 liv.
pour les frais de la Guerre , & pour acheter
la tolérance de leurs Confréres.

La Grand'-Chambre , les Enquêtes , les Requêtes , la Chambre-des-Comptes , la Cour-
des-Aides , qui avoïent tant crié contre un impôt faible & néceffaire , qui n'alloit pas à cent
mille écus , fournirent une fomme de près de
dix millions de notre monnoïe d'aujourd'hui ,
pour la fubverfion de la Patrie. On leva douze mille hommes par Arrêt du Parlement ,
chaque Porte cochére fournit un homme &
un cheval. Cette Cavalerie fut apellée *la Cavalerie des Portes Cochéres.* Le Coadjuteur avoit
un Régiment à lui , qu'on nommoit le Régiment

ment de Corinthe, parce que le Coadjuteur étoit Archevêque Titulaire de Corinthe.

Sans les noms de Roi de France, de Grand Condé, de Capitale du Roïaume, cette Guerre de la Fronde eût été aussi ridicule que celle des Barberins ; on ne savoit pourquoi on étoit en armes. Le Prince de Condé assiégea cinq cens mille Bourgeois avec huit mille Soldats. Les Parisiens sortoient en campagne ornés de plumes & de rubans ; leurs évolutions étoient le sujet des plaisanteries des Gens du métier. Ils suïoient dès qu'ils rencontroient deux cens hommes de l'Armée Roïale. Tout se tournoit en raillerie ; le Régiment de *Corinthe* aïant été battu par un petit parti ; on apella cet échec, *la première aux Corinthiens.*

Ces vingt Conseillers, qui avoient fourni chacun quinze mille livres, n'eurent d'autre honneurs que d'être apellez les *Quinze-Vingt.*

Le Duc de Beaufort, l'Idole du Peuple, & l'instrument dont on se servit pour le soulever, Prince populaire, mais d'un esprit borné, étoit publiquement l'objet des railleries de la Cour, & de la Fronde même. On ne parloit jamais de lui que sous le nom de *Roi des Halles.* Les Troupes Parisiennes qui sortoient de Paris, & qui revenoient toujours battues, étoient reçuës avec des huées & des éclats de rire. On ne réparoit tous ces petits échecs que

par

par des Couplets & des Epigrammes. Les Cabarets, & les autres maisons de débauche, étoient les tentes où l'on tenoit les Conseils de Guerre, au milieu des plaisanteries, des Chansons, & de la gaïeté la plus dissoluë. La licence étoit si éfrenée, qu'une nuit les principaux Officiers de la Fronde aïant rencontré le St. Sacrement qu'on portoit dans les ruës à un homme qu'on soupçonnoit d'être Mazarin, reconduisirent les Prêtres à coûps de plat-d'épée.

Enfin on vit le Coadjuteur, Archevêque de Paris, venir prendre séance au Parlement avec un poignard dans sa poche, dont on apercevoit la poignée, & on crioit : *Voilà le Bréviaire de notre Archevêque.*

Au milieu de tous ces troubles, la Noblesse s'assembla en Corps aux Augustins, nomma des Syndics, tint publiquement des Séances réglées. On eût crû que c'étoit pour réformer l'Etat, & pour assembler les Etats-Généraux. C'étoit uniquement pour un tabouret que la Reine avoit accordé à Madame de Pons ; peut-être n'y a-t'il jamais eu une preuve plus sensible de la légéreté des esprits qu'on reprochoit alors aux Français.

Les Discordes Civiles qui désoloient l'Angleterre précisément en même-tems, servent bien à faire voir les caractéres des deux Nations. Les Anglais avoient mis dans leurs

Troubles

Troubles Civils un acharnement mélancoli-
que, & une fureur raisonnée ; ils donnoient
de sanglantes batailles ; le fer décidoit tout ;
les échaffauts étoient dressez pour les vaincus ;
leur Roi pris en combattant fut amené devant
une Cour de Justice, interrogé sur l'abus
qu'on lui reprochoit d'avoir fait de son pouvoir, condamné à perdre la tête, & exécuté
devant tout son Peuple, avec autant d'ordre,
& avec les mêmes formalités de Justice, que
si on avoit condamné un Citoïen criminel,
sans que dans le cours de ces troubles horribles, Londres se fût ressenti un moment des
calamités atachées aux Guerres Civiles.

Les Français au contraire se précipitoient
dans les séditions, par caprice, & en riant ;
les femmes étoient à la tête des Factions, l'a-
mour faisoit & rompoit les Cabales. La Duchesse de Longueville engagea Turenne, à
peine Maréchal de France, à faire révolter
l'Armée qu'il commandoit pour le Roi en
1649. Turenne n'y réussit pas : il quitta en fugitif l'Armée dont il étoit Général, pour plaire
à une femme qui se moquoit de sa passion : il
devint de Général du Roi de France, Lieutenant de Don Estevan de Gamarre, avec lequel
il fut battu à Retel par les Troupes Roïales.
On connoît ce Billet du Maréchal d'Hocquincourt à la Duchesse de Montbazon. *Perronne
est à la Belle des Belles.* On sçait ces Vers du
Duc

Duc de la Rochefoucault pour la Duchesse de Longueville, lorsqu'il reçut au combat de St. Antoine un coup de mousquet qui lui fit perdre quelque-tems la vûë.

Pour mériter son cœur, pour plaire à ses beaux yeux;
J'ai fait la guerre aux Rois; je l'aurois faite aux
Dieux.

La Guerre finit, & recommença à plusieurs reprises; il n'y eut personne qui ne changeât souvent de parti. Le Prince de Condé aïant ramené dans Paris la Cour triomphante, se livra au plaisir de la méprifer, après l'avoir défenduë, & ne trouvant pas qu'on lui donnât des récompenfes proportionnées à sa gloire & à ses services, il fut le premier à tourner Mazarin en ridicule, à braver la Reine, & à insulter un Gouvernement qu'il dédaignoit. Il écrivit, à ce qu'on prétend, au Cardinal, *à l'Illustrissimo Signor Faquino* *. Il lui dit un jour, *adieu Mars.* Il encouragea un Marquis de Jarsay à faire une déclaration d'amour à la Reine, & trouva mauvais qu'elle osât s'en offenser. Il se ligua avec le Prince de Conty son frere, & le Duc de Longueville, qui abandonnérent le parti de la Fronde.

Le

* Mot cruel au Premier-Ministre, que son frere apelloit *Coglione.*

Le Coadjuteur, qui s'étoit déclaré l'impla-
cable ennemi du Miniſtére, ſe réünit ſecrette-
ment avec la Cour pour avoir un Chapeau de
Cardinal, & il ſacrifia le Prince de Condé au
reſſentiment du Miniſtre. Enfin, ce Prince qui
avoit défendu l'Etat contre les Ennemis, & la
Cour contre les Révoltez ; Condé au comble de la gloire, s'étant toujours conduit en
Héros, & jamais en homme habile, ſe vit arrêté priſonnier, avec le Prince de Conty &
le Duc de Longueville, le 18. Janvier 1650.
Il eût pu gouverner l'Etat, s'il avoit ſeulement
voulu plaire ; mais il ſe contentoit d'être admiré. Le peuple de Paris, qui avoit fait des
Barricades pour un Conſeiller-Clerc preſque
imbécile, fit des feux-de-joïe lorſqu'on mena
au Donjon de Vincennes le Défenſeur & le
Héros de la France.

Un an après, ces mêmes Frondeurs qui
avoient vendu le Grand Condé & les Princes
à la vengeance timide de Mazarin, forcérent la
Reine à ouvrir leurs priſons, & à chaſſer du
Roïaume ſon Premier-Miniſtre. Condé revint,
aux acclamations de ce même Peuple qui l'a-
voit tant haï. Sa préſence renouvella les cabales & les diſſentions.

Le Roïaume reſta dans cette combuſtion
encore quelques années. Le Gouvernement ne
prit jamais que des Conſeils faibles & incertains : il ſembloit devoir ſuccomber : mais les
Révoltés

Révoltés furent toujours désunis, & c'est ce qui sauva la Cour. Le Coadjuteur, tantôt ami, tantôt ennemi du Prince de Condé, suscita contre lui une partie du Parlement & du Peuple. Il osa en même-tems servir la Reine en tenant tête à ce Prince, & l'outrager, en la forçant d'éloigner le Cardinal Mazarin, qui se retira à Cologne. La Reine, par une contradiction trop ordinaire aux Gouvernemens faibles, fut obligée de recevoir à la fois ses services & ses offenses, & de nommer au Cardinalat ce même Coadjuteur, l'Auteur des Barricades, qui avoit contraint la Famille Roïale à sortir de la Capitale, & à l'assiéger.

꧁꧂꧁꧂꧁꧂꧁꧂꧁꧂꧁꧂꧁꧂꧁꧂

CHAPITRE III.

SUITE DE LA GUERRE CIVILE, JUSQU'A LA FIN DE LA REBELLION ; *en* 1654.

EN F I N Condé se résolut en 1651. à une Guerre, qu'il eût dû commencer du tems de la Fronde s'il avoit voulu être le maître de l'Etat, ou qu'il n'auroit dû jamais faire s'il avoit été Citoïen. Il part de Paris, il va soulever la Guyenne, le Poitou & l'Anjou, & mandier contre la France le secours des Espagnols, dont il avoit été le fléau le plus terrible.

Rien ne marque mieux la manie de ce tems, & le déréglement qui déterminoit toutes les démarches, que ce qui arriva alors à ce Prince. On lui envoïa un Courier de Paris avec des propositions qui dévoient l'engager au retour & à la paix. Le Courier se trompa, & au lieu d'aller à Angerville où étoit le Prince, il alla à Augerville. La Lettre vint trop tard. Condé dit que s'il l'avoit reçûë plûtôt, il auroit accepté les propositions de Paix ; mais puisqu'il étoit déja assez loin de Paris, ce n'étoit pas la peine d'y retourner. Ainsi l'équivoque d'un Courier, & le pur caprice de ce

Prince,

Prince, replongea la France dans la Guerre Civile.

Alors le Cardinal Mazarin, qui du fond de fon exil à Cologne avoit gouverné la Cour, rentra dans le Roïaume en Décembre 1651. moins en Miniftre qui revenoit reprendre fon pofte, qu'en Souverain qui fe remettoit en pof-feffion de fes Etats ; il étoit conduit par une petite Armée de fept mille hommes, levez à fes dépens ; c'eft-à-dire, avec de l'argent du Roïaume, qu'il s'étoit aproprié.

On fait dire au Roi dans une Déclaration de ce tems-là, que le Cardinal avoit en éfet levé ces Troupes de fon argent ; ce qui doit confondre l'opinion de ceux qui ont écrit, qu'à fa premiére fortie du Roïaume, Mazarin s'étoit trouvé dans l'indigence. Il donna le Commandement de fa petite Armée au Maré-chal d'Hocquincourt. Tous les Officiers por-toient des Echarpes vertes ; c'étoit la couleur des Livrées du Cardinal. Chaque parti avoit alors fon Echarpe. La blanche, étoit celle du Roi, l'ifabelle celle du Prince de Condé. Il étoit étonnant que le Cardinal Mazarin, qui avoit jufques alors affecté tant de modeftie, eût la hardieffe de faire porter fes Livrées à une Armée, comme s'il avoit eu un parti différent de celui de fon Maître ; mais il ne put réfifter à cette vanité. La Reine l'aprouva. Le Roi déja majeur, & fon Frere, vinrent au-devant de lui.

Aux

Aux premiéres nouvelles de son retour, Gaston d'Orléans, Frere de Louïs XIII. qui avoit demandé l'éloignement du Cardinal, leva des Troupes dans Paris, sans trop savoir à quoi elles seroient emploïées. Le Parlement renouvella ses Arrêts, il proscrivit Mazarin, & mit sa tête à prix. Il fallut chercher dans les Regiſtres, quel étoit le prix d'une tête ennemie du Roïaume. On trouva que sous Charles IX. on avoit promis par Arrêt cinquante mille écus à celui qui repréſenteroit l'Amiral de Coligny mort ou vif. On crut très-ſérieuſement procéder en régle, en mettant ce même prix à l'aſſaſſinat d'un Cardinal Premier-Miniſtre. Cette proſcription ne donna à perſonne la tentation de mériter les cinquante mille écus, qui après tout n'euſſent point été païez. Chez une autre Nation, & dans un autre tems, un tel Arrêt eût trouvé des exécuteurs; mais il ne ſervit qu'à faire de nouvelles plaiſanteries. Les Blots & les Marigny, Beaux-Eſprits, qui portoient la gaïeté dans les tumultes de ces troubles, firent afficher dans Paris une répartition de cent-cinquante mille livres; tant pour qui couperoit le nez au Cardinal, tant pour une oreille, tant pour un œil, tant pour le faire Eunuque. Ce ridicule fut tout l'éfet de la proſcription. Le Cardinal, de son côté, n'emploïoit contre ses Ennemis, ni le poiſon, ni

l'aſſaſ-

l'affaffinat ; & malgré l'aigreur & la manie de
tant de Partis, & de tant de haines, on ne
commit pas beaucoup de grands crimes. Les
Chefs de Parti furent peu cruels, & les Peuples peu furieux ; car ce n'étoit pas une Guerre de Réligion.

L'efprit de vertige qui régnoit, poffeda fi
bien tout le Corps du Parlement de Paris,
qu'après avoir folemnellement ordonné un affaffinat, dont on fe moquoit, il rendit un Arrêt en Décembre 1651. par lequel plufieurs
Confeillers devoient fe tranfporter fur la fron-
tiére pour informer contre l'Armée du Cardinal Mazarin ; c'eft-à-dire, contre l'Armée
Roïale.

Deux Confeillers furent affez imprudents
pour aller, avec quelques Païfans, faire rompre les ponts par où le Cardinal devoit paffer:
ils furent faits prifonniers par les Troupes du
Roi, relâchez avec indulgence, & moquez
de tous les Partis.

Précifément dans le tems que cette Compagnie s'abandonnoit à ces extrémitez contre
le Miniftre du Roi, elle déclaroit Criminel de
Lèze - Majefté le Prince de Condé, qui n'é-
toit armé que contre ce Miniftre ; & par un
renverfement d'efprit que toutes les démarches précédentes rendent croïable ; elle ordonna que les nouvelles Troupes de Gafton,
Duc d'Orléans, marcheroient contre Maza-

L 3   rin,

rin, & elle défendit en même-tems qu'on prît aucuns deniers dans les Recettes publiques pour les foudoïer.

On ne pouvoit atendre autre chofe d'une Compagnie de Magiftrats, qui jettée hors de fa fphére, & ne connoiffant ni fes droits ni fon pouvoir réel, ni les Affaires Politiques, ni la Guerre, s'affemblant & décidant en tumulte, prenoit des partis aufquels elle n'avoit pas penfé le jour d'auparavant, & dont elle-même s'étonnoit enfuite.

Le Parlement de Bordeaux fervoit alors le Prince de Condé; mais il tint une conduite plus uniforme, parce qu'étant plus éloigné de la Cour, il étoit moins agité par des Factions opofées.

Mais des objets plus confidérables intéreffoient toute la France.

Condé, ligué avec les Efpagnols, étoit en campagne contre le Roi; & Turenne aïant quitté ces mêmes Efpagnols avec lefquels il avoit été batu à Retel, venoit de faire fa paix avec la Cour, & commandoit l'Armée Roïale. L'épuifement des Finances ne permettoit ni à l'un ni à l'autre des deux Partis d'avoir de grandes Armées; mais de petites ne décidoient pas moins du fort de l'Etat. Il y a des tems où cent mille hommes en campagne peuvent à peine prendre deux Villes; il y en a d'autres où une bataille entre fept ou huit

mille

mille hommes peut renverfer un Trône ou l'affermir.

Louïs XIV. élevé dans l'adverfité, alloit avec fa mere, fon frere, & le Cardinal Mazarin, de Province en Province, n'aïant pas autant de Troupes autour de fa perfonne, à beaucoup près, qu'il en eut depuis en tems de paix pour fa feule garde. Cinq à fix mille hommes, les uns envoïez d'Efpagne, les autres levez par les Partifans du Prince de Condé, le pourfuivoient au cœur de fon Roïaume.

Le Prince de Condé couroit cependant de Bordeaux à Montauban, prenoit des Villes, & groffiffoit par tout fon Parti.

Toute l'efpérance de la Cour étoit dans le Maréchal de Turenne. L'Armée Roïale fe trouva auprès de Gien fur la Loire. Celle du Prince de Condé étoit à quelques lieües, fous les ordres du Duc de Nemours & du Duc de Beaufort. Les divifions de ces deux Généraux alloient être funeftes au Parti du Prince. Le Duc de Beaufort étoit incapable du moindre Commandement. Le Duc de Nemours paffoit pour être plus brave, & plus aimable qu'habile. Tous deux enfemble ruïnoient leur Armée. Les Soldats favoient que le grand Condé étoit à cent lieües de-là, & fe croïoient perdus, lorfqu'au milieu de la nuit un Courier fe préfenta dans la forêt d'Orléans devant les Grandes Gardes. Les Sentinelles reconnurent

L 4　　　dans

dans ce Courier le Prince de Condé lui-même, qui venoit d'Agen à travers mille avantures, & toujours déguisé, se mettre à la tête
de son Armée.

Sa présence faisoit beaucoup, & cette arri-
vée imprévuë encore davantage. Il savoit que
tout ce qui est soudain & inespéré transporte
les hommes. Il profita à l'instant de la confiance & de l'audace qu'il venoit d'inspirer.
Le grand talent de ce Prince dans la guerre,
étoit de prendre en un instant les résolutions
les plus hardies, & de les exécuter, avec non
moins de prudence que de promptitude.

L'Armée Roïale étoit séparée en deux Corps.
Le 7. Avril 1652. Condé fondit sur celui qui
étoit à Blenau, commandé par le Maréchal
d'Hocquincourt; & ce Corps fut dissipé en même-tems qu'ataqué. Turenne n'en put être
averti. Le Cardinal Mazarin éfraïé, courut à
Gien au milieu de la nuit réveiller le Roi qui
dormoit, pour lui aprendre cette nouvelle. Sa
petite Cour fut consternée; on proposa de
sauver le Roi par la fuite, & de le conduire sé-
cretement à Bourges. Le Prince de Condé
victorieux, aprochoit de Gien, la désolation &
la crainte augmentoient. Turenne, par sa fermeté, rassura les esprits, & sauva la Cour par
son habileté: il fit, avec le peu qui lui restoit
de Troupes, des mouvemens si heureux; profita si bien du terrein & du tems, qu'il empêcha

cha Condé de pourſuivre ſon avantage. Il fut
dificile alors de décider lequel avoit aquis plus
d'honneur, ou de Condé victorieux, ou de
Turenne qui lui avoit arraché le prix de ſa
victoire. Il eſt vrai que dans ce combat de Blenau, ſi long-tems célèbre en France, il n'y
avoit pas eu quatre cens hommes de tuez;
mais le Prince de Condé n'en fut pas moins
ſur le point de ſe rendre maître de toute la
Famille Roïale, & d'avoir entre ſes mains ſon
ennemi, le Cardinal Mazarin. On ne pouvoit
guéres voir un plus petit combat, de plus
grands intérêts, & un danger plus preſſant.

Condé, qui ne ſe flâtoit pas de ſurprendre
Turenne, comme il avoit ſurpris d'Hocquincourt, fit marcher ſon Armée vers Paris: il ſe
hâta d'aller dans cette Ville joüir de ſa gloire,
& des diſpoſitions favorables d'un Peuple
aveugle. L'admiration qu'on avoit pour ce
dernier combat, dont on exagéroit encor toutes les circonſtances, la haine qu'on portoit à
Mazarin, le nom & la préſence du Grand
Condé, ſembloient d'abord le rendre maître
abſolu de la Capitale. Mais dans le fond tous
les eſprits étoient diviſés; chaque Parti étoit
en Factions, comme il arrive dans tous les
troubles. Le Coadjuteur, devenu Cardinal de
Retz, raccommodé en apárence avec la Cour,
qui le craignoit, & dont il ſe défioit, n'étoit
plus le maître du Peuple, & ne joüoit plus le

princi-

principal rôle. Il gouvernoit le Duc d'Orléans, & étoit opofé à Condé. Le Parlement
flotoit entre la Cour, le Duc d'Orléans, & le
Prince, quoique tout le monde s'acordât à
crier contre Mazarin; chacun ménageoit en
fecret des intérêts particuliers; le Peuple étoit
une mer orageufe, dont les vagues étoient
pouffées au hazard par tant de vents contraires.

On ne voïoit que Négociations entre les
Chefs des Partis, Députations du Parlement,
Affemblées de Chambres, Séditions dans la
Populace, Gens de Guerre dans la campagne.
Le Prince avoit apellé les Efpagnols à fon fecours. Charles IV. ce Duc de Lorraine chaffé
de fes Etats en 1652. & à qui il reftoit pour
tous biens une Armée de huit mille hommes
qu'il vendoit tous les ans au Roi d'Efpagne,
vint auprès de Paris avec cette Armée. Le
Cardinal Mazarin lui offrit plus d'argent pour
s'en retourner, que le Parti de Condé ne lui
en avoit donné pour venir. Le Duc de Lorraine quitta bien-tôt la France après l'avoir
défolée fur fon paffage, emportant l'argent des
deux Partis.

Condé refta donc dans Paris, avec un pouvoir qui diminua tous les jours, & une Armée
plus faible encore. Turenne mena le Roi & fa
Cour vers Paris. Le Roi à l'âge de quinze ans
vit de la hauteur de Charonne la bataille de
St. Antoine, où ces deux Généraux firent avec
fi peu

fi peu de Troupes de fi grandes chofes, que la réputation de l'un & de l'autre, qui fembloit ne pouvoir plus croître, en fut augmentée.

Le Prince de Condé avec un petit nombre de Seigneurs de fon Parti, fuivi de peu de Soldats, foutint & repouffa l'éfort de l'Armée Roïale. Le Roi regardoit ce combat du haut d'une éminence avec Mazarin. Le Duc d'Orléans, incertain du parti qu'il devoit prendre, reftoit dans fon Palais du Luxembourg. Le Cardinal de Retz étoit cantonné dans fon Archevêché. Le Parlement atendoit l'iffuë de la bataille pour donner quelque Arrêt. Le Peuple, qui craignoit alors également, & les Troupes du Roi, & celle de Mr. le Prince, avoit fermé les portes de la Ville, & ne laiffoit plus entrer ni fortir perfonne, pendant que ce qu'il y avoit de plus grand en France s'acharnoit au combat, & verfoit fon fang dans le Fauxbourg le 2. Juillet 1652. Ce fût-là que le Duc de la Rochefoucaut, fi illuftre par fon courage & par fon efprit, reçut un coup au-deffous des yeux qui lui fit perdre la vûë pour quelque-tems. On ne voïoit que jeunes Seigneurs tuez ou bleffez, qu'on raportoit à la porte St. Antoine, qui ne s'ouvroit point.

Enfin Mademoifelle, fille de Gafton, prenant le parti de Condé, que fon pere n'ofa

L 6   fecou-

fecourir, fit ouvrir les portes aux bleffez, &
eut la hardieffe de faire tirer fur les Troupes
du Roi le canon de la Baftille. L'Armée Roïale fe retira, Condé n'acquit que de la gloire;
mais Mademoifelle fe perdit pour jamais dans
l'efprit du Roi fon coufin par cette action violente; & le Cardinal Mazarin, qui favoit l'extrême envie qu'avoit Mademoifelle d'époufer
une Tête Couronnée, dit alors: *Ce canon - là
vient de tuer fon mari.*

La plûpart de nos Hiftoriens n'étalent à
leurs Lecteurs que ces combats & ces prodiges de courage & de politique; mais qui fau-
roit quels refforts honteux il falloit faire jouer,
dans quelles miféres on étoit obligé de plonger les Peuples, & à quelles baffeffes on étoit
réduit, verroit la gloire des Héros de ce tems-
là avec plus de pitié que d'admiration. On
en peut juger par les feuls traits que raporte
Gourville, homme ataché à Mr. le Prince. Il
avouë que lui-même, pour lui procurer de
l'argent, vola celui d'une Recette, & qu'il
alla prendre dans fon logis un Directeur des
Poftes à qui il fit païer une rançon; & il raporte ces violences comme des chofes ordi-
naires.

Après le fanglant & inutile combat de Saint
Antoine, le Roi ne put rentrer dans Paris, &
le Prince n'y put demeurer long-tems. Une
émotion populaire, & le meurtre de plufieurs

fieurs Citoïens , dont on le crut l'auteur, le rendirent odieux au Peuple. Cependant il avoit encor fa brigue au Parlement. Ce Corps , peu intimidé alors par une Cour errante , & chaffée en quelque façon de la Capitale, preffée par les cabales du Duc d'Orléans & du Prince, déclara par un Arrêt du 20. Juillet 1652. le Duc d'Orléans, Lieutenant-Général du Roïaume, & Condé, Généraliffime de fes Armées. La Cour irritée, ordonna au Parlement de fe transférer à Pontoife; quelques Confeillers obéïrent. On vit ainfi deux Parlements, qui fe conteftoient l'un à l'autre leur autorité, qui donnoient des Arrêts contraires, & qui par-là fe feroient rendus le mépris du Peuple, s'ils ne s'étoient toujours acordez à demander l'expulfion de Mazarin, tant la haine contre ce Miniftre fembloit alors le devoir effentiel d'un Français.

Il ne fe trouva dans ce tems aucun Parti qui ne fût faible; celui de la Cour l'étoit autant que les autres; l'argent & les forces manquoient à tous; les Factions fe multiplioient; les combats n'avoient produit de chaque côté que des pertes & des regrets. La Cour fe vit obligée de facrifier encor Mazarin, que tout le monde apelloit la caufe des troubles, & qui n'en étoit que le prétexte. Il fortit une feconde fois du Roïaume; pour furcroît de honte, il fallut que le Roi donnât une Déclaration publi-

publique le 12. Août 1652. par laquelle elle
renvoïoit fon Miniftre, en vantant fes fervices, & en fe plaignant de fon exil.

Charles I. Roi d'Angleterre, venoit de fe
mettre la tête fur un échafaut, pour avoir dans
le commencement des troubles abandonné le
fang de Straford fon Premier-Miniftre, à fon
Parlement. Louïs XIV. au contraire devint le
maître paifible de fon Roïaume en fouffrant
l'exil de Mazarin. Ainfi les mêmes faibleffes
eurent des fuccès bien différens. Le Roi d'Angleterre, en abandonnant fon Favori, enhardit un Peuple, qui refpiroit la guerre & qui
haïffoit les Rois: & Louïs XIV. (ou plûtôt la
Reine-Mere) en renvoïant le Cardinal, ôta
tout prétexte de révolte à un Peuple las de la
guerre, & qui aimoit la Roïauté.

Le Cardinal à peine parti pour aller à Boüil-
lon, lieu de fa nouvelle retraite, les Citoïens
de Paris, de leur feul mouvement, député-
rent au Roi pour le fuplier de revenir dans
fa Capitale. Il y rentra, & tout y fut fi paifible, qu'il eût été dificile d'imaginer que quelques jours auparavant tout avoit été dans la
confufion. Gafton d'Orléans, malheureux dans
fes entreprifes, qu'il ne fçut jamais foutenir,
fut relégué à Blois, où il paffa le refte de fa
vie dans le repentir, & il fut le deuxiéme fils
de Henri le Grand, qui mourut fans beaucoup de gloire. Le Cardinal de Retz, peut-
être

être aussi imprudent, que sublime & audacieux, fut arrêté dans le Louvre ; & après
avoir été conduit de prison en prison, il mena long-tems une vie errante, qu'il finit enfin
dans la retraite, où il aquit des vertus que son
grand courage n'avoit pû connoître dans les
agitations de sa fortune.

Quelques Conseillers, qui avoient le plus
abusé de leur ministére, païérent leurs démarches par l'éxil ; les autres se renfermérent
dans les bornes de la Magistrature, & quelques-uns s'atachérent à leur devoir par une
gratification annuelle de cinq cens écus, que
Fouquet, Procureur-Général & Surintendant
des Finances, leur fit donner sous-main.*

Le Prince de Condé cependant abandonné en France de presque tous ses Partisans,
& mal secouru des Espagnols, continuoit sur
les frontiéres de la Champagne une guerre
malheureuse. Il restoit encor des Factions dans
Bordeaux ; mais elles furent bien-tôt apaisées.

Ce calme du Roïaume étoit l'éfet du banis-
sement du Cardinal Mazarin ; cependant à
peine fut-il chassé par le cri général des Français, & par une Déclaration du Roi du mois
de Mars 1653. que le Roi le fit revenir. Il fut
étonné de rentrer dans Paris, tout-puissant &
tranquille. Louïs XIV. le reçût comme un pere,
&

* Mémoires de Gourville.

& le Peuple comme un maître. On lui fit un festin à l'Hôtel-de-Ville, au milieu des acclamations des Citoïens : il jetta de l'argent à la Populace ; mais on dit que dans la joïe d'un si heureux changement, il marqua du mépris pour notre inconstance. Le Parlement, après avoir mis sa tête à prix, comme celle d'un voleur public, le complimenta par Députez ; & ce même Parlement peu de tems après condanna par contumace le Prince de Condé à perdre la vie ; changement ordinaire dans de pareils tems, & d'autant plus humiliant, que l'on condannoit par des Arrêts le 27. Mars 1657. celui dont on avoit si long-tems partagé les fautes.

On vit le Cardinal, qui pressoit cette condannation de Condé, marier au Prince de Conty son frere, l'une de ses Niéces, preuve que le pouvoir de ce Ministre alloit être sans bornes.

CHAPITRE

CHAPITRE IV.

ETAT DE LA FRANCE, JUSQU'A LA MORT DE CROMWEL, ET AU VOYAGE DE LA REINE CHRISTINE.

ENDANT que l'Etat avoit été ainsi déchiré au-dedans, il avoit été ataqué & affaibli au-dehors. Tout le fruit des Batailles de Rocroy, de Lens, & de Norlingue fut perdu. La place importante de Dunkerque fut reprise par les Espagnols : ils chaffèrent les Français de Barcelone ; ils reprirent Casal en Italie en 1651. Cependant malgré les tumultes d'une Guerre Civile, & le poids d'une Guerre Etrangére, Mazarin avoit été affez heureux pour conclure cette célèbre Paix de Weftphalie, en 1648. par laquelle l'Empereur & l'Empire vendirent * la Préfecture, & non la Souveraineté de l'Alface, pour trois millions de livres païables à l'Archiduc ; c'est-à-dire, pour six millions d'aujourd'hui. Par ce Traité, devenu pour l'avenir la base de tous les Traités, un nouvel Electorat fut créé pour

* Au Roi de France.

pour la Maiſon Palatine. Les Droits de tous les Princes, & des Villes Impériales, les Priviléges des moindres Gentilshommes Allemands furent confirmez. Le pouvoir de l'Empereur fut reſtraint dans des bornes étroites, & les Français joints aux Suédois devinrent Légiſlateurs de l'Allemagne. Cette gloire de la France étoit au moins en partie dûë aux Armes de la Suéde; Guſtave Adolphe avoit commencé d'ébranler l'Empire. Ses Généraux avoient encor pouſſé aſſez loin leurs Conquêtes ſous le Gouvernement de ſa fille Chriſtine. Son Général Vrangel étoit prêt d'entrer en Autriche. Le Comte de Koniſmar étoit Maître de la moitié de la Ville de Prague, & aſſiégeoit l'autre, lors que cette Paix fut concluë. Pour accabler ainſi l'Empereur, il n'en couta guéres à la France qu'un million par an donné aux Suédois.

Auſſi la Suéde obtint par ces Traitez de plus grands avantages que la France; elle eut la Poméranie, beaucoup de Places, & de l'argent. Elle força l'Empereur de faire paſſer entre les mains des Luthériens des Bénéfices, qui apartenoient aux Catholiques Romains. Rome cria à l'impiété, & dit que la Cauſe de Dieu étoit trahie. Les Proteſtans ſe vantérent qu'ils avoient ſantifié l'Ouvrage de la Paix, en dépouillant des Papiſtes. L'intérêt ſeul fit parler tout le monde.

L'Eſ-

L'Efpagne n'entra point dans cette Paix, & avec affez de raifon ; car voïant la France plongée dans les Guerres Civiles, le Miniftre Efpagnol efpéra profiter de nos divifions. Les Troupes Allemandes licentiées, devinrent aux Efpagnols un nouveau fecours. L'Empereur depuis la Paix de Munfter fit paffer en Flandres en quatre ans de tems près de trente mille hommes. C'étoit une violation manifefle des Traitez ; mais ils ne font jamais exécutés autrement.

Les Miniftres de Madrid eurent dans ce Traité de Weftphalie l'adreffe de faire une Paix particuliére avec la Hollande ; la Monarchie Efpagnole fut enfin trop heureufe de n'avoir plus pour ennemis, & de reconnoître pour Souverains, ceux qu'elle avoit traité fi long-tems de Rebelles, indignes de pardon. Ces Républicains augmentérent leurs richeffes, & affermirent leur grandeur & leur tranquilité, en traitant avec l'Efpagne, fans rompre avec la France.

Ils étoient fi puiffants, que dans une Guerre qu'ils eurent quelque-tems après avec l'Angleterre en 1653. ils mirent en mer cent Vaiffeaux de ligne, & la victoire demeura fouvent indécife, entre Black l'Amiral Anglais, & Tromp Amiral d'Hollande, qui étoient tous deux fur mer, ce que les Condés & les Turennes étoient fur terre. La France n'avoit pas
en

en ce tems dix Vaiffeaux de cinquante piéces de canon qu'elle pût mettre en mer ; fa Marine s'anéantiffoit de jour en jour.

Louïs XIV. fe trouva donc cette année maître abfolu d'un Roïaume, encor ébranlé des fecouffes qu'il avoit reçuës, rempli de défordres en tout genre d'adminiftration ; mais plein de reffources, n'aïant aucun Allié, excepté la Savoïe, pour faire une Guerre offenfive ; & n'aïant plus d'Ennemis Etrangers que l'Efpagne, qui étoit alors en plus mauvais état que la France. Tous les Français qui avoient fait la Guerre Civile étoient foumis, hors le Prince de Condé & quelques-uns de fes Partifans, dont un ou deux lui étoient demeurez fidèles par amitié & par grandeur d'ame, comme le Comte de Coligni, & Bouteville ; & les autres, parce que la Cour ne voulut pas les acheter affez chérement.

Condé, devenu Général des Armées Efpagnoles, ne put relever un Parti qu'il avoit affaibli lui-même, par la déftruction de leur Infanterie aux Journées de Rocroy & de Lens. Il combattoit avec des Froupes nouvelles, dont il n'étoit pas le maître, contre les vieux Régimens Français, qui avoient apris à vaincre fous lui, & qui étoient commandez par Turenne.

Le fort de Turenne & de Condé fut d'être toujours Vainqueurs, quand ils combattirent en-

enfemble à la tête des Français, & d'être battus, quand ils commandérent les Efpagnols. Turenne avoit à peine fauvé les débris de l'Armée d'Efpagne à la bataille de Retel, lorfque de Général du Roi de France il s'étoit fait le Lieutenant de Don Eftevan de Gamare.

Le Prince de Condé eut le même fort devant Arras. L'Archiduc & lui affiégeoient cette Ville. Turenne les affiégea dans leur camp, & força leurs lignes le 25. Août 1654. les Troupes de l'Archiduc furent mifes en fuite. Condé, avec deux Régimens de Français & de Lorraine, foutint feul les éforts de l'Armée de Turenne; & tandis que l'Archiduc fuïoit, il battit le Maréchal d'Hocquincourt, il repouffa le Maréchal de la Ferté, & fe retira victorieux, en couvrant la retraite des Efpagnols vaincus.

Auffi le Roi d'Efpagne lui écrivit ces propres paroles : *J'ai fu que tout étoit perdu, & que vous avez tout confervé.*

Il eft difficile de dire ce qui fait perdre ou gagner les batailles ; mais il eft certain que Condé étoit un des Grands-Hommes de guerre qui euffent jamais paru, & que l'Archiduc & fon Confeil ne voulurent rien faire à cette Journée de ce que Condé avoit propofé.

Arras fauvé, les lignes forcées, & l'Archiduc mis en fuite, comblérent Turenne de gloire, & on obferva que dans la Lettre écrite

te au nom du Roi au Parlement * fur cette
Victoire , on y atribua le fuccès de toute la
campagne au Cardinal Mazarin , & qu'on ne
fit pas même mention du nom de Turenne.
Le Cardinal s'étoit trouvé en éfet à quelques
lieuës d'Arras avec le Roi. Il étoit même entré dans le camp au fiége de Stenay , que Turenne avoit pris avant de fecourir Arras. On
avoit tenu devant le Cardinal des Confeils
de Guerre. Sur ce fondement il s'atribua l'honneur des événemens , & cette vanité lui donna un ridicule que toute l'autorité du Miniftére ne put éfacer.

Le Roi ne fe trouva point à la bataille d'Arras , & auroit pu y être : il étoit allé à la tranchée au fiége de Stenay ; mais le Cardinal
Mazarin ne voulut pas qu'il expofât davantage fa Perfonne , à laquelle le repos de l'Etat
& la puiffance du Miniftre fembloient atachées.

D'un côté Mazarin , maître abfolu de la
France & du jeune Roi ; de l'autre, Don Louïs
de Haro qui gouvernoit l'Efpagne, & Philippe
IV. continuoient fous le nom de leurs Maîtres cette Guerre peu vivement foutenuë: Il
n'étoit pas encor queftion dans le monde du
nom de Louïs XIV. & jamais on n'avoit parlé
du Roi d'Efpagne. Il n'y avoit alors aucune
Tête

* Dattée de Vincennes du 11. Septembre 1654.

Tête Couronnée en Europe qui eût une gloire personnelle. La feule Chriftine, Reine de Suéde, gouvernoit par elle-même, & foutenoit l'honneur du Trône, abandonné, ou flétri, ou inconnu dans les autres Etats.

Charles II. Roi d'Angleterre, fugitif en France avec fa mere & fon frere, y traînoit fes malheurs & fes efpérances. Un fimple Citoïen avoit fubjugué l'Angleterre, l'Ecoffe & l'Irlande, l'épée & la Bible à la main, & le mafque du Fanatifme fur le vifage. Cromwel, cet Ufurpateur digne de régner, avoit pris le nom de Protecteur, & non celui de Roi; parce que les Anglois favoient jufqu'où les Droits de leurs Rois doivent s'étendre, & ne connoiffoient pas quelles étoient les bornes de l'autorité d'un Protecteur.

Il affermit fon pouvoir, en fachant le réprimer à propos : il n'entreprit point fur les Priviléges dont le Peuple étoit jaloux ; il ne logea jamais de Gens de Guerre dans la Cité de Londres ; il ne mit aucun impôt dont on pût murmurer; il n'offenfa point les yeux par trop de fafte ; il ne fe permit aucun plaifir ; il n'accumula point de tréfors ; il eut foin que la Juftice fût obfervée, avec cette impartialité impitoïable, qui ne diftingue point les grands des petits.

Le frere de Pantaleonfa, Ambaffadeur de Portugal en Angleterre, aïant cru que fa licence

cence feroit impunie, parce que la perfonne
de fon frere étoit facrée, infulta des Citoïens
de Londres, & en fit affaffiner un pour fe vanger de la réfiftance des autres; il fut condamné à être pendu. Cromwel, qui pouvoit lui
faire grace, le laiffa exécuter, & figna le lendemain un Traité avec l'Ambaffadeur.

Jamais le Commerce ne fut fi libre ni fi flo-
riffant; jamais l'Angleterre n'avoit été fi riche.
Ses Flotes victorieufes faifoient refpecter fon
nom dans toutes les Mers, tandis que Mazarin, uniquement occupé de dominer & de
s'enrichir, laiffoit languir dans la France la
Juftice, le Commerce, la Marine, & même
les Finances. Maître de la France, comme
Cromwel de l'Angleterre, après une Guerre
Civile, il eut pû faire pour le Païs qu'il gouvernoit, ce que Cromwel avoit fait pour le fien.
Mais il étoit Etranger, & l'ame de Mazarin,
qui n'avoit pas la barbarie de celle de Cromwel, n'en avoit pas auffi la grandeur.

Toutes les Nations de l'Europe, qui avoient
négligé l'alliance de l'Angleterre, fous Jâques
I. & fous Charles, la briguérent fous le Protecteur. La Reine Chriftine elle-même, quoiqu'elle eût détefté le meurtre de Charles I. entra dans l'alliance d'un Tyran qu'elle eftimoit.

Mazarin & Don Louïs de Haro prodigué-
rent à l'envi leur politique pour s'unir avec
le Protecteur. Il goûta quelque-tems la fatisfaction

faction de se voir courtisé par les deux plus puissants Roïaumes de la Chrétienté.

Le Ministre Espagnol lui offroit de l'aider à prendre Calais ; Mazarin lui proposoit d'assiéger Dunkerque, & de lui remettre cette Ville. Cromwel avoit à choisir entre les Clefs de la France & celles de la Flandres ; il fut beaucoup sollicité aussi par Condé ; mais il ne voulut point négocier avec un Prince qui n'avoit plus pour lui que son nom, & qui étoit sans Parti en France, & sans pouvoir chez les Espagnols.

Le Protecteur se détermina pour la France ; mais sans faire de Traité particulier, & sans partager des Conquêtes d'avance ; il voulut illustrer son usurpation par de plus grandes entreprises. Son dessein étoit d'enlever l'Amérique aux Espagnols ; mais ils furent avertis à tems, les Amiraux de Cromwel leur prirent du moins la Jamaïque en Mai 1655. Province que les Anglais possédent encore, & qui assure leur commerce dans le Nouveau-Monde. Ce ne fut qu'après l'expédition de la Jamaïque que Cromwel signa son Traité avec le Roi de France ; mais sans faire encor mention de Dunkerque. Le Protecteur traita d'égal à égal ; il força le Roi à lui donner le titre de Frere. Son Sécretaire signa avant le Plénipotentiaire de France dans la minute du Traité, qui resta en Angleterre ; mais il traita véritablement

Tome VI. M en

en Supérieur, en obligeant le 2. Novembre 1655. le Roi de France de faire fortir de fes Etats Charles II. & le Duc d'York, petit-fils de Henri IV. à qui la France devoit un azile.

Tandis que Mazarin faifoit ce Traité, Charles II. lui demandoit une de fes niéces en mariage.

Le mauvais état de fes affaires, qui obligeoit ce Prince à cette démarche, fut ce qui lui atira un refus. On a même foupçonné le Cardinal d'avoir voulu marier au Fils de Cromwel celle qu'il refufoit au Roi d'Angleterre. Ce qui eft fur, c'eft que lorfqu'il vit enfuite le chemin du Trône moins fermé à Charles II. il voulut renouer ce mariage ; mais il fut refufé à fon tour.

La mere de ces deux Princes, Henriette de France, fille d'Henri le Grand, demeurée en France fans fecours, fut réduite à Conjurer le Cardinal d'obtenir au moins de Cromwel qu'on lui païât fon Douaire. C'étoit le comble des humiliations les plus douloureufes, que de demander une fubfiftance à celui qui avoit verfé le fang de fon mari fur un échafaut. Mazarin fit de faibles inftances en Angleterre au nom de cette Reine, & lui annonça qu'il n'avoit rien obtenu. Elle refta à Paris dans la pauvreté, & dans la honte d'avoir imploré la pitié de Cromwel, tandis que fes enfans aloient dans l'Armée de Condé & de Don Juan d'Aud'Autriche aprendre le métier de la guerre contre la France qui les abandonnoit.

Les enfans de Charles I. chaffez de France fe réfugiérent en Efpagne. Les Miniftres Efpagnols éclatérent dans toutes les Cours, & fur-tout à Rome, de vive voix & par écrit, contre un Cardinal qui facrifioit, difoient-ils, les Loix Divines, humaines, l'honneur & la Religion, au meurtrier d'un Roi, & qui chaffoit de France Charles II. & le Duc d'York, coufin de Loüis XIV. pour plaire au bourreau de leur pere. Pour toute réponfe aux cris de ces Efpagnols, on produifit les offres qu'ils avoient faites eux-mêmes au Protecteur.

La Guerre continuoit toujours en Flandres avec fuccès divers. Turenne aïant affiégé Valenciennes avec le Maréchal de la Ferté, éprouva le même revers que Condé avoit effuïé devant Arras. Le Prince, fecondé alors de Don Juan d'Autriche, plus digne de combattre à fes côtez, que n'étoit l'Archiduc, força le 17. Juillet 1656. les lignes du Maréchal de la Ferté, le prit prifonnier, & délivra Valenciennes. Turenne fit ce que Condé avoit fait dans une déroute pareille. Il fauva l'Armée battuë, & fit tête par tout à l'ennemi; il alla même un mois après affiéger & prendre la Capelle. C'étoit peut-être la première fois qu'une Armée battuë avoit ofé faire un fiége.

Cette démarche de Turenne fi eftimée,

M 2   après

après laquelle la Capelle fut prife, fut éclipfée par une marche plus belle encor du Prince de Condé. Turenne affiégeoit à peine Cambray, que Condé fuivi de deux mille chevaux, perça à travers l'Armée des Affiégants, & aiant renverfé tout ce qui vouloit l'arrêter, il fe jetta dans la Ville le 30. Mai 1656. Les Citoïens reçurent à genoux leur Libérateur. Ainfi ces deux hommes opofez l'un à l'autre, déploïoient les reffources de leur génie. On les admiroit dans leurs retraites comme dans leurs victoires, dans leur conduite & dans leurs fautes mêmes, qu'ils favoient réparer. Leurs talens arrêtoient tour-à-tour les progrès de l'une & de l'autre Monarchie; mais le défordre des Finances en Efpagne & en France, étoit encore un plus grand obftacle à leurs fuccès.

COPIÉ

COPIE

D'UNE LETTRE

A UN

PREMIER COMMIS

20. *Juin* 1742.

UISQUE vous êtes, Monſieur, à por-
tée de rendre ſervice aux Belles Let-
tres, ne rognez pas de ſi près les aîles
à nos Ecrivains, & ne faites pas des
Volailles de baſſe-cour, de ceux qui en prenant l'eſſor pourroient devenir des aigles ; une
liberté honnête éleve l'eſprit, & l'eſclavage
le fait ramper. S'il y avoit eu une Inquiſition
Littéraire à Rome, nous n'aurions aujourd'hui
ni Horace, ni Juvenal, ni les Oeuvres Philo-
ſophiques de Cicéron. Si Milton, Driden,
Pope, & Locke n'avoient pas été libres, l'Angleterre n'auroit eu ni de Poëtes, ni de Philoſophes ; il y a je ne ſai quoi de Turc à proſcrire l'Imprimerie ; & c'eſt la proſcrire que la

M 3   trop

trop gêner. Contentés-vous de réprimer févé-
rement les Libelles diffamatoires ; parce que
ce font des crimes : mais tandis qu'on débite
hardiment des Recueils de ces infâmes Calot-
tes , & tant d'autres productions qui méritent
l'horreur & le mépris, souffrés au moins que
Bayle entre en France , & que celui qui fait
tant d'honneur à sa Patrie n'y soit pas de con-
trebande.

Vous me dites que les Magistrats qui régis-
sent la Doüane de la Littérature se plaignent
qu'il y a trop de Livres ; c'est comme si le Prévôt des Marchands se plaignoit qu'il y eût à
Paris trop de Denrées. En achete qui veut.
Une immense Bibliothéque ressemble à la Ville
de Paris , dans laquelle il y a près de huit cent
mille hommes. Vous ne vivez pas avec tout
ce cahos : vous y choisissez quelque société , &
vous en changez. On traite les Livres de même. On prend quelques amis dans la foule. Il
y aura sept ou huit cent mille Controversis-
tes , quinze ou seize mille Romans que vous
ne lirez point , une foule de feüilles Périodiques , que vous jetterez au feu après les avoir
lûës ; l'homme de goût ne lit que le bon : mais
l'homme d'Etat permet le bon & le mauvais ;
les pensées des hommes sont devenuës un objet important du Commerce. Les Libraires
Hollandois gagnent un million par an, parce
que les Français ont eu de l'esprit.

Un

Un Roman médiocré eft, je le fai bien, parmi les Livres, ce qu'eft dans le monde un fot qui veut avoir de l'imagination. On s'en moque ; mais on le fouffre. Ce Roman fait vivre, & l'Auteur qui l'a compofé & le Libraire qui l'a débité, & le Fondeur & l'Imprimeur, & le Papetier & le Relieur, & le Colporteur & le Marchand de mauvais vin, à qui tous ceuxlà portent leur argent. L'Ouvrage amufe encore deux ou trois heures quelques femmes, avec lefquelles il faut de la nouveauté en Livres, comme en tout le refte. Ainfi tout méprifable qu'il eft, il a produit deux chofes importantes, du profit & du plaifir.

Les Spectacles méritent encore plus d'atention ; je ne les confidére pas comme une occupation qui retire les jeunes-gens de la débauche, cette idée feroit celle d'un Curé ignorant ; il y a affez de tems avant & après les Spectacles, pour faire ufage de ce peu de momens qu'on donne à des plaifirs de paffage, immédiatement fuivis du dégoût : d'ailleurs on ne va pas aux Spectacles tous les jours ; & dans la multitude de nos Citoïens, il n'y a pas quatre mille hommes qui les fréquentent avec quelque affiduité ; je regarde la Tragédie & la Comédie comme des leçons de vertu, de raifon & de bienféance. Corneille, ancien Romain parmi des Français, a établi une Ecole de grandeur d'ame ; & Moliére a

M 4   fondé

fondé celle de la vie civile. Les génies Français formés par eux, apellent du fond de l'Europe les Etrangers qui viennent s'instruire chez nous, & qui contribuent à l'abondance de Paris. Nos pauvres font nourris du produit de ces Ouvrages, qui nous foumettent jusqu'aux Nations qui nous haïffent. Tout bien pesé, il faut être ennemi de fa Patrie pour condamner nos Spectacles. Un Magiftrat, qui parce qu'il a acheté cher un Office de Judicature, ofe penfer qu'il ne lui convient pas de voir Cinna; montre beaucoup de gravité & bien peu de goût.

Il y aura toûjours dans notre Nation polie de ces ames qui tiendront du Got & du Vandale; je ne connois pour vrais Français, que ceux qui aiment les Arts & les encouragent.

Ce goût commence, il eft vrai, à languir parmi nous; nous fommes des Sibarites laffés des faveurs de nos Maîtreffes. Nous jouïffons des veilles des Grands-Hommes, qui ont travaillé pour nos plaifirs & pour ceux des fiécles à venir. Comme nous recevons les productions de la nature, on diroit qu'elles nous font dûës; il n'y a que cent ans que nous mangions du gland, les Triptolêmes qui nous ont donné le froment le plus pur, nous font indifférens; rien ne réveille cet efprit de nonchalance pour les grandes chofes, qui fe mêle toujours avec notre vivacité pour les petites.

Nous

Nous mettons tous les ans plus d'induſtrie & plus d'invention dans nos tabatiéres, & dans nos autres coliſichets, que les Anglais n'en ont mis à ſe rendre les Maîtres des Mers, à faire monter l'eau par le moïen du feu, & à calculer l'aberration de la lumière. Les anciens Romains élevoient des prodiges d'Architecture pour faire combattre des bêtes; & nous n'avons pas ſçu depuis un ſiécle bâtir ſeulement une Salle paſſable pour y faire repréſenter les Chef-d'œuvres de l'Eſprit-humain. Le centiéme de l'argent des Cartes ſuffiroit pour avoir des Salles de Spectacles plus belles que le Théâtre de Pompée : mais quel homme dans Paris eſt animé de l'amour du Public ? On joue, on ſoupe, on médit, on fait des mauvaiſes Chanſons, & on s'endort dans la ſtupidité, pour recommencer le lendemain ſon cercle de légéreté & d'indifférence. Vous, Monſieur, qui avez au moins une petite place dans laquelle vous êtes à portée de donner de bons conſeils, tâchez de réveiller cette létargie barbare, & faites, ſi vous pouvez, du bien aux Lettres, qui en ont tant fait à la France.

M 5   LETTRE

LETTRE

DE MONSIEUR

DE VOLTAIRE

A Mʀ. LE PRÉSIDENT

HENAUT,

Auteur d'un Ouvrage excellent ſuʳ l'Hiſtoire de France.

A Cirey ce 1. Septembre 1744.

DE'ESSE de la ſanté,
Fille de la ſobriété,
Et mere des plaiſirs du Sage,
Qui ſur le matin de notre âge
Fait briller ta vive clarté,
Et répans ta ſérénité
Sur le ſoir d'un jour plein d'orage.

O Déeſſe, exauce mes vœux,

Que

Que ton étoile favorable
Conduise ce Mortel aimable:
Il est si digne d'être heureux.
Sur HENAUT tous les autres Dieux
Versent la Source inépuisable
De leurs dons les plus précieux.
Toi qui seule tiendrois lieu d'eux,
Serois-tu seule inéxorable?
Raméne à ses amis charmans,
Raméne à ses belles demeures
Ce Bel-Esprit de tous les tems,
Cet homme de toutes les heures.
Orne pour lui , pour lui suspends
La course rapide du tems:
Il en fait un si bel usage;
Les devoirs & les agrémens
En font chez lui l'heureux partage.
Les femmes l'ont pris si souvent
Pour un ignorant agréable;
Les gens en *us* pour un Savant,
Et le Dieu joufflu de la table,
Pour un Connaisseur si gourmand:
Qu'il vive autant que son Ouvrage;
Qu'il vive autant que tous les Rois
Dont il nous décrit les Exploits,
Et la faiblesse & le courage,
Les mœurs, les passions, les Lois,
Sans erreurs & sans verbiage.

M 6   Qu'un

Qu'un bon eſtomac ſoit le prix
De ſon cœur , de ſon caractére ,
De ſes Chanſons , de ſes Ecrits.
Il a tout ; il a l'Art de plaire ,
L'Art de nous donner du plaiſir ,
L'Art ſi peu connu de jouïr :
Mais il n'a rien , s'il ne digére.

Grand Dieu , je ne m'étonne pas
Qu'un ennuïeux , un *Des Fontaines* ,
Entouré dans ſon galatas
De ſes Livres rongez des rats ,
Nous endormant , dorme ſans peine ,
Et que le Bouc ſoit gros & gras.
Jamais Eglé , jamais Sylvie ,
Jamais Liſe à ſon ſoupé ne prie
Un Pédant à citations.
Sans goût , ſans grace & ſans génie ;
Sa perſonne , en tous lieux honnie ,
Eſt réduite à ſes noirs gitons.
Hélas ! les indigeſtions
Sont pour la bonne Compagnie.

Après cette Hymne à la ſanté , que je fais
du meilleur de mon cœur , ſouffrez , Monſieur , que j'y ajoute mentalement un petit
Gloria Patri. Pour moi j'ai autant beſoin d'elle que vous : mais c'étoit de vous que j'étois le
plus occupé. Quelle commence par vous donner

ner ses faveurs, comme de raison ; buvez guai-
ment, si vous pouvez, vos eaux de Plombié-
res ; & revenez vîte à Cirey, avant que les
Houzards Autrichiens viennent en Lorraine.
Ces gens-là ne font boire que des eaux du
Stix. Souvenez-vous que dans la foule de
ceux qui vous aiment, il y a des cœurs ici
qui méritent que vous vous arrêtiez sur la
route.

RE'PONSE

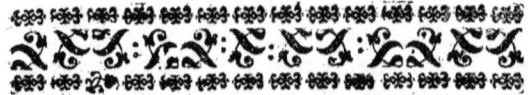

RÉPONSE
DE MONSIEUR
DE FONTENELLE
A MONSIEUR
DE VOLTAIRE.

 O u s dites donc, gens de Village,
Que le Soleil à l'horison
Avoit assez mauvais visage.
Et bien quelque subtil nuage
Vous avoit fait la trahison
De défigurer son image.
Elle étoit-là comme en prison,
D'un air malade ; mais je gage
Que le drôle en son haut étage
Ne craignoit point la pâmoison.
Vous n'en saurez pas davantage,
Et voici ma peroraison.
Adieu, votre jeune saison
A tout autre soin vous engage ;
L'ignorance est son appanage,

Avec

Avec les plaisirs à foison,
Convenable & doux affemblage.
J'avouerai bien, & j'en enrage,
Que le favoir & la raifon
N'eft prefqu'auffi qu'un badinage;
Mais badinage de grifon.
Il eft des hochets pour tout âge,
Que de fon brillant équipage,
Toujours de maifon en maifon
L'inquiet Phœbus déménage.
Laiffez-le en paix faire voïage,
Rabattez-vous fur le gazon;
Un gazon, canapé fauvage,
Des foucis de l'humain lignage
Eft un puiffant contrepoifon.
Pour en avoir bien fçu l'ufage,
On chante encor en vieux langage,
Martin & l'adroite Alifon. *

* *Vöiez la fuite de cette Réponfe, Tome IV.*
pag. 89.

ODE

ODE

SUR

LA MORT

DE L'EMPEREUR

CHARLES VI.

Du 2. Novembre 1740.

 L tombe pour jamais, ce Cédre, dont la tête
Défia si long-tems les vents & la tempête,
Et dont les grands rameaux ombrageoient
tant d'Etats;
En un instant frappée,
Sa racine est coupée.
Par la faulx du trépas.

Voilà ce Roi des Rois, & ses grandeurs suprêmes:
La mort a déchiré ces trente Diadêmes,
D'un front chargé d'ennuis, dangereux ornement.
O Race auguste & fiére !
Un reste de poussiére
Est ton seul monument.

Son

Son nom même est détruit ; le tombeau le dévore ;
Et si le foible bruit s'en fait entendre encore,
On dira quelquefois, il régnoit, il n'est plus :
    Eloges funéraires
    De tant de Rois vulgaires
    Dans la foule perdus.

Ah ! s'il avoit lui-même en ces plaines fumantes
Qu'Eugène ensanglanta de ses mains triomfantes,
Conduit de ses Germains les nombreux armemens,
    Et rafermi l'Empire
    De qui la gloire expire
    Sous les fiers Ottomans !

S'il n'avoit pas langui dans sa Ville allarmée,
Redoutable en sa Cour, aux Chefs de son Armée,
Punissant ses Guerriers par lui-même avilis :
    S'il eût été terrible
    Au Sultan invincible,
    Et non pas à Vallis.

Ou si plus sage encor, & détournant la guerre,
Il eût par ses bienfaits ramené sur la terre,
Les beaux jours, les vertus, l'abondance & les Arts,
    Et cette Paix profonde
    Que sçut donner au monde
    Le second des Césars.

La Renommée alors en étendant ses aîles
Eût répandu sur lui les clartez immortelles,
                  Qui

Qui de la nuit du tems percent les profondeurs,
 Et son nom respectable
 Eût été plus durable
 Que ceux de ses Vainqueurs.

Je ne profane point les dons de l'harmonie,
Le sévére Apollon défend à mon génie
De verser, en bravant, & les mœurs & les Lois,
 Le fiel de la Satyre
 Sur la Tombe où respire
 La Majesté des Rois.

Mais, ô Vérité sainte ! O juste Renommée !
Amour du Genre-Humain, dont mon ame enflamée
Reçoit avidement les ordres éternels,
 Dictez à la mémoire
 Les leçons de la gloire
 Pour le bien des Mortels.

Rois, la mort vous apelle au Tribunal auguste
Où vous êtes pesez aux balances du Juste.
Votre siécle est témoin, le Juge est l'avenir :
 Demis-Dieux mis en poudre,
 Lui seul peut vous absoudre,
 Lui seul peut vous punir.

LÉ

LE
PRÉSERVATIF,
o u
CRITIQUE
DES OBSERVATIONS
SUR LES
ÉCRITS MODERNES.

L eſt juſte de détromper le Public quand il eſt à craindre qu'on ne l'a-buſe. On ne connoît que trop les guerres des Auteurs. La plûpart des Journaliſtes qui s'érigent en arbitres, font ſouvent eux-mêmes les plus violens actes d'hoſti-lité. Je peux dire par l'expérience que j'ai dans la Littérature, qu'il ſe forme autant d'intrigues pour faire valoir ou pour détruire un livre, dont ſouvent perſonne ne ſe ſoucie, que pour obtenir un poſte important.

On ſait que le Journal des Savans de Paris,

Pere

Pere de cette multitude de Journaux, Enfans très-fouvent peu femblables à leur Pere, s'eft affez prefervé de la contagion des Cabales.

Mais parmi les Auteurs de ces petites Ga-zettes volantes, qu'on debite, tantôt fous le nom de Nouvellifte du Parnaffe, tantôt fous le nom d'Obfervations, on ne trouve ni le même goût, ni la même fcience, ni la même équité. J'ai donc cru rendre quelque fervice aux amateurs des Lettres, en raffemblant des bévûës que j'ai trouvé dans plufieurs feuilles intitulées *Obfervations*, que j'ai lûes par hazard.

Nombre 100. Le faifeur d'Obfervations, dit qu'un grand Prince a condanné le genre Co-mique *larmoïant* dans la piéce de Dom Sanche d'Arragon, de Pierre Corneille, & affure que ce goût ne doit point fubfifter parmi nous après cette condannation.

Il y a en cela trois fautes; la premiére, que le goût d'un Prince ne fuffit pas pour régler celui du Public; la feconde, que le Dom San-che d'Arragon, de Pierre Corneille, n'eft point d'un genre de Comique attendriffant & qui faffe verfer des larmes, comme certaines fcènes du *Bourreau de foi-même*, de Térence; la fcène très-tendre entre une Mere & une Fille, dans *Efope à la Cour*; celle du *Préjugé à la mode*, de l'*Enfant Prodigue*, &c. Dom Sanche d'Arragon eft une Comédie Héroïque & non *larmoïante*, comme le dit l'Obferva-teur.

teur. Ce fut la froideur & non l'intérêt qui
la fit tomber ; jamais une Piéce intéreffante
ne tombe.

La troifième faute, & la plus grande, eft de
s'ériger en Juge d'un Art qu'on ne connoît
pas, & de dire avec hardieffe, que ce qui a
plû à Paris, & dans l'ancienne Rome, n'a pas
dû plaire ; des fcènes attendriffantes ont toujours été bien reçuës à la Comédie, de tous
les tems, parce que les actions des particuliers peuvent être touchantes auffi-bien que
ridicules; & on peut leur apliquer ce que dit
Horace.

Interdum vocem Comedia tollit.

I I.

Dans la même feuille, l'Auteur raporte une
longue Critique fur un Problême d'Optique
qu'il n'entend point ; on lui a fait acroire qu'il
s'agiffoit dans ce Problême de la Trifection
de l'Angle, & il n'en eft point du tout queftion. L'Auteur que le Critique reprend, fans
le comprendre, eft M. de Voltaire. J'ai lû
foigneufement l'endroit en queftion dans la
Préface de l'Edition de Londres, des Eléments
de Newton.

L'Obfervateur n'a point lû cet Ouvrage
qu'il ofe critiquer, car il reproche à M. de
Voltaire d'avoir donné des régles pour partager

tager un Angle en trois avec le compas, &
c'eſt dequoi M. de Voltaire n'a pas dit un ſeul
mot dans ſes Eléments. L'Obſervateur s'eſt ſié
en cela à un Géométre qui s'eſt moqué de lui ;
& comme il ne ſait pas qu'on ne peut trouver la
Triſection de l'Angle que par les Sections Coniques, & par l'Algèbre, il a raporté de bonne-foi dans ſa Feüille, une Critique qu'on lui
a ſuggéré pour le faire donner le panneau ;
c'eſt un exemple pour ceux qui parlent de ce
qu'ils ignorent.

I I I.

Je prends les feüilles de l'Obſervateur in-
diféremment à meſure qu'on me les prête
pour les lire. Je trouve une étrange bévüë
dans la Lettre 27. *Brutus*, dit-il, *plus Quakre
que Stoïcien, à des ſentimens plus monſtrueux qu'hé-
roïques* : ne diroit-on pas à ces paroles que les
Quakres ſont une Secte d'hommes ſanguinaires ? Cependant tout le monde ſait, qu'une
des premiéres loix des Quakres eſt de ne porter jamais d'armes offenſives, ſous quelque
prétexte que ce ſoit, & de ne jamais repouſſer une injure. La mépriſe eſt auſſi grande, que
s'il avoit dit le cruel Brutus plus Capucin que
Stoïcien.

I V.

Nombre 199. En rendant compte d'une hi-
pothè-

pothèfe de M. l'Abbé de Moliére, il dit que *ce Phyficien fe conforme aux expériences de New-ton; par exemple, que les corps parcourent en tombant 15. piés dans la première feconde; & qu'à des diftances différentes du centre de la Terre, le même mobile n'auroit pas le même degré de viteffe accélératrice.*

Il y ici trois fautes, Newton n'a point trouvé par expérience que les corps tombent de 15. piés dans la première feconde, c'eft Hugens qui a déterminé cette chute, dans fes beaux Théorêmes de Pendule.

Secondement, ce n'eft qu'à des diftances très-confidérables & inacceffibles aux hommes que cette différence feroit fenfible.

Troifiémement, cette différence de la force accélératrice à des diftances différentes n'eft fondée fur aucune expérience, mais fur une démonftration Géométrique. Voilà les bévûës où l'on s'expofe quand on veut juger de ce qui n'eft pas à notre portée.

V.

Nombre 17. L'Obfervateur rapelle une ancienne difpute littéraire, entre Mrs. Dacier & le Marquis de Sévigné, au fujet de ce paffage d'Horace.

Difficile eft propriè communia dicere.

Il raporta le Factum ingènieux de M. Sévigné;

vigné ; & *pour Mr. Dacier, dit-il, il se deffend en Savant, c'est tout dire : des expressions maussades & injurieuses sont les ornemens de son érudition.*

Il y a dans ce Discours de l'Observateur trois fautes bien étranges.

Premiérement, il est faux que ce soit le caractére des Savans du siécle de Louïs XIV. d'emploïer des injures pour toutes raisons.

Secondement, il est très-faux que Mr. Dacier en ait usé ainsi avec le Marquis de Sévigné; il le comble de loüanges ; & il conclut son Mémoire par lui demander son amitié : aparemment que l'Observateur n'a pas lû cet Ecrit.

Troisiémement, il est indubitable que Mr. Dacier a raison pour le fond, & qu'il a très-bien traduit ce vers d'Horace.

Difficile est propriè communia dicere.

Il est très-difficile de bien traiter des sujets d'invention ; car si vous mettez sous les yeux du Lecteur la phrase entiére d'Horace, vous verrez que la fin explique le commencement.

Difficile est propriè communia dicere ; tuque,
Rectius Iliacum carmen deducis in actus,
Quam si proferes ignota indictaque primus.

Il est dificile de bien traiter un sujet d'Invention, & vous composerez plus aisément une Tragédie tirée de l'Iliade, que de votre tête.
Voilà

Voilà qui fait un sens clair, & qui prouve que *commune* veut dire en cet endroit *intactum*, un sujet neuf.

Ainsi l'Abbé des Fontaines n'a pas entendu Horace, n'a pas lû l'écrit de Mr. Dacier qu'il critique, & a tort dans tous les points.

V I.

Nombre 201. *&c.* Il dit que Cicéron est moins serré que Sénéque, & que Sénéque est plus *Verbeux*. Peu importe, à la vérité, au Public, qu'on ait tort ou raison sur cette bagatelle : mais les jeunes gens qui étudient seroient trompés, s'ils croïoient que Sénéque exprime sa pensée en plus de mots que Cicéron ; car c'est ce que signifie *Verbeux* : il n'y a personne qui ne sache que le défaut de Sénéque est d'être au contraire trop précis dans ses expressions.

V I I.

Même *Nombre*. *Si les Anglais, dit-il, continuent d'encenser encore leur vuide, & d'attribuer de merveilleuses propriétez au Néant, &c.*

Qui a jamais dit que Mr. Newton ait encensé le vuide ? Cette expression est très - mauvaise en tout sens. Il est faux que Mr. Newton ait attribué de merveilleuses propriétez au vuide; il a démontré que les corps, & non le vuide, agissent à des distances immenses les uns sur les

Tome VI.   N   au-

autres, dans un milieu non réfiſtant. Il ſaudroit
au moins ſe faire informer de l'état de la queſtion avant d'inſulter de Grands Hommes,
dont on n'a ni lû, ni pû lire les Ouvrages.

V I I I.

Nombre 87. Il ſe fait écrire une Lettre par
un Anglais pour ſe loüer lui-même ; & il ſe
fait propoſer dans cette Lettre de faire une
nouvelle édition d'un Libelle de ſa façon, intitulé *Dictionnaire Néologique* : ce Libelle eſt
l'ouvrage auquel il donne le plus d'éloges
dans ſa Gazette littéraire; il eſt bon qu'on ſache
que ce Dictionnaire Néologique eſt une Satyre
dans laquelle on prend la peine inutile de ré-
lever des fautes connuës de tout le monde,
& de critiquer de très-belles choſes à la faveur
des mauvaiſes qu'on reprend. C'eſt un Libelle où l'Auteur veut faire paſſer ſa fauſſe-mon-
noïe parmi la bonne, qui n'eſt pas de lui. Je
vais en donner quelques exemples.

Mr. de Fontenelle dans ſes Eloges des Académiciens, Livre plein d'eſprit & de raiſon,
& qui rend les Sciences reſpectables, dit dans
l'éloge de Mr. de Varignon : *Nos journées paſ-*
ſoient comme des momens, graces à ces plaiſirs, qui
ne ſont pourtant pas compris dans ce qu'on apelle
ordinairement les plaiſirs. Nous parlions à nous
quatre une bonne partie des différentes langues
de l'Empire des Lettres , & nous nous ſommes
diſ-

difperfez de - là dans toutes les Académies.

Ailleurs il dit très-à-propos.

N'eft-il pas jufte en effet que la Science ait des ménagemens pour l'Ignorance qui eft fon aînée & qu'elle trouve toûjours en poffeffion ?

Mallebranche fait un partage fi net entre la Raifon & la Foi , & affigne à chacune des objets fi féparés , qu'elles ne peuvent plus avoir aucune occafion de fe broüiller.

On ne feroit pas tout ce que l'on peut , fans l'efpérance de faire plus qu'on ne pourra.

Il ne s'inftruifoit pas par une grande lecture , mais par une profonde méditation ; un peu de lecture jettoit dans fon efprit des germes de penfées que la méditation faifoit enfuite éclore, & qui raportoient au centuple. Il devinoit quand il avoit befoin ce qu'il eût trouvé dans les Livres ; & pour s'épargner la peine de les lire , il fe les faifoit lire.

Il fembloit ne plus voir par fes yeux , mais par fa raifon feule ; la perfuafion artificielle de la Philofophie, quoique formée par de longs circuits , égaloit en lui la perfuafion la plus naturelle ; & caufée par les impreffions les plus promptes & les plus vives, les autres croïent ce qu'ils voïent ; pour lui ce qu'il croïoit , il le voïoit.

Mr. de Varignon m'a fait l'honneur de me lé-

N 2   *guer*

guer tous ſes Papiers par ſon Teſtament ; j'en ren-
drai au Public le meilleur compte qu'il me ſera poſ-
ſible : du reſte, je promets de ne rien détourner à
mon uſage particulier des Treſors que j'ai entre les
mains , & je compte que j'en ſerai crû ; il faudroit
un plus habile homme pour faire ſur ce ſujet quel-
que mauvaiſe aćtion avec quelque eſpérance de ſuccès.

Ce ſont-là les morceaux qu'un Ecrivain tel
que l'Abbé des Fontaines oſe eſſaïer de tourner en ridicule. Le plus grand des ridicules
eſt aſſurément d'en vouloir donner à ceux à
qui on eſt ſi prodigieuſement inférieur.

I X.

Dans ce même Dićtionnaire Néologique,
il reprend , *génie conſéquent, eſprit conſéquent:*
il ne ſait pas que c'eſt une expreſſion très-
juſte & très-uſitée.

Il veut tourner en ridicule ces Vers de feu
Mr. de la Motte, ſous prétexte que dans Ri-
chelet le mot de Contemporain n'eſt pas fé-
minin.

D'une eſtime contemporaine,
Mon cœur eût été plus jaloux;
Mais hélas ! elle eſt auſſi vaine,
Que celle qui vient après nous.

Il trouve impertinens ces deux Vers , très-
ſenſés.

Et

Et notre être même eſt un point
Que nous ſentons ſans connoiſſance. . . .

Il ridiculiſe encore cette belle expreſſion
de Mr. Racine le Fils dans une Epître Didac-
tique.

. *Les ſignes du plaiſir, les couleurs de la joïe.*

Il ne voit pas que dans cette expreſſion,
il y a à la fois de la vérité & de l'imagination,
& que par conſéquent elle eſt belle.

Il reprend le Pere *Catrou*, d'avoir dit que les
Pourceaux *paiſſent le Gland*, & il ajoûte qu'ils
paiſſent encore quelque choſe qu'il ne faut
pas dire. C'eſt ainſi qu'avec la plus baſſe des
groſſiéretés il reprend une expreſſion noble ;
mais revenons aux Obſervations.

X.

Nombre 197. En faiſant l'extrait d'une certaine Harangue Latine de Mr. Turretin, il ſe
plaint *de la diſette de Mécénes*, & de la malheureuſe ſituation des Savants. Et il répete
cette plainte dans tous ſes Livres.

Il dévroit ſavoir que jamais les Sciences
n'ont été plus encouragées en France. Le
Voïage au Pôle & à l'Equateur, entrepris à de
ſi grands frais, les Penſions données à Mr. de
Reaumur, à Mr. de Voltaire, à nos meilleurs
Auteurs, & en dernier lieu à Mr. de Crébil-

N 3   lon

lon en font une preuve. Il eſt vrai qu'un homme qui n'a de mérite que celui de la Satyre eſt
très-mépriſé parmi nous, & eſt ſouvent puni au
lieu d'être récompenſé. Et cela en très-juſte.

X I.

Nombre 185. Un homme de goût avoit trouvé peu de juſteſſe dans cette phraſe de cette
Oraiſon Funèbre de la Reine d'Angleterre,
par Mr. Boſſuet ; *l'Angleterre eſt plus agitée en
ſa Terre & en ſes Ports même, que l'Océan qui l'environne.* Il eſt clair qu'*agitée en ſa Terre* n'eſt
pas une bonne expreſſion ; il eſt clair que s'il
y a de l'agitation, elle doit être dans ſes Ports,
comme au milieu des terres, & que cette
phraſe n'eſt pas digne de l'éloquent & admirable M. Boſſuet.

L'Obſervateur ſe moque du goût de celui
qui a repris avec raiſon cette phraſe ; ainſi
l'Obſervateur ſe trompe, & quand il aprouve
& quand il condamne.

X I I.

Nombre 202. En rendant compte du Voïage de Meſſieurs les Académiciens au Cercle Po-
laire : *Vénus*, dit-il, *a été obſervée au Méridien,
au-deſſous du Pôle.* Il ignore qu'une Planette
n'eſt ni au-deſſus ni au-deſſous du Pôle, mais
toujours dans le Zodiaque, & tantôt Septen-
trionale, tantôt Méridionale. Il ne faloit pas
chan-

changer les expreſſions de Mr. de Maupertuis,
pour lui faire dire une telle abſurdité, quand
on ignore les choſes dont on parle ; il faut
copier mot-à-mot les gens du métier, ou ſe
taire.

X I I I.

Nombre 88. Il fait l'éloge d'une ancienne
Gazette, intitulée le Nouvelliſte du Parnaſſe,
& il la compare modeſtement aux premiers
Journaux des Savans, parce qu'elle eſt de lui ;
ce n'eſt pas la moins conſidérable de ſes fautes.

X I V.

Nombre 200. *Tom.* 14. Il proteſte ſur ſon
honneur, qu'il n'a point écrit contre les Médecins de Paris ; mais en 1736. il proteſta ſur
ſon honneur à Mr. l'Abbé d'Olivet, dans une
Lettre lûë publiquement à l'Académie Fran-
çoiſe, qu'il n'avoit point eu de part au Libelle contre pluſieurs Membres de cette Académie ; cependant il fut convaincu à la Chambre de l'Arſenal, d'avoir vendu trois louis
au Libraire Ribou, ce Libelle qu'il avoit dé-
ſavoué ſur *ſon honneur* ; il fut condanné & n'obtint que très-difficilement ſa grace.

X V.

Nombre 190. Il dit, en parlant d'une Epître ſur l'égalité des conditions, qu'*il y a des*

N 4 *maux*

maux légers & des maux *infuportables dans la*
vie : on le fait bien. *Mais où eft donc l'égalité*
des conditions ? dit-il; il n'a pas compris que
les accidens de la vie ne font pas des conditions. Une maladie incurable, ou bien le
mépris ou la haine du Public, ne font attachez
à aucune condition, mais dans tous les états,
on peut être méchant, méprifé & miférable:
Il dit dans la même feüille, qu'après la mort
du Maréchal d'Ancre, le Peuple fe repentit
de fa barbarie & lui rendit juftice. C'eft un
fait abfolument faux, le Peuple ne donna aucun figne de repentir. Dans la même feüille,
il raporte ces Vers connus.

Le bonheur eft le port où tendent les humains,
Les écueils font fréquents, les vents font incertains,
Le Ciel pour aborder cette rive étrangére
Accorde à tout mortel une barque legére.

Si ce Port du Bonheur, dit-il, *eft une rive*
étrangére, le bonheur n'eft donc plus dans moi.
C'eft raifonner très-mal; car l'art du Pilote
eft dans moi, & on n'eft heureux qu'autant
que l'on conduit fagement fa barque; un mé-
difant, un ingrat, un calomniateur, un homme qui a des mœurs infâmes, conduit fa barque très-mal, & fon malheur eft dans lui.

X V I.

Nombre 166. Je prends toujours ces feüilles
fans

fans ordre , & la fuite de *Numéro* eft inutile , puifque cet Ouvrage eft fans aucune liaifon : voici une preuve de fon bon goût. *On m'a envoïé*, dit-il , depuis peu une très-belle Ode ; on y fait ainfi parler les Déïftes.

Ils ont dit , de mille chiméres ,
Une abfurde combinaifon ,
Un tiffu de fombres miftéres
Ne tient pas devant la raifon.
Tranquille au haut de l'Empirée
Par cette interprête facrée
Dieu daigna fe manifefter.
Loin de nous tout Dogme aprocrife ,
La raifon ; voilà le Pontife ,
L'Apôtre qu'il faut écouter.

Toute l'Ode eft dans ce ftile , & c'eft-là le ftile de l'Obfervateur dans un gros Recueil de Vers de fa façon , qu'il a donné *incognitò* au public ; mais il dit que c'eft ainfi qu'il faut écrire.

X V I I.

Nombre 171. C'eft avec le même goût qu'il donne les Vers fuivans , pour une belle tra-duction de ces Vers d'Horace.

Verfus inopes rerum nugæque canoræ.

Un emphatique & burlefque étalage ,
D'un faux-fublime enté fur l'affemblage ,

De

De ces grands mots , clinquants de l'oraiſon ,
Enflez de vent & vuides de raiſon.

Nous n'avons guéres de plus mauvais Vers
dans notre langue ; figurez-vous ce que c'eſt
qu'un *Clinquant enflé* de vent, *étalage burleſque* enté ſur un aſſemblage : nous dirons en paſſant que
ce ſtile Maròtique qui raſſemble les expreſſions de tous les genres , eſt monſtrueux quand
il s'agit de parler ſérieuſement.

Ce jargon dans un Conte eſt encore ſuportable :
Mais le vrai veut un air , un ton plus reſpectable ,
Le ſage Deſpréaux laiſſe aux eſprits mal faits ,
L'art de moraliſer du ton de Rabelais.

Ces Vers d'un de mes amis ſont un peu plus
raiſonnables , & doivent ſervir à faire voir le
miſérable abus du ſtile Marotique dans des Ouvrages qui demandent une éloquence véritable.

XVIII.

Nombre 136. C'eſt avec le même goût & la
même intelligence qu'il blâme Horace d'une
choſe qu'Horace n'a jamais penſé.

Horace a eu tort , dit-il , de s'exprimer ainſi en parlant du ſiécle d'Auguſte ,

*Venimus ad ſummum fortunæ, pingimus, atque
pſallimus, & luctamur, Archivis doctius unclis.*

Le ſens de ces Vers eſt , *nous ſommes donc*
à ce

à ce compte supérieur en tout ; la Peinture , la Musique , la Lutte , sont donc plus perfectionnez chez nous que chez les Grecs ? Qui osera le dire ? Tous les bons Traducteurs d'Horace ont rendu ainsi ces Vers, & il est impossible qu'ils aïent un autre sens.

Horace n'a point eu tort de dire , comme le prétend le Sieur des Fontaines , que les Romains l'emportoient sur les Grecs ; car il dit expressément le contraire. Si quelqu'un , par exemple , disoit : *ce mauvais Critique est un Despréaux , un Petau , un Varron ,* ne dévroit-on pas voir qu'il parleroit ironiquement ?

X I X

Dans le même *Nombre ,* par un autre excès d'ignorance , il dit, que les Peintres n'étoient que barboüilleurs du tems d'Horace , & il le dit sans aucune preuve. Nous avons des Statuës de ce tems-là faites par des Romains ; leur beauté prouve que l'art du dessein étoient très-connu , & on sait que la Peinture est toujours en honneur quand la Sculpture est perfectionnée ; car ce sont deux branches de l'art du dessein.

X X.

C'est avec la même justesse d'esprit , que loüant , *Nombre* 73. un Satirique de nos jours , il fait un long éloge de trois Epîtres écrites

dans

dans un ſtile barbare , & pleines de choſes communes dites longuement.

Quel Lecteur peut ſuporter , par exemple , que Rouſſeau traduiſe en onze Vers , & quels Vers ! cette ſeule ligne d'Horace.

Omne tulit punctum qui miſcuit utile dulci.

Quel Auteur donc peut fixer leurs génies?

Celui-là ſeul qui formant le projet
De réünir & l'un & l'autre objet ,
Sait rendre à tous l'utile délectable
Et l'attraïant utile & profitable.
Voilà le centre & l'immuable point
Où toute ligne aboutit & ſe joint ;
Or ce grand but , ce point Mathématique ,
C'eſt le vrai ſeul , le vrai qui nous l'indique;
Tout hors de lui n'eſt que futilité ,
Et tout en lui devient ſublimité.

Deſpréaux a dit , *le vrai ſeul eſt aimable ;* qui peut ſouffrir qu'on allonge ainſi cette vieille penſée ?

Dans ton hiſtoire eſt un ſublime eſſai ,
Où tout eſt beau , parce que tout eſt vrai ,
Non d'un vrai ſec & crûement hiſtorique.

C'eſt inſulter au Public que d'oſer prodiguer de l'encens à de ſi mauvais Vers.

XXI

XXI.

Je tombe dans le moment fur le *Nombre* 139. *L'idée de Mr. Mairan*, dit-il, *eſt imitée du ſyſtême de Mr. Newton ſur la lumiére.* Il faut lui aprendre que jamais Newton n'a fait de ſyſtême ſur la lumiére; il a donné un Recueil d'expériences & de démonſtrations Mathématiques, ſans autre ordre que celui dans lequel il a fait ces expériences : parler de ces découvertes comme d'un ſyſtême, c'eſt comme ſi on diſoit, *le ſyſtême d'Euclide.*

XXII.

Dans le même *Nombre*, après avoir fait ſi mal le Phyſicien avec Newton, il fait le Muſicien avec Ramau, & il accuſe ſon Livre d'être *inutile, parce qu'il eſt vrai :* il voudroit que Mr. Ramau eût plus de goût, & il l'inſinuë ſouvent; il devoit ſe ſouvenir de la Fable d'un certain Animal peſant & à longues oreilles, qui ſe plaignoit du peu d'harmonie du Roſſignol.

XXIII.

Il s'eſt tranſporté, dit-il, *Nombre* 147. dans une maiſon où il a vû agir une pompe qui leve cent mille muids d'eau par jour à la hauteur de 130. piés, avec peu d'effort & de dépenſe; il eſt bon qu'il ſache que quand on

voit

voit ainfi, on eft très-peu propre à faire voir
aux autres. S'il avoit la moindre connoiffance des Méchaniques, il auroit fçû que le
produit de la force, par la viteffe ou par l'efpace parcouru, eft toujours égal au produit
de la réfiftance, par la viteffe ou l'efpace parcouru ; que pour élever à 130. piés cent mille
muids par jour, il faudroit à chaque feconde
élever le poids d'environ 648. livres ; que la
force d'un homme pour élever des fardeaux,
n'eft eftimée que vingt-cinq livres, & celle
d'un cheval cent foixante-quinze, que le chemin ou la viteffe de ces fardeaux eft de trois
piés par feconde dans la main des hommes
ou avec le pas des chevaux : qu'enfin, fui-
vant ce calcul, en allouant encore très-peu
de chofe pour les frottemens, il faudroit la
valeur de la force de 1500. hommes ou de
200. chevaux par feconde pour faire réuffir
cette machine. On ne peut que louer l'effort
d'un bon Citoïen qui cherche à rendre fervice à l'Etat par des machines nouvelles : mais
on ne peut que rire d'un Journalifte qui fait
le favant & qui dit de telles fottifes.

XXIV.

Au *Nombre* 52. l'Auteur des Obfervations
s'avife de parler de Guerre ; il a l'infolence
de dire que feu Mr. le Maréchal de Tallard
gagna la Bataille de Spire ; contre toutes les
règles

régles, par une méprife, & parce qu'il avoit la vûe courte : *Circonftance*, dit-il, *qu'il favoit il y a long-tems*. Il faut aprendre à cet homme, ci-devant Jéfuite & Curé, ce que c'eft que la Bataille de *Spire*. Voici ce qu'en dit dans une de fes Lettres un des Lieutenants Généraux qu'ait eu la France.

Mr. le Maréchal de Tallard aïant affiégé Landau, Mr. le Prince de Heffe & Mr. de Naffau-Neubourg à la tête de l'Armée des Alliez, forcérent plufieurs marches pour fecourir la Ville. Je marchois cependant pour joindre l'Armée du Siége, & il étoit à craindre que les Alliez fe portant entre Mr. de Tallard & moi, ne lui coupaffent les vivres. La fituation étoit embaraffante, les Ennemis n'avoient plus que deux marches à faire pour attaquer Mr. de Tallard; il prit fa réfolution fur le champ : il m'envoïa dire de marcher en toute diligence avec ma Cavalerie, vers de Spireback, que les Ennemis paffoient ; & il fait lui-même deux marches forcées pour aller attaquer ceux qui comptoient le furprendre : un Efpion auquel il donna mille écus, l'inftruifit de l'état de l'Armée ennemie ; je le joignis avec deux mille chevaux, mon Infanterie fuivoit. Nous arrivâmes au Spireback dans le tems que les Généraux alliez étoient à table. Leur armée fe rangea en Bataille avec beaucoup de confufion, & nous fondîmes fur eux pendant qu'ils fe formoient, quoique toutes nos troupes ne fuffent pas arrivées. Je n'ai jamais

mais vû tant de célérité dans l'exécution : les En-
nemis firent un grand feu & obligérent même Mr.
de Puignion de reculer à la droite ; mais Mr. le
Maréchal fit charger la Bayonnette au bout du fu-
fil , méthode excellente & qui nous réuffit prefque
toujours ; alors les Ennemis ne firent plus aucune
réfiftance.

Eh bien , Mr. le Journalifte eft-ce-là gagner
une Bataille par méprife ? Mr. de Feuquiére,
ennemi perfonnel de Mr. de Tallard, a pû le
dire ; il a fait par envie , ce que vous faites
par ignorance.

X X V.

L'Obfervateur, *Nombre 69.* parle de Vers
comme de Guerre & de Philofophie ; il critique ce Vers de Mr. Greffet ;

Au fein des Mers , dans une Ifle enchantée.

Le fein de la Mer , dit-il , *ne peut s'entendre*
de fa furface. Il dévroit au moins favoir qu'en
Poëfie on dit , *au fein des Mers* , au lieu d'au
milieu des Mers , au fein de la France , au lieu
d'au milieu de la France ; *au fein des beaux Arts,*
dont on médit ; au fein de la baffeffe , de l'envie, de l'ignorance, de l'avarice, &c.

X X V I.

Nombre 8. On m'aporte dans le moment
cette feüille, elle eft curieufe & mérite une
atten-

attention finguliére ; voici comme il parle d'un Livre intitulé : *Le Petit Philofophe : J'en ai trop dit pour vous faire méprifer un Livre qui dégrade également l'efprit & la probité de l'Auteur ; c'eſt un tiſſu de fophifmes libertins ; forgés à plaifir pour détruire les principes de la Morale , de la Politique & de la Religion. Comment pourroit-on être feduit par un Ecrivain qui franchit toutes fortes de bornes , & qui avouë d'un air cavalier qu'il n'a étudié que dans les Caffez & dans les Cabarets.*

Ne croiroit-on pas fur cet expofé , que cet Ouvrage intitulé , *le petit Philofophe* , ou *Alciphron*, eſt le produit de quelque coquin enfermé dans un hôpital pour fes mauvaifes mœurs ? On fera bien furpris quand on faura que c'eſt un Livre faint , rempli des plus forts argumens contre les Libertins , compofé par Mr. l'Evêque de Cloine , ci-devant Miffionnaire en Amérique. Celui qui a fait cet infâme portrait de ce faint Livre , fait bien voir par-là qu'il n'a lû aucuns des Livres dont il a la hardieffe de parler.

XXVII.

Aïant lû dans ces Obfervations pluſieurs traits de Mr. de Voltaire , & une Lettre qu'il fe vante que Mr. de Voltaire lui a écrit ; j'ai pris la liberté d'écrire moi-même à Mr. de Voltaire fans le connoître ; voici ce qu'il m'a répondu.

Je ne connois l'Abbé Guyot des Fontaines, que
parce que Mr. Tiriot l'amena chez moi en 1724.
comme un homme qui avoit été ci-devant Jésui-
te, & qui par conséquent étoit un homme d'étude ; je le reçus avec amitié, comme je reçois tous
ceux qui cultivent les Lettres. Je fus étonné au
bout de quinze jours de recevoir une Lettre de
lui dattée de Biscêtre où il venoit d'être renfermé,
j'apris qu'il avoit été mis trois mois auparavant
au Châtelet pour le même crime dont il étoit accusé,
& qu'on lui faisoit son procès dans les formes. J'étois
alors assez heureux pour avoir quelques amis très-
puissans, que la mort m'a enlevez. Je courus à Fon-
tainebleau, tout malade que j'étois, me jetter à leurs
piés, je pressai, je sollicitai de toutes parts ; enfin j'ob-
tins & son élargissement & la discontinuation d'un
procès où il s'agissoit de la vie ; je lui fis avoir la
permission d'aller à la campagne chez Mr. le Président de Bernière mon ami. Il y alla avec Mr. Tiriot ; savez-vous ce qu'il y fit ? un Libelle contre
moi. Il le montra même à Mr. Tiriot qui l'obligea à
le jetter au feu ; il me demanda pardon, en me
disant que le Libelle étoit fait un peu avant la datte de Biscêtre ; j'eus la foiblesse de lui pardonner,
& cette foiblesse m'a valu en lui un ennemi mortel, qui m'a écrit des Lettres anonimes, & qui a
envoïé vingt Libelles en Hollande contre moi. Voilà, Monsieur, une partie des choses que je peux
vous dire sur son compte, &c.

Je ne crois pas qu'une pareille Lettre ait
he-

befoin de commentaire , auffi je n'en ferai point.

XXVIII.

On m'aporte le *Nombre* 17. le fatirique Auteur effaïe d'avilir la Mérope du Marquis Maffei. Cette Tragédie a fans doute des défauts ; mais ce n'eft pas ceux que le Satirique lui reproche. Il traduit *gentile afpetto* , afpect aimable , par *jolie figure* , *genitori innocenti* , les Auteurs vertueux de mes jours , par mes *parens gens de bien*. *Ben compleffo* : taille avantageufe , par *bonne complexion* ; ainfi dans une Traduction que ce Critique fit en François d'un Ouvrage Anglais de Mr. de Voltaire , il prit le mot *Kake* , qui fignifie gâteur , pour le Géant *Cacus*. Il eft plaifant , il le faut avoüer , qu'un pareil homme s'avife de juger des autres.

XXIX.

Voci les expreffions qu'on me fait voir dans fes feüilles , *la fréquence faftidieufe d'un Clinquant Métaphyfique*.

Les ruftiques Contempteurs qui méprifent les *révolutions de Pologne*. Le fecond Gulliver. *Le Nouvellifte du Parnaffo* , &c.

Un fage Militaire enchanté d'un Auteur connu par les admirables *faillies d'une délicate inintelligibilité*.

Une Hipocrisie corporifiée par la grace.

La Nouvelle faculté d'un esprit paradoxal érigé dans le beau monde.

Un Savoyard qui décrotte des lambeaux de Métaphisique.

La Vérité *habilement distilée* par un Avocat-Général, qui en tire l'essence du Problêmatique Judiciaire.

Je n'en copierai pas davantage ; je me contenterai de demander s'il sied bien à l'Auteur de ce galimatias plein de bassesse, d'insulter au stile de Mr. de Marivaux, & à tant d'autres.

X X X.

Je crains de fatiguer le Public par les citations d'un Ouvrage dont les feüilles font oubliées à mesure qu'elles paroissent. Je crois que le peu que j'ai dit, servira *de Préservatif.* Je continuerai si la chose est nécessaire ; j'avertis, en attendant, que le même Auteur donne sous main depuis quelque-tems une autre brochure intitulée, *Réflexions sur les Ouvrages de Littérature.* On dit qu'il combat souvent dans cette feüille ce qu'il a dit dans *les Observations.* Cela fait souvenir de gens d'une profession à peu près semblables, qui font semblant de se battre pour ameutter les passans ; n'est-il pas déplorable de voir un tel brigandage dans les Lettres ?

LETTRE

LETTRE
AU ROI
DE
PRUSSE.

A Cirey ce 21. Décembre 1741.

SOLEIL pâle, flambeau de nos tristes
    hyvers,
  Toi qui de ce monde est le pere
  Et qu'on a cru long-tems le pere des bons
    Vers ;
Malgré tous les mauvais que chaque jour voit faire,
  Soleil, par quel cruel destin
Faut-il que dans ce mois où l'on touche à sa fin,
Tant de vastes dégrez t'éloignent de Berlin ?
C'est-là qu'est mon Héros, dont le cœur & la tête
Rassemblent tout le feu qui manque à ses Etats.
Mon Héros, qui de Neiss achevoit la conquête,
  Quand tu fuïois de nos climats :

Pour-

Pourquoi vas-tu , dis-moi, vers le Pole-Antarti-
    que ?
Quels charmes ont pour toi les Négres de l'Afri-
    que ?
    Revole fur tes pas loin de ce trifte bord ,
    Imite mon Héros, viens éclairer le Nord.

    C'eft ce que je difois, SIRE, ce matin au
Soleil votre Confrére, qui eft auffi l'ame d'une
partie de ce monde. Je lui en dirois bien davantage fur le compte de VOTRE MAJESTE',
fi j'avois cette facilité de faire des Vers que
je n'ai plus, & que vous avez. J'en ai reçu ici
que vous avez fait dans Neiff tout auffi aifément que vous avez pris cette Ville. Cette
petite Anecdote, jointe aux Vers que votre
humanité m'envoïe immédiatement après la
Victoire de Moluits, fournit de bien finguliers
Mémoires pour fervir un jour à l'Hiftoire du
Siécle.
    Louïs XIV. prit en hyver la Franche-Com-
té ; mais il ne donna point de bataille , & ne
fit point de Vers au Camp devant Dole , ou
devant Befançon. Ceux que VOTRE MAJESTE'
a faits dans Neiff, reffemblent à ceux que Salomon faifoit dans fa gloire, quand il difoit
après avoir tâté de tout, *tout n'eft que vanité.*
Il eft vrai que le bon-homme parloit ainfi au
milieu de trois cens femmes & de fept cens
concubines ; le tout fans avoir donné de bataille , ni fait de fiége. Mais n'en déplaife, SIRE,
                  à Sa-

à Salomon & à vous, ou bien à vous & à Salomon, il ne laisse pas d'y avoir quelque réalité dans ce monde.

Conquérir cette Siléfie,
Revenir couvert de Lauriers
Dans les bras de la Poëfie,
Donner aux Belles, aux Guerriers,
Opéra, Bal & Comédie;
Se voir craint, chéri, respecté,
Et connoître au sein la gloire
L'esprit de la société,
Bonheur si rarement goûté
Des Favoris de la Victoire;
Savourer avec volupté
Dans des momens libres d'affaire
Les bons Vers de l'Antiquité,
Et quelquefois en daigner faire
Dignes de la Postérité:
Semblable vie a dequoi plaire;
Elle a de la réalité,
Et le plaisir n'est point chimére.

VOTRE MAJESTE' a fait bien des choses en peu tems. Je suis persuadé qu'il n'y a personne sur la terre plus occupée qu'Elle, & plus entraînée dans la variété des affaires de toute espéce. Mais avec ce génie dévorant, qui met tant de chofes dans fa fphére d'activité,

té, vous conferverez toujours cette fupériorité de raifon, qui vous éleve au-deffus de ce
que vous êtes & de ce que vous faites.

Tout ce que je crains, c'eft que vous ne veniez à trop méprifer les hommes. Des millions
d'animaux fans plumes à deux piés, qui peuplent la terre, font à une diftance immenfe de
votre Perfonne, par leur ame comme par leur
état. Il y a un beau Vers de Milton.

A Mongft unequals no fociety.

Il y a encore un autre malheur, c'eft que
VOTRE MAJESTE' peint fi bien les nobles
friponneries des Politiques, les foins intéref-
fez des Courtifans, &c. qu'Elle finira par fe
défier de l'affection des hommes de toute efpéce, & qu'Elle croira qu'il eft démontré en
morale, qu'on n'aime point un Roi pour lui-
même. SIRE, que je prenne la liberté de
faire auffi ma démonftration: N'eft-il pas vrai
qu'on ne peut pas s'empêcher d'aimer pour
lui-même un homme d'un efprit fupérieur,
qui a bien des talents, & qui joint à tous ces
talents-là celui de plaire? Or s'il arrive que
par malheur ce génie fupérieur foit Roi, fon
État en doit-il empirer? Et l'aimera-t'on moins
parce qu'il porte une Couronne? Pour moi je
fens que la Couronne ne me refroidit point
du tout. Je fuis, &c.

LETTRE

LETTRE
AU ROI
DE
PRUSSE.

A Paris ce 1. Novembre 1744.

U Héros de la Germanie,
Et du plus bel esprit des Rois,
Je n'ai reçu depuis trois mois
Ni beaux Vers, ni Prose polie :
Ma Muse en est en létargie.
Je me réveille aux fiers accents
De l'Allemagne ranimée,
Aux fanfares de votre Armée,
A vos tonnerres menaçants,
Qui se mêlent aux cris perçants
Des cent voix de la Renommée.
Je vois de Berlin à Paris,

Tome VI.   P   Cette

Cette Déesse vagabonde,
De Frédéric & de Louïs
Porter les noms au bout du monde;
Ces noms que la Gloire a tracez
Dans un Cartouche de lumiére;
Ces noms qui répondent assez
Du bonheur de l'Europe entiére,
S'ils sont toujours entrelassez.

Quels seront les heureux Poëtes,
Les Chantres boursouflez des Rois,
Qui pourront élever leurs voix
Et parler de cé que vous faites?
C'est à vous seul de vous chanter,
Vous qu'en vos mains j'ai vu porter
La Lyre & la Lance d'Achille;
Vous qui rapide en votre stile
Comme dans vos Exploits divers,
Faites de la Prose & des Vers,
Comme vous prenez une Ville.
D'Horace heureux imitateur,
Sa guaité, son esprit, sa grace,
Ornent votre stile enchanteur:
Mais votre Muse le surpasse
Dans un point cher à notre cœur.
L'Empereur protégeoit Horace,
Et vous protégez l'Empereur.
Fils de Mars & de Calliope,

Et

Et digne de ces deux grands noms,
Faites le deſtin de l'Europe,
Et daignez faire des Chanſons;
Et quand Thémis avec Bellone,
Par votre main rafermira
Des Céſars le funeſte Trône;
Quand le Hongrois cultivera
A l'abri d'une Paix profonde,
Du Tokai la vigne féconde;
Quand par tout ſon vin ſe boira,
Qu'en le buvant on chantera
Les Pacificateurs du monde;
Mon Prince à Berlin reviendra;
Mon Prince à ſon Peuple qui l'aime,
Libéralement donnera
Un Nouvel & bel Opéra
Qu'il aura compoſé lui-même.
Chaque Auteur vous aplaudira;
Car tout envieux que nous ſommes
Et du mérite & d'un grand nom,
Un Poëte eſt toujours fort bon
A la tête de cent mille hommes.
Mais, croïez-moi, d'un tel ſecours
Vous n'avez pas beſoin pour plaire,
Fuſſiez-vous pauvre comme Homére,
Comme lui vous vivrez toujours.
Pardon, ſi ma plume légére,
Que ſouvent la votre enhardit,

P. 2   Ecrit

Ecrit toujours au Bel-Esprit,
Beaucoup plus qu'au Roi qu'on révére ;
Le Nord à vos sanglants progrès,
Vit des Rois le plus formidable ;
Moi, qui vous aprochai de près,
Je n'y vis que le plus aimable.

LETTRE

LETTRE

AU ROI

DE

PRUSSE.

On n'a pas trouvé la datte dans la Copie.

SIRE, 23. I. 1738

JE reçois une Lettre de Berlin du 25. Décembre : elle contient deux grands articles ; un plein de bonté , de tendreſſe & d'atention à me combler des bienfaits les plus flâteurs. Le ſecond article eſt un Ouvrage bien fort de Métaphyſique. On croiroit que cette Lettre eſt de Mr. de Leibnitz , ou de Mr. Voltius , & cependant elle eſt d'un Roi. Vous m'ordonnez de me jetter dans la nuit de la Métaphyſique, pour oſer

P 3   diſpudifputer contre les Leibnitzs , les Volfs & les Frédérics. Me voilà comme Ajax , combattant dans l'obfcurité , & difant aux Dieux: *Rendez-nous le jour.*

1°. J'avouë d'abord que l'opinon de la *Raifon fuffifante* de Mrs. de Volfs & Leibnitz, eft une idée très-belle ; c'eft-à-dire, très-vraïe: car enfin il n'y a rien qui n'ait une raifon de fon exiftence. Mais cette idée exclut-elle la liberté de l'homme?

2°. Qu'entens-je par liberté ? Le pouvoir de penfer & d'opérer des mouvements en conféquence ; pouvoir très-borné fans doute, comme toutes nos facultez. Car , SIRE; plus vous êtes grand , plus vous fentez que l'homme eft peu de chofe.

3°. Eft-ce un autre qui fait tout cela pour moi ? Si c'eft moi, je fuis libre ; car être libre, c'eft agir ; ce qui eft paffif n'eft point libre. Eft-ce un autre qui agit pour moi ? Je fuis donc trompé par cet autre, quand je crois être un agent.

4°. Quel eft cet autre qui me tromperoit? Si c'eft un Dieu , c'eft lui qui me trompe continuellement : c'eft l'Etre infiniment fage , infiniment conféquent , qui fans raifon fuffifante s'occupe éternellement d'erreur; chofe opofée directement à fon effence, qui eft la vérité. S'il n'y a point de Dieu, qui eft-ce qui me trompe ? Eft-ce la matiére , qui d'elled'elle - même n'a point l'intelligence ?

5°. Pour nous prouver, malgré ce sentiment intérieur, malgré ce témoignage que nous nous rendons de notre liberté ; pour nous prouver, dis-je, que cette liberté n'existe pas, il faut prouver nécessairement qu'elle est impossible. Cela me paroît incontestable. Voïons comment la liberté seroit impossible.

6°. Cette liberté ne peut être impossible que de deux façons, ou parce qu'il n'y a aucun Etre qui puisse la donner, ou parce qu'elle est en elle-même contradictoire avec notre malheureuse machine. Comme un carré rond est une contradiction, &c. Or l'idée de la liberté de l'homme ne portant rien en soi de contradictoire, reste à voir si l'Etre infini & Créateur est libre ; & si étant libre, il peut donner une petite partie de cet attribut à l'homme, comme il lui a donné une petite portion d'intelligence.

7°. Si Dieu n'est pas libre, il n'est pas un agent ; donc il n'est pas Dieu. Or s'il est libre, s'il est tout-puissant, il suit qu'il peut donner à l'homme la liberté. Reste donc à savoir quelle raison on auroit de croire qu'il ne nous a pas fait ce présent.

8°. On prétend que Dieu ne nous a pas donné la liberté ; parce que si nous étions des agents, nous serions en cela indépendants de lui. Que seroit Dieu, dit-on, pendant que

nous

nous agirions nous-mêmes ? Je répons que
Dieu fait, lorſque les hommes agiſſent, ce
qu'il faiſoit avant qu'ils fuſſent, & ce qu'il ſera quand ils ne feront plus : que ſon pouvoir
n'en eſt pas moins néceſſaire à la conſervation
de ſes ouvrages, & que cette communication
qu'il nous a fait d'un peu de liberté, ne nuit
en rien à ſa puiſſance infinie.

9°. On nous objecte que nous ſommes quelquefois emportez malgré nous, &c. Je répons :
donc nous ſommes quelquefois maîtres de
nous. La maladie prouve la ſanté, & la liberté eſt la ſanté de l'ame.

10°. On objecte que l'aſſentiment de notre eſprit eſt toujours néceſſaire ; que la volonté ſuit cet aſſentiment, &c. Donc, dit-
on, nous voulons, nous agiſſons néceſſairement. Je réponds, qu'en éfet on déſire néceſſairement : mais déſir & volonté ſont deux
choſes très-différentes, & ſi différentes, qu'un
homme veut & fait ſouvent ce qu'il ne deſire
pas. Combattre ſes déſirs eſt le plus bel éfet
de la liberté ; & je crois qu'une des grandes
ſources du mal-entendu qui eſt entre les hommes ſur cet article, vient de ce que l'on con-
fond ſouvent la volonté & le déſir.

11°. On objecte, que ſi nous étions libres,
il n'y auroit point de Dieu. Je crois au contraire, que ce n'eſt que parce qu'il y a un
Dieu que nous ſommes libres ; car ſi tout étoit
néceſ-

néceſſaire, ſi ce monde exiſtoit par lui-même d'une néceſſité abſoluë, inhérente dans ſa nature, (ce qui fourmille de contradictions) il eſt certain qu'en ce cas tout s'opéreroit par des mouvements liez néceſſairement enſemble. Donc il n'y auroit alors aucune liberté : donc ſans Dieu point de liberté. Je ſuis bien ſurpris des raiſonnements échapez ſur cette matiére à l'illuſtre Mr. Leibnitz.

12°. Le plus terrible argument qu'on ait jamais aporté contre la liberté, eſt l'impoſſibilité d'accorder avec elle la preſcience de Dieu ; & quand on me dit, *Dieu ſait ce que vous ferez dans vingt ans ; donc ce que vous ferez dans vingt ans eſt d'une néceſſité abſoluë :* j'avouë que je ſuis à bout, & que tous les Philoſophes qui ont voulu concilier les futurs contingens avec la preſcience Divine, ont été de bien mauvais négociateurs. Il y en a d'aſſez déterminez pour dire que Dieu peut très-bien ignorer l'avenir, à peu près (s'il eſt permis de parler ainſi) comme un Roi peut ignorer ce que fera un Général à qui il aura donné la Carte-Blanche. C'eſt le ſentiment des Sociniens. On objecte à ces raiſonnemens-là, que Dieu voit en un inſtant l'avenir, le paſſé & le préſent ; que l'Eternité eſt inſtance pour lui. Mais ils répondent qu'ils n'entendent pas ce langage, & qu'une Eternité, qui eſt un inſtant, leur paroît auſſi abſurde qu'une immenſité qui n'eſt qu'un point.

Ne

Ne pourroit-on pas, sans être auffi hardi, qu'eux, dire que Dieu prévoit nos actions libres, à peu près comme un homme d'efprit prévoit le parti que prendra dans cette occafion un homme dont il connoît le caractère? La différence fera qu'un homme prévoit à tort & à travers, & que Dieu prévoit avec une juſteſſe infinie. L'homme devine très-mal, & Dieu prévoit très-bien. C'eſt le fentiment de Clarke, ce grand férailleur de Métaphyſique. J'avouë que tout cela me paroît très-hazardé, & que c'eſt un aveu plutôt qu'une folution de la difficulté. J'avouë enfin, SIRE, qu'on fait contre la liberté d'excellentes objeĉtions; mais on en fait d'auſſi bonnes contre l'exiſtence de Dieu; & comme malgré les difficultez extrêmes contre la création & contre la Providence, je crois néanmoins la création & la Providence, auſſi je me crois libre (juſqu'à certain point, s'entend) malgré les puiſſantes objeĉtions que l'on fera toujours contre cette malheureuſe liberté.

Je crois donc écrire à VOTRE MAJESTE', non pas comme à un Automate créé pour être à la tête de quelques milliers de Marionettes humaines; mais comme à un Etre des plus libres & des plus fages que Dieu ait jamais daigné créer. Si vous penſiez, SIRE, que nous ſommes de pures machines, que deviendroit l'amitié dont vous faites vos délices? De quels

prix

prix feroient les grandes actions que vous ferez? Quelle reconnoiſſance vous dévra-t'on des
ſoins que VOTRE MAJESTE' prendra de
rendre les hommes plus heureux & meilleurs ?
Comment enfin regarderiez - vous l'atache-
ment qu'on a pour votre Perſonne, les ſervices qu'on vous rendra, le ſang qu'on verſe-
ra pour vous ? Quoi! le plus généreux, le
plus tendre, le plus ſage des hommes verroit
tout ce qu'on feroit pour lui plaire, du même œil dont on voit des vices de moulin tourner par le courant de l'eau, & ſe briſer à force de ſervir ? Non, SIRE, votre ame eſt
trop noble pour ſouffrir qu'on la prive ainſi
de ſon plus beau partage, &c.

L'USAGE

L'USAGE DE LA VIE.

L faut penfer, fans quoi l'homme devient
Un animal, un vrai cheval de fomme:
Il faut aimer, c'eft ce qui nous foutient;
Car fans aimer, il eft trifte d'être homme.

Il faut avoir douce fociété,
De gens d'efprit, inftruits, fans fuffifance,
Et de plaifirs grande variété,
Sans quoi les jours font plus longs qu'on ne penfe.

Il faut avoir un ami qu'en tout tems,
Pour fon bonheur, on écoute, on confulte,
Qui puiffe rendre à vôtre ame en tumulte,
Les maux moins vifs & les plaifirs plus grands.

Il faut le foir un foupé délectable,
Où l'on foit libre, où l'on goûte à propos,
Force bon vin, avec quelques bons mots;
Et fans être yvre, il faut fortir de table.

Il faut le foir tenir entre deux draps
Le tendre objet que vôtre cœur adore,
Le careffer, s'endormir en fes bras,
Et le matin recommencer encore.

Mes chers amis, avoüez que voilà
De quoi paffer une affez douce vie.
Or dès l'inftant que j'aimai ma Silvie,
Sans trop chercher, je trouvai tout cela.

L E

LE
POËME
DE
FONTENOY.

Q   AU

AU ROY.

 IRE,

Je n'avois osé dédier à VOTRE
MAJESTE' *les premiers essais de cet
Ouvrage. Je craignois sur-tout de déplaire
au plus modeste des Vainqueurs ; mais,*
SIRE, *ce n'est point ici un Panégyrique, c'est une peinture fidèle d'une partie
de la Journée la plus glorieuse depuis la
Bataille de Bovines. Ce sont les sentimens de la France, quoiqu'à peine expri-*

Q 2   *més ;*

més ; c'est un Poëme sans exagération , &
de grandes vérités , sans mélange de fic-
tion , ni de flaterie. Le nom de VOTRE
MAJESTE' *fera passer cette faible es-*
quisse à la postérité , comme un monu-
ment autentique de tant de belles actions,
faites en votre presence , à l'exemple des
votres.

Daignez , SIRE , *ajoûter à la bonté*
que VOTRE MAJESTE' *a euë de per-*
mettre cet hommage , celle d'agréer les
profonds respects d'un de vos moindres
Sujets , & du plus zèlé de vos Admi-
rateurs.

VOLTAIRE.

DIS-

DISCOURS

PRÉLIMINAIRE.

L E Public fait que cet Ouvrage, compoſé d'abord avec la rapidité que le
zèle inſpire, reçut des accroiſſemens à
chaque Edition qu'on en faiſoit. Tou-
tes les circonſtances de la victoire de Fontenoy,
qu'on apprenoit à Paris de jour en jour, méri-
toient d'être célébrées ; & , ce qui n'étoit d'a-
bord qu'une Piéce de cent Vers , eſt devenu
un Poëme qui en contient plus de trois cent
quarante ; mais on y a gardé toujours le même
ordre , qui conſiſte dans la Préparation , dans
l'Action, & dans ce qui la termine ; on n'a fait
même que mettre cet ordre dans un plus grand
jour, en traçant , dans cette Edition , le portrait des Nations dont étoit compoſée l'Armée Ennemie , & en ſpécifiant leurs trois attaques.

On a peint avec des traits vrais, mais non
injurieux , les Nations dont L o u i s XV. a
triomphé : par exemple, quand on dit des Hol-

Q 3 landais

landais qu'ils avoient autrefois brifé le joug de *l'Autriche cruelle*, il eſt clair que c'eſt de l'Au- triche, *alors cruelle envers eux*, que l'on parle : car aſſurément elle ne l'eſt pas aujourd'hui pour les Etats-Généraux ; & d'ailleurs, la Rei- ne de Hongrie qui ajoute tant à la gloire de la Maiſon d'Autriche, ſait combien les Français reſpectent ſa Perſonne & ſes vertus, en étant forcés de la combattre.

Quand on a dit des Anglais, *Et la Féroci- té le cède à la Vertu*, on a eu ſoin d'avertir en nottes dans toutes les Editions, que ce re- proche de férocité ne tomboit que ſur le Soldat.

En effet, il eſt très-véritable que lorſque la colonne Angloife déborda Fontenoy, pluſieurs ſoldats de cette Nation criérent : *No quarter, point de quartier.* On ſait encore, que quand M. de Sechelles ſeconda les intentions du Roy, avec une prévoyance ſi ſinguliére, & qu'il fit préparer autant de ſecours pour les Priſon- niers Ennemis bleſſés, que pour nos Trou- pes, quelques Fantaſſins Anglais s'acharnérent encore contre nos ſoldats, dans les Chariots même où l'on tranſportoit les vainqueurs & les vaincus bleſſés. Les Officiers, qui ont, par-tout, à peu près la même éducation dans toute l'Europe, ont auſſi la même générofité; mais il y a des Pays où le Peuple, abandon- né

né à lui-même , eſt plus farouche qu'ailleurs.
On n'en a pas moins loüé la valeur & la conduite de cette Nation ; & ſur-tout , on n'a
cité le nom de M. le Duc de Cumberland, qu'a-
vec l'éloge que ſa magnanimité doit attendre
de tout le monde.

Quelques Etrangers ont voulu perſuader au
Public , que l'illuſtre Adiſſon , dans ſon Poëme de la Campagne de Hoshted , avoit parlé plus honorablement de la Maiſon du Roy,
que l'Auteur même du Poëme de Fontenoy.
Ce reproche a été cauſe qu'on a cherché l'Ouvrage de M. Adiſſon à la Bibliotéque de Sa
Majeſté , & on a été bien ſurpris d'y trouver
beaucoup plus d'injures que de louanges , c'eſt
vers le trois centiéme Vers. On ne les répé-
tera point , & il eſt bien inutile d'y répondre ;
la Maiſon du Roy leur a répondu par des victoires. On eſt très-éloigné de refuſer à un
grand Poëte & à un Philoſophe très-éclairé,
tel que M. Adiſſon, les éloges qu'il mérite ;
mais il en mériteroit davantage , & il auroit
plus honoré la Philoſophie & la Poëſie , s'il
avoit plus ménagé dans ſon Poëme , des Têtes couronnées qu'un ennemi même doit toujours reſpecter , & s'il avoit ſongé que les
louanges données aux vaincus , ſont un laurier de plus pour les vainqueurs : il eſt à croire que quand M. Adiſſon fut Secretaire d'E-

Q 4　　　tat,

tat, le Miniſtre ſe repentit de ces indécen-
ces échapées à l'Auteur.

Si l'Ouvrage Anglais eſt trop rempli de fiel,
celui-ci reſpire l'humanité. On a ſongé, en
célébrant une Bataille, à inſpirer des ſentimens de bienfaiſance. Malheur à celui qui ne
pourroit ſe plaire qu'aux peintures de la
deſtruction, & aux images des malheurs des
hommes.

Les peuples de l'Europe ont des principes
d'humanité qui ne ſe trouvent point dans les
autres parties du monde ; ils ſont plus liés
entr'eux, ils ont des loix qui leur ſont communes ; toutes les Maiſons des Souverains ſont
alliées ; leurs Sujets voyagent continuellement,
& entretiennent une liaiſon réciproque. Les
Européens chrétiens ſont ce qu'étoient les
Grecs ; ils ſe font la guerre entr'eux, mais
ils ſe conſervent dans ces diſſentions, d'ordinaire, tant de bienſéance & de politeſſe,
que ſouvent un Français, un Anglais, un Allemand qui ſe rencontrent, paroiſſent être
nez dans la même ville. Il eſt vrai que les La-
cédémoniens & les Thébains étoient moins
polis que le peuple d'Athènes ; mais enfin
toutes les nations de la Grèce ſe regardoient
comme des Alliés qui ne ſe faiſoient la guerre
que dans l'eſpérance certaine de la paix : ils
inſultoient rarement à des ennemis qui dans
peu

peu d'années devoient être leurs amis. C'eſt
ſur ce principe qu'on a tâché que cet ouvrage fût un monument de la gloire du Roy,
& non de la honte des nations dont il triomphe : on ſeroit fâché d'avoir écrit contre elles
avec autant d'aigreur, que quelques Français
en ont mis dans leurs ſatyres contre cet ouvrage d'un de leurs compatriotes ; mais la
jalouſie d'auteur à auteur eſt beaucoup plus
grande que celle de nation à nation.

On a dit des Suiſſes, qu'ils ſont *nos antiques*
amis & nos concitoyens, parce qu'ils le ſont depuis deux cens cinquante ans. On a dit que
les étrangers qui ſervent dans nos armées, ont
ſuivi l'exemple de la Maiſon du Roy & de nos
autres troupes, parce qu'en effet c'eſt toujours
à la nation qui combat pour ſon Prince, à
donner cet exemple, & que jamais cet exemple n'a été mieux donné.

On n'ôtera jamais à la nation Françaiſe la
gloire de la valeur & de la politeſſe. On a oſé
imprimer, que ce vers

> Je vois cet Etranger qu'on croit né parmi nous,

étoit un compliment à un Général né en Saxe, *d'avoir l'air Français*. Il eſt bien queſtion
ici d'air & de bonne grace ! Quel eſt l'homme qui ne voit évidemment que ce vers ſi-

Q 5   gnifie

gnifie que ce Général étranger eſt auſſi attaché au Roi que s'il étoit né ſon Sujet?

Cette critique eſt auſſi judicieuſe que celle
de quelques perſonnes qui prétendirent qu'il
n'étoit pas *honnête* de dire que ce Général étoit
dangereuſement malade, lorſqu'en effet ſon
courage lui fit oublier l'état douloureux où il
étoit réduit, & le fit triompher de la faibleſſe de ſon corps ainſi que des ennemis du
Roy.

Voilà tout ce que la bienſéance en général permet qu'on réponde à ceux qui en ont
manqué.

L'Auteur n'a eu d'autre vûë que de rendre fidèlement ce qui étoit venu à ſa connoiſſance, & ſon ſeul regret eſt de n'avoir pû,
dans un ſi court eſpace de tems, & dans une
piéce de ſi peu d'étenduë, célébrer toutes les
belles actions dont il a depuis entendu parler;
il ne pouvoit dire tout; mais au moins ce qu'il
a dit eſt vrai; la moindre flaterie eût deshonoré un ouvrage fondé ſur la gloire du Roy &
ſur celle de la Nation. Le plaiſir de dire la
vérité l'occupoit ſi entiérement, que ce ne
fut qu'après ſix Editions qu'il envoya ſon Ouvrage à la plûpart de ceux qui y ſont célébrés.

Tous ceux qui ſont nommés n'ont pas eu
les occaſions de ſe ſignaler également. Celui
qui, à la tête de ſon Régiment, attendoit l'ordre

dre de marcher, n'a pû rendre le même fervice qu'un Lieutenant - Général qui étoit à
portée de conseiller de fondre sur la colonne Angloise, & qui partit pour la charger avec
la Maison du Roy. Mais si la grande action de
l'un mérite d'être rapportée, le courage impa-
tient de l'autre ne doit pas être oublié. Tel
est loué en général sur sa valeur, tel autre sur
un service rendu ; on a parlé des blessures
des uns , on a déploré la mort des autres.

Ce fut une justice que rendit le célébre M.
Despreaux à ceux qui avoient été de l'expédition du passage du Rhin. Il cite près de
vingt noms, il y en a ici plus de soixante ; &
on en trouveroit quatre fois davantage si la
nature de l'Ouvrage le comportoit.

Il seroit bien étrange qu'il eût été permis
à Homere, à Virgile, au Tasse, de décrire les
blessures de mille Guerriers imaginaires, &
qu'il ne le fût pas de parler des Héros véritables qui viennent de prodiguer leur sang,
& parmi lesquels il y en a plusieurs avec qui
l'Auteur avoit eu l'honneur de vivre, & qui
lui ont laissé de sincéres regrets.

L'attention scrupuleuse, qu'on a apportée
dans cette Edition, doit servir de garant de
tous les faits qui sont énoncés dans le Poëme. Il n'en est aucun qui ne doive être cher
à la nation, & à toutes les familles qu'ils re-

Q 6   gar-

gardent. En effet, qui n'eft touché fenfible-
ment en lifant le nom de fon fils, de fon frere, d'un parent cher, d'un ami tué ou bleffé,
ou expofé dans cette Bataille qui fera célebre
à jamais ; en lifant, dis-je, ce nom dans un
Ouvrage, qui tout foible qu'il eft, a été honoré plus d'une fois des regards du Monarque, & que Sa Majefté n'a permis qu'il lui
fût dédié, que parce qu'Elle a oublié fon éloge en faveur de celui des Officiers qui ont
combattu & vaincu fous fes ordres.

C'eft donc moins en Poëte qu'en bon Citoyen qu'on a travaillé. On n'a point cru devoir orner ce Poëme de longues fictions, fur-
tout dans la premiere chaleur du Public, &
dans un tems où l'Europe n'étoit occupée que
des détails intéreffans de cette victoire importante, achetée par tant de fang.

La fiction peut orner un fujet, ou moins grand
ou moins intéreffant, ou, qui placé plus loin
de nous, laiffe l'efprit plus tranquille. Ainfi,
lorfque Defpreaux s'égaya dans fa defcription
du paffage du Rhin, c'étoit trois mois après
l'action ; & cette action, toute brillante qu'elle
fut, n'eft à comparer ni pour l'importance, ni
pour le danger, à une Bataille rangée, gagnée
fur un Ennemi habile, intrépide & fupérieur en
nombre, par un Roy expofé, ainfi que fon fils,
pendant quatre heures au feu de l'artillerie.

Ce

Ce n'eſt qu'après s'être laiſſé emporter aux premiers mouvemens de zèle, après s'être attaché uniquement à louer ceux qui ont ſi bien ſervi la Patrie dans ce grand jour, qu'on s'eſt permis d'inférer dans le Poëme, un peu de ces ſictions qui affaibliroient un tel ſujet ſi on vouloit les prodiguer; & on ne dit ici en proſe que ce que M. Adiſſon lui-même a dit en vers dans ſon fameux Poëme de la Campagne d'Hoshted.

On peut, deux mille ans après la guerre de Troye, faire apporter par Venus à Enée des Armes que Vulcain a forgées, & qui rendent ce Héros invulnérable; on peut lui faire rendre ſon Epée par une Divinité, pour la plonger dans le ſein de ſon ennemi. Tout le Conſeil des Dieux peut s'aſſembler, tout l'Enfer peut ſe déchaîner; Alecton peut enyvrer tous les eſprits des venins de ſa rage; mais ni notre Siécle, ni un Evénement ſi récent, ni un ouvrage ſi court ne permettent guéres ces peintures, devenuës les lieux communs de la Poëſie. Il faut pardonner à un Citoyen pénétré, de faire parler ſon cœur plus que ſon imagination, & l'Auteur avouë qu'il s'eſt plus attendri en diſant:

Tu meurs, jeune Craon, que le Ciel moins ſévere
Veille ſur les deſtins de ton généreux frcre!

que

que s'il avoit évoqué les Euménides, pour faire ôter la vie à un jeune Guerrier aimable.

Il faut des Divinités dans un Poëme épique, & fur-tout quand il s'agit de Héros fabuleux. Mais ici le vrai Jupiter, le vrai Mars, c'eſt un Roi tranquille dans le plus grand danger, & qui hazarde ſa vie pour un peuple dont il eſt le pere. C'eſt lui, c'eſt ſon fils, ce ſont ceux qui ont vaincu ſous lui, & non Junon & Juturne qu'on a voulu & qu'on a dû peindre. D'ailleurs le petit nombre de ceux qui connoiſſent notre Poëſie, ſavent qu'il eſt bien plus aiſé d'intéreſſer le Ciel, les Enfers & la Terre à une Bataille, que de faire reconnaître & de diſtinguer, par des images propres & ſenſibles, des Carabiniers qui ont de gros Fuſils rayés, des Grenadiers, des Dragons qui combattent à pied & à cheval, de parler de retranchemens faits à la hâte, d'ennemis qui s'avancent en colonne, d'exprimer enfin ce qu'on n'a guéres dit encore en Vers.

C'étoit ce que penſoit M. Adiſſon, bon Poëte & Critique judicieux. Il employa dans ſon Poëme qui a immortaliſé la Campagne d'Hoshted, beaucoup moins de fictions qu'on ne s'en eſt permis dans le Poëme de Fontenoy. Il ſavoit que le Duc de Malbouroug & le Prince Eugêne, ſe feroient très-peu ſouciés

ciés de voir des Dieux, où il étoit queſtion
des grandes actions des hommes. Il ſavoit
qu'on releve par l'invention, les exploits de
l'antiquité , & qu'on court riſque d'affaiblir
ceux des modernes par de froides allégories :
il a fait mieux , il a interreſſé l'Europe en-
tiere à ſon action.

On en eſt à peu près de ces petits Poëmes
de trois cens ou de quatre cens vers ſur les
affaires preſentes , comme d'une Tragédie :
le fond doit être intéreſſant par lui-même ,
& les ornemens étrangers ſont preſque toujours ſuperflus.

On a dû ſpécifier les différens Corps qui
ont combattu, leurs armes, leur poſition, l'endroit où ils ont attaqué, dire que la colonne
Angloiſe a pénétré, exprimer comment elle a
été enfoncée par la Maiſon du Roy, les Carabiniers, la Gendarmerie, le Régiment de Normandie, les Irlandais, &c. Si on n'étoit pas
entré dans ces détails dont le fond eſt ſi héroïque, & qui ſont cependant ſi difficiles à
rendre, rien ne diſtingueroit la Bataille de Fontenoy d'avec celle de Tolbiac. M. Deſpreaux
dans le paſſage du Rhin a dit :

Revel les ſuit de près ; ſous ce Chef redouté ,
Marche des Cuiraſſiers l'Eſcadron indompté.

On

On a peint ici les Carabiniers au lieu de les appeller par leur nom , qui convient encore moins aux Vers que celui des Cuiraffiers. On a même mieux aimé , dans cette derniere Edition , caractériser les fonctions de l'Etat Major , que de mettre en Vers les noms des Officiers de ce Corps qui ont été bleffés.

Cependant on a ofé appeller *la Maifon du Roy* par fon nom , fans fe fervir d'aucune autre image. Ce nom de *Maifon du Roy* , qui contient tant de Corps invincibles , imprime une affez grande idée , fans qu'il foit befoin d'autre figure. M. Adiffon même ne l'appelle pas autrement ; mais il y a encore une autre raifon de l'avoir nommée , c'eft la rapidité de l'action.

Vous , peuple de Héros , dont la foule s'avance ,

Louis , fon Fils , l'Etat , l'Europe eft en vos mains.

Maifon du Roy , marchez , &c.

Si on avoit dit *la Maifon du Roy marche* , cette expreffion eût été profaïque & languiffante.

On n'a pas voulu s'écarter un moment , dans cet Ouvrage , de la gravité du fujet. Defpreaux , il eft vrai , en traitant le paffage du Rhin dans

le

le goût de quelques - unes de ses Epitres , a
joint le plaisant à l'héroïque ; car après avoir
dit :

Un bruit s'épand qu'Enguien & Condé sont passés,

Condé, dont le seul nom fait tomber les murailles,

Force les Escadrons , & gagne les Batailles ,

Enguien, de son hymen, le seul & digne fruit, &c.

Il s'exprime ensuite ainsi :

Bien-tôt... Mais Vurts s'oppose à l'ardeur qui m'a-
nime ,

Finissons ; il est temps , aussi-bien , si la rime

Alloit, mal-à-propos, m'engager dans Arneim,

Je n'en sai , pour sortir , de porte qu'Hildesheim.

  Les personnes qui ont parû souhaiter qu'on
employât dans le recit de la victoire de Fontenoy quelques traits de ce stile familier de Boileau , n'ont pas , ce me semble , assez distingué
les lieux & les tems , & n'ont pas fait la différence qu'il faut faire entre une Epitre & un ouvrage d'un ton plus sérieux & plus sévere ; ce qui a
de la grace dans le genre épistolaire n'en auroit
point dans le genre héroïque.

On

On n'en dira pas davantage fur ce qui regarde l'art & le goût, à la tête d'un ouvrage, où il
s'agit des plus grands intérêts, & qui ne doit
remplir l'efprit que de la gloire du Roy, & du
bonheur de la Patrie.

LI

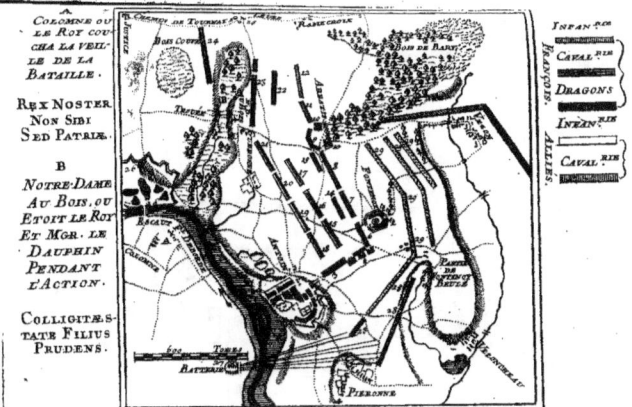

PLAN DE LA BATAILLE DE FONTENOY,

GAGNÉE PAR LES TROUPES DU ROI,

Le 11. May 1745.

Approuvé par Monseigneur le Maréchal DE SAXE,

Et envoié au ROI DE PRUSSE.

DISPOSITION AVANT LE COMBAT.

BATAILLONS.

1. BRIGADE de Piémont, retranchée dans Antoin. . . 5
2. BRIGADE de Crillon. 4   ESCADRONS.
3. TROIS Régimens de Dragons. . . . . 15.
4. BRIGADE de Bettens Suisse. 6
5. BRIGADE du Dauphin, retranchée dans Fontenoy. . 4
6. BRIGADE DU ROI. 4
7. BRIGADE d'Aubeterre. 4
8. BRIGADE des Gardes. 6
9. BRIGADE des Irlandois. 6
10. REDOUTES gardées par le Régiment d'Eu. . . . . 2.
11. REGIMENT Roïal des Vaisseaux. 3
12. BRIGADE de Normandie. 4
13. BRIGADE de Roïal. 4
14. BRIGADE de la Couronne. 4
15. BRIGADE du Colonel-Général. 8
16. BRIGADE de Clermont-Prince. 8
17. BRIGADE des Cravates. 8
18. BRIGADE de Roïal-Etranger. 8
19. BRIGADE de Brionne. 8
20. REGIMENT de Berry. 4
21. BRIGADE de Pentièvre. 8
22. BRIGADE de Roïal-Roussion. 8
23. MAISON DU ROI & 4. Escadrons de la Gendarmerie. . . . . 17.
24. CARABINIERS. . . . . 10.
25. FOURS À CHAUX, retranchés sur la Chaussée
    de Leuze, gardés par le Régiment de
    Trainel. 1
26. PONTS & Retranchemens gardés par dix Bataillons. 10.
    ARTILLERIE 100. piéces, & un Bataillon
    de Canonniers. 1
27. BATTERIE de 16. piéces de Canon.
28. HOLLANDOIS.
29. ANGLOIS & HANNOVRIENS.   BAÜNS. ESCADRONS.
                                          68   102

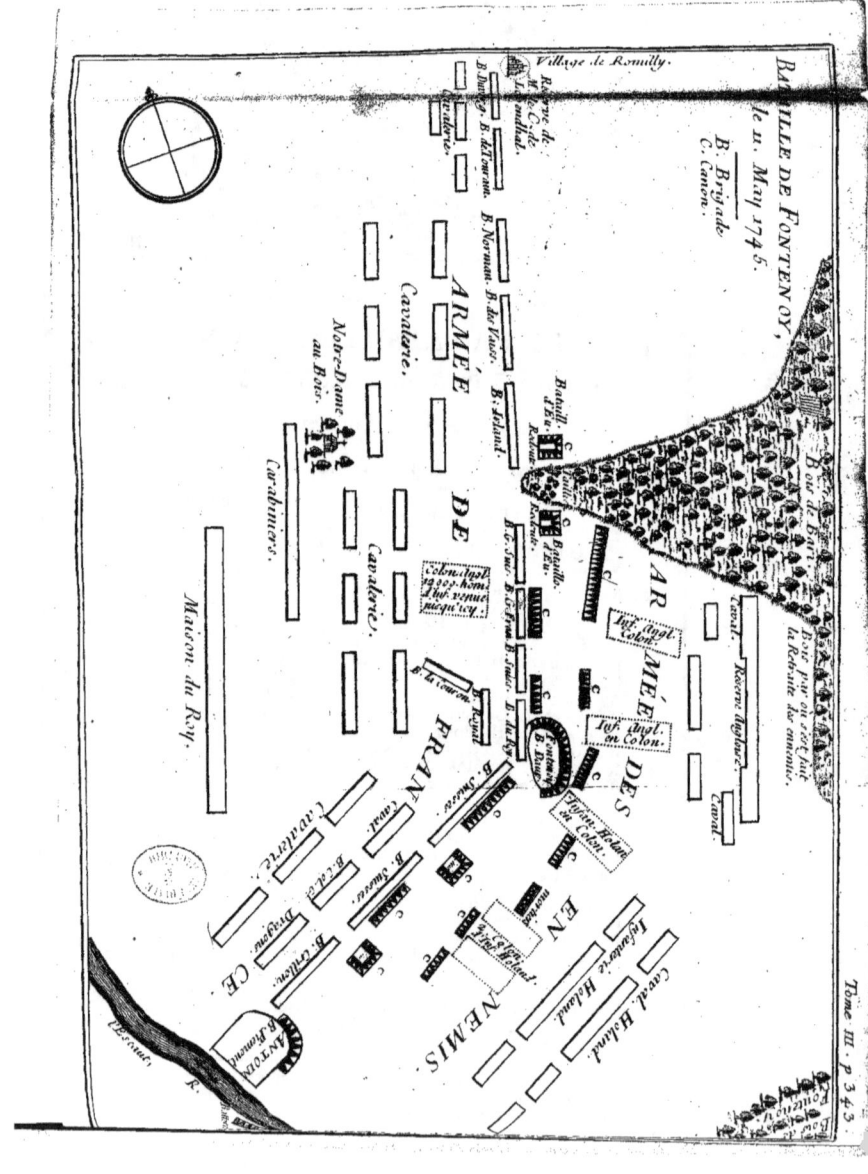

BATAILLE DE FONTENOY,
le 11. May 1745.

B. Brigade.
C. Canon.

Village de Romilly.

Réserve de
la Côté
Mandat.

Canoniere.
B. Duc B. de Tournai.
B. Norman. B. des Vaux.
B. Island.

ARMÉE
Cavalerie.

Bataill. DE
d'Eu.

Notre-Dame
au Bois.

Carabiniers.

Bataille
d'Eu Reserve.

Cavalerie.

Cavalerie.

Carabiniers.

Maison du Roy.

DES

AR

Bois de Barry.

Bois par ou s'est fait
la Retraite des ennemis.

Cavalerie. Réserve Angloise. Caval.

Inf. Angl. Colon.

Colon. Angl.
ayant abandonné
leur reve-
ment ici.

Inf. Angl.
en Colon.

Inf. Island.

MÉÉ

B. la Couron.

B. Royal.

B. Dauph.

ARMÉE

B. Suisse.

B. G.E.E.

Dragons CE

Légion S. Island.

EN

NEMIS

Caval. Holand.

Fontenoy.

Escaut.

Antoin.

FRAN

Maison du Roy.

Tome III. p. 343

Louis Quinze.

LE
POËME
DE
FONTENOY.

 U o y , du siècle passé le fameux satirique,
Aura fait retentir la trompette héroïque,
Aura chanté du Rhin les bords ensanglan-
    tés ,
Ses défenseurs mourans , ses flots épouvantés ,
Son Dieu même en fureur effrayé du passage ,
Cédant à nos ayeux son onde & son rivage ?
Et vous, quand votre Roy, dans des Plaines de sang,
Voit la mort devant lui voler de rang en rang ;
Tandis que de Tournay foudroyant les murailles ,
Il suspend les assauts pour courir aux Batailles ,

                       Quand

Quand des bras de l'himen s'élançant au Trépas,
Son Fils, son digne Fils fuit de si près ses pas;
Vous, heureux par ses loix, & grands par sa vaillance
Français, vous garderiez un indigne silence?

   Venez le contempler aux Champs de Fontenoy.
O vous, Gloire, Vertu, Déesses de mon Roy,
Redoutable Bellone & Minerve chérie,
Passion des grands cœurs, amour de la Patrie,
Pour couronner L o u i s prêtez-moi vos lauriers,
Enflâmez mon esprit du feu de nos Guerriers;
Peignez de leurs exploits une éternelle image:
Vous m'avez transporté sur ce sanglant rivage,
J'y vois ces Combattans que vous conduisez tous;
C'est-là ce fier Saxon * qu'on croit né parmi nous,
Maurice qui touchant à l'infernale rive,
Rappelle pour son Roi son ame fugitive,
Et qui demande à Mars, dont il a la valeur,
De vivre encore un jour & de mourir vainqueur.
Conservez, justes cieux, ses hautes destinées,
Pour L o u i s & pour nous prolongez ses années.

   Déja de la tranchée † Harcourt est accouru,
Tout poste est assigné, tout danger est prévu;
Noail

---

  *Le Comte Maréchal de Saxe, dangereusement ma
lade, étoit porté dans une gondole d'osier, quand ses
douleurs & sa faiblesse l'empêchoient de se tenir à che
val. Il dit au Roi, qui l'embrassa, après le gain de la
Bataille, les mêmes choses qu'on lui fait penser ici.

  † M. le Duc d'Harcourt avoit investi Tournay.

Maurice DE SAXE, Duc de Curlande et de Sémigallie, Maréchal de France.

Noailles * pour fon Roy plein d'un amour fidèle,
Voit la France en fon Maître & ne regarde qu'elle.
Ce fang de tant de Rois, ce fang du grand Condé,
D'Eu, † par qui des Français le Tonnerre eft guidé,
Pentievre ¶ dont le zèle avoit devancé l'âge,
Qui déja vers le Mein fignala fon courage,
Bavière avec de Pons, Boufters & Luxembourg,
Vont, chacun dans leur place, attendre ce grand jour;
Chacun porte la joye aux Guerriers qu'il com-
  mande.
Le fortuné Danoy, § Chabannes, Gallerande,
Le vaillant Berenger, ce deffenfeur du Rhin,
Colbert & du Chaila, toùs nos Héros enfin, **
Dans l'horreur de la nuit, dans celle du filence,
Demandent feulement que le péril commence.
  Lo u is avec le jour voit briller dans les airs
Les Drapeaux menaçans de vingt Peuples divers;
Le Belge qui jadis fortuné fous nos Princes,
Vit l'abondance alors enrichir fes Provinces;
Le Batave prudent, dans l'Inde refpecté,
                                            Puif-

* Maréchal de France.
† Grand Maître de l'Artillerie.
¶ Il s'étoit fignalé à la Bataille de Dettingue.
§ M. de Danoy fut retiré par fa nourrice d'une foule
de morts & de mourans fur le champ de Malplaquet,
deux jours après la Bataille. C'eft un fait certain : cette
femme vint avec un Paffeport, accompagnée d'un Ser-
gent du Régiment du Roy, dans lequel étoit alors cet
Officier.
** Les Lieutenans Généraux chacun à leur Divifion.

Puiffant par fes travaux & par fa liberté ,
Qui , long-tems opprimé par l'Autriche cruelle,
Ayant brifé fon joug , s'arme aujourd'hui pour elle
L'Hanovrien conftant, qui, formé pour fervir ,
Sait fouffrir & combattre , & fur-tout obéir ;
L'Autrichien rempli de fa gloire paffée ,
De fes derniers Céfars occupant fa penfée ,
Sur tout , ce Peuple altier qui voit fur tant de mer
Son commerce & fa gloire embraffer l'Univers ,
Mais qui jaloux en vain des grandeurs de la France
Croit porter dans fes mains la foudre & la balance
Tous marchent contre nous, la Valeur les condui
La Haine les anime , & l'Efpoir les féduit.
De l'Empire Français l'indomptable Génie ,
Brave , auprès de fon Roi , leur foule réunie :
Des montagnes , des bois , des fleuves d'alentour
Tous les Dieux allarmés fortent de leur féjour ;
La fortune s'enfuit , & voit avec colére
Que fans elle aujourd'hui la Valeur va tout faire.
Le brave Cumberland , fier d'attaquer L O U I S,
A déja difpofé fes bataillons hardis.
Tels ne parurent point au rives du Scamandre,
Sous ces murs fi vantés que Pyrrhus mit en cendre
Ces antiques Héros qui montés fur un char
Combattoient en défordre , & marchoient au ha-
     zard :
Mais tel fut Scipion fous les murs de Carthage,
Tels fon rival & lui prudens avec courage ,
                       Dépl

Déployant de leur art les terribles fécrets,
L'un vers l'autre avancés s'admiroient de plus près.

L'Escaut, les Ennemis, les remparts de la Ville,
Tout prefente la mort, & Louis eft tranquille.
Cent tonnerres de bronze ont donné le fignal :
D'un pas ferme & preffé, d'un front toûjours égal,
S'avance vers nos rangs la profonde colonne,
Que la terreur devance, & la flamme environne,
Comme un nuage épais qui fur l'aîle des vents,
Porte l'éclair, la foudre, & la mort dans fes flancs.
Les voilà ces rivaux du grand nom de mon Maître,
Plus farouches que nous, auffi vaillans peut-être,
Encor tout orgueilleux de leurs premiers exploits :
Bourbons ! voici le tems de venger les Valois.

Dans un ordre effrayant trois attaques formées
Sur trois terrains divers engagent les Armées :
Le Français dont Maurice a gouverné l'ardeur,
A fon pofte attaché joint l'art à la valeur.
La Mort fur les deux Camps étend fa main cruelle,
Tous fes traits font lancés, le fang coule autour
  d'elle.

Chefs, Officiers, Soldats, l'un fur l'autre entaffés,
Sous le fer expirans, par le plomb renverfés,
Pouffent les derniers cris en demandant vengeance.
Grammont que fignaloit fa noble impatience,
Grammont dans l'Elifée emporte la douleur
D'ignorer en mourant fi fon Maître eft vainqueur :

De

De quoi lui ferviront ces grands titres * de gloire,
Ce Sceptre des Guerriers, honneur de fa mémoire,
Ce rang, ces dignités, vanités des Héros,
Que la mort avec eux précipite aux tombeaux;
Tu meurs, jeune Craon : † Que le Ciel moins févere
Veille fur les deftins de ton généreux frere!
Hélas! cher Longaunay, ¶ quelle main, quel fecours
Peut arrêter ton fang, & ranimer tes jours?
Ces Miniftres de Mars, § qui d'un vol fi rapide
S'élançoient à la voix de leur Chef intrépide,
Sont, du plomb qui les fuit, dans leur courfe arrêtés,
Tels que des champs de l'air tombent précipités
Des oifeaux tout fanglans palpitans fur la terre.
Le fer atteint d'Avrai. ** Le jeune Daubeterre
Voit de fa légion tous les Chefs indomptés,
Sous le glaive & le feu mourans à fes côtés.
Guerriers, que Chabrillant avec Brancas rallie,
Que d'Anglais immolés vont payer votre vie!
Je te rends grace, ô Mars! Dieu de fang, Dieu cruel

* Il alloit être Maréchal de France.
† Dix-neuf Officiers du Régiment de Hainault ont été tués ou bleffés. Son frere, le Prince de Beauvau, fert en Italie.
¶ M. de Longaunay, Colonel de nouveaux Grénadiers, mort depuis de fes bleffures.
§ Officiers de l'Etat-Major. Mrs. de Puifegur, de Maziere, de S. Sauveur, de Saint George.
** Le Duc d'Avray, Colonel du Régiment de la Couronne.

La race de Colbert , * ce Miniſtre immortel,
Echape en ce carnage à ta main ſanguinaire,
Guerchy † n'eſt point frappé, la vertu peut te plaire.
Mais vous , brave ¶ Daché , quel ſera votre ſort ?
Le Ciel ſauve à ſon gré , donne & ſuſpend la mort.
Infortuné Luttaux ! tout chargé de bleſſures ,
L'art qui veille à ta vie , ajoûte à tes tortures ,
Tu meurs dans les tourmens ; nos cris mal entendus
Te demandent au Ciel , & déja tu n'eſt plus.

O combien de vertus que la tombe dévore !
Combien de jours brillans éclipſés à l'aurore !
Que nos lauriers ſanglans doivent couter de pleurs !
Ils tombent ces Héros , ils tombent ces vengeurs ,
Ils meurent, & nos jours ſont heureux & tranquilles;
La molle volupté , le luxe de nos Villes ,
Filent ces jours ſerains, ces jours que nous devons
Au ſang de nos Guerriers , aux périls des Bourbons.
Couvrons du moins de fleurs ces tombes glorieuſes,
Arrachons à l'oubli ces ombres vertueuſes ;
Vous § qui lanciez la foudre , & qu'ont frappé ſes
        coups ,

                                            Revi-

* M. de Croiſſy avec ſes deux enfans , & ſon neveu
M. Dupleſſis-Châtillon bleſſé légerement.
  † Tous les Officiers de ſon Régiment Royal des Vaiſ-
ſeaux , hors de combat ; lui ſeul ne fut point bleſſé.
  ¶ M. Daché (on l'écrit Dapchier) Lieutenant-Géné-
ral. M. de Luttaux , Lieutenant-Général , mort dans les
opérations du traitement de ſes bleſſures.
  § M. du Brocard , Maréchal de Camp , commandant
l'Artillerie.
  Tome VI.   R

Revivez dans nos chants quand vous mourez pour
　　nous.

Eh quel seroit, grand Dieu! le Citoyen barbare,
Prodigue de censure & de louange avare,
Qui peu touché des morts, & jaloux des vivans,
Leur pourroit envier mes pleurs & mon encens?
Ah! s'il est parmi nous des cœurs dont l'indolence,
Insensible aux grandeurs, aux pertes de la France,
Dédaigne de m'entendre & de m'encourager,
Réveillez-vous ingrats, L o u i s est en danger.

Le feu qui se déploye, & qui dans son passage,
S'anime en dévorant l'aliment de sa rage,
Les torrens débordés dans l'horreur des hyvers,
Le flux impétueux des menaçantes mers,
Ont un cours moins rapide, ont moins de violence,
Que l'épais bataillon qui contre nous s'avance,
Qui triomphe en marchant, qui le fer à la main
A travers les mourans s'ouvre un large chemin;
Rien n'a pû l'arrêter, Mars pour lui se déclare.
Le Roy voit le malheur, le brave & le répare:
Son fils, son seul espoir... Ah! cher Prince, arrêtez,
Où portez-vous ainsi vos pas précipités?
Conservez cette vie au monde nécessaire.
L o u i s craint pour son fils, * le fils craint pour son
　　pere;

N

---

* Un boulet de Canon couvrit de terre un homme e
re le Roy & Monseigneur le Dauphin; & un Domes
t

Louis Dauphin de France.

Nos Guerriers tout sanglans frémissent pour tous
    deux ,
Seul mouvement d'effroy dans ces cœurs généreux,
   Vous , * qui gardez mon Roi, vous, qui vengez la
    France ,
Vous , peuple de Héros dont la foule s'avance ,
Accourez , c'est à vous de fixer les destins ;
LOUIS , son Fils, l'Etat, l'Europe est en vos mains:
Maison du Roy marchez , assurez la victoire ,
Soubise & Pequigny † vous ménent à la gloire.
Paroissez , vieux Soldats, ¶ dont les bras éprouvés
Lancent de loin la mort que de près vous bravez.
Venez vaillante élite , honneur de nos Armées ,
Partez , flèches de feu , grenades § enflammées ,
Phalanges de LOUIS , écrasez sous vos coups
                           Ces

que de M. le Comte D'Argenson fut atteint d'une balle
de fusil derriere eux.
  * Les Gardes , les Gendarmes , les Chevaux-Legers,
les Mousquetaires, sous M. de Montesson, Lieutenant-
Général. Deux Bataillons des Gardes Françaises & Suisses , &c.
  † M. le Prince de Soubise prit sur lui de seconder M.
le Comte de la Marke, dans la défense obstinée du poste d'Antoin ; il alla ensuite se mettre à la tête des Gendarmes, comme M. de Pequigny à la tête des Chevaux-
Legers, ce qui contribua beaucoup au gain de la Bataille.
  ¶ Carabiniers, corps institué par Louis XIV: il tire
avec des Carabines rayées. On sait avec quel éloge le
Roy les a nommés dans sa Lettre.
  § Grenadiers à cheval, commandés par M. le Chevalier
de Grille ; ils marchent à la tête de la Maison du Roy.
                           R 2

Ces Combattans si fiers & si dignes de vous.
Richelieu, qu'en tous lieux emporte son courage,
Ardent, mais éclairé, vif à la fois & sage,
Favori de l'Amour, de Minerve & de Mars,
Richelieu * vous appelle, il n'est plus de hazards;
Il vous appelle: Il voit d'un œil prudent & ferme
Des succès ennemis & la cause & le terme;
Il vole, & sa vertu secondant vos grands cœurs,
Il vous marque la place où vous serez vainqueurs.

D'un rempart de gazon, faible & prompte barriére,
Que l'art oppose à peine à la fureur guerriére,
La Marke, † Lavauguion, ¶ Choiseuil d'un même
　　effort,
Arrêtent une Armée & repoussent la mort.
Dargenson qu'enflammoient les regards de son
　　pere,
La gloire de l'Etat à tous les siens si chere,
Le danger de son Roy, le sang de ses ayeux,
Assaillit par trois fois ce corps audacieux,
Cette masse de feu qui semble impénétrable:
Onl'arrête, il revient, ardent, infatigable;

　　　　　　　　　　　　　　　　　　Ainsi

* Un Ministre d'Etat, qui n'a point quitté le Roy pendant la Bataille, a écrit ces propres mots: *C'est M. de Richelieu qui a donné ce Conseil, & qui l'a exécuté.*
† M. le Comte de la Marke au poste d'Antoin.
¶ Mrs. de Lavauguion, Choiseuil-Meuse, &c. aux Retranchemens faits à la hâte dans le village de Fontenoy. M. de Crequi n'étoit point à ce poste, comme on l'avoit dit d'abord, mais à la tête des Carabiniers.

M.LE MARQUIS DE VOYER
Brigadier des Armeés du Roy.

M. LE DUC DE BIRON
à la tête de l'Infanterie

Mr de Castelmoron reprend un Etendart qu'un Cheval fougueux avoit emporté au milieu du Camp des Ennemis.

Ainsi qu'aux premiers tems, par leurs coups redou-
    blés,
Les bèliers enfonçoient les remparts ébranlés. .
    Ce brillant escadron, * fameux par cent batailles;
Lui, par qui Catinat fut vainqueur à Marsailles,
Arrive, voit, combat, & soûtient son grand nom.
Tu suis du Chastellet, jeune Castelmoron; †
Toy, qui touches encore à l'âge de l'enfance;
Toy, qui d'un faible bras qu'affermir ta vaillance,
Reprends ces étendarts déchirés & sanglans;
Que l'orgueilleux Anglais emportoit dans ses rangs:
C'est dans ces rangs affreux que Chevrier expire;
Monaco perd son sang, & l'amour en soupire.
Anglais, sur Dugueslin deux fois tombent vos
    coups,
Frémissez à ce nom si funeste pour vous.
    Mais quel brillant Héros, au milieu du carnage,
Renversé, relevé, s'est ouvert un passage?
Biron, ¶ tels on voyoit dans les plaines d'Ivry

                                                Tes

* Quatre escadrons de la Gendarmerie arrivoient
après sept heures de marche, & attaquérent.
    † Un Cheval fougueux avoit emporté le Porte-Eten-
dart dans la Colonne Angloise; M. de Castelmoron,
âgé de 15 ans, lui cinquième, alla le reprendre au milieu du Camp des Ennemis. M. de Bellet commandoit
ces Escadrons de la Gendarmerie; il eut un cheval tué
sous lui, aussi bien que M. de Chimenes, en réformant
une Brigade.
    ¶ M. le Duc de Biron eut le commandement de l'In-
                R 3   fanterie.

Tes immortels Ayeux fuivre le grand Henry.
Tel étoit ce Crillon, chargé d'honneurs fuprêmes,
Nommé brave autrefois par les braves eux-mêmes,
Tels étoient ces d'Aumonts, ces grands Montmo-
　　rencis,
Ces Créquis fi vantés renaiffans dans leurs fils. *
Tel fe forma Turenne au grand art de la guerre,
Près d'un autre † Saxon la terreur de la terre,
Quand la Juftice & Mars, fous un autre Louis,
Frappoient l'Aigle d'Autriche & relevoient les Lys.
　Comment ces Courtifans, doux, enjoués, aimables,
Sont-ils dans les combats des Lions indomptables?
Quel affemblage heureux de graces, de valeur !
Bouflers, Meuze, d'Ayen, Duras bouillans d'ardeur,
A la voix de L o u i s courez troupe intrépide.
Que les Francais font grands quand leur Maître les
　　guide !
Ils l'aiment, ils vaincront; leur pere eft avec eux.
Son courage n'eft point cet inftinct furieux,
Ce courroux emporté, cette valeur commune;
Maître de fon efprit, il l'eft de la Fortune,

　　　　　　　　　　　　　　　　　　Rien

fanterie quand M. de Luttaux fut hors de combat; il
chargea fucceffivement à la tête de prefque toutes les
Brigades.
　* M. de Luxembourg, M. de Logni, & M. de Tingri.
　† Le Duc de Saxe Weimar, fous qui le Vicomte de
Turenne fit fes premieres Campagnes. M. de Turenne
eft arriere-neveu de ce grand homme.

Rien ne trouble ses sens, rien n'éblouit ses yeux.

Il marche, il est semblable à ce Maître des Dieux,
Qui, frappant les Titans, & tonnant sur leurs têtes,
D'un front majestueux dirigeoit les tempêtes.
Il marche, & sous ses coups la terre au loin mugit,
L'Escaut fuit, la Mer gronde, & le Ciel s'obscurcit.
Sur un nuage épais que des antres de l'Ourse
Les vents affreux du Nord aportent dans leur cour-
    se,
Les Vainqueurs des Valois descendent en courroux.
CUMBERLAND, disent-ils, nous n'espérons qu'en
    vous;
Courage, rassemblez vos légions altiéres,
Bataves, revenez, défendez vos barriéres;
Anglais, vous que la paix sembloit seule allarmer,
Vangez-vous d'un Héros qui daigne encor l'aimer;
Ainsi que ses bienfaits craindrez-vous sa Vaillance?
Mais ils parlent en vain, lorsque L O U I S s'avance,
Leur génie est dompté, l'Anglais est abbatu,
Et la férocité * le céde à la vertu.
   C L A R E avec l'Irlandois, qu'animent nos exem-
    ples,
Venge les Rois trahis, sa Patrie & ses Temples.
                       Peuple

---

* Ce reproche de férocité ne tombe que sur le soldat,
& non sur les Officiers, qui sont aussi généreux que les
nôtres. On m'a écrit que lorsque la colonne Anglaise déborda Fontenoy, plusieurs soldats de ce corps crioient
no quarter, no quarter, point de quartier.

Peuple sage & fidèle , heureux Helvétiens , *
Nos antiques amis & nos concitoyens ,
Votre marche assurée , égale , inébranlable ,
Des ardens Neustriens† suit la fougue indomptable,
Ce Danois , ¶ ce Héros , qui des frimats du Nord ,
Par le Dieu des combats fut conduit sur ce bord ,
Admire les Français qu'il est venu défendre.
Mille cris redoublés dans les airs font entendre ,
Rendez-vous ou mourez , tombez sous notre effort,
C'en est fait , & l'Anglais craint L o u i s & la mort
Allez , brave d'Estrée , § achèvez cet ouvrage,
Enchaînez ces vaincus échapés au carnage ;
Que du Roy qu'ils bravoient ils implorent l'apui
Ils seront fiers encore , ils n'ont cédé ** qu'à lui.

　　Bien-tôt vole après eux ce corps fier & rapide,††
　　　　　　　　　　　　　　　　　　Qui

　* Les Régimens de Diesbak & de Betens , de Cour-
ten , &c. avec des Bataillons des Gardes Suisses.
　† Le Régiment de Normandie, qui revenoit à la charge sur la colonne Anglaise, tandis que la Maison du Roy
la Gendarmerie , les Carabiniers , &c. fondoient sur elle
　¶ M. de Lovendal.
　§ M. le Comte d'Estrée à la tête de sa Division , & M.
de Brionne à la tête de son Régiment , avoient enfoncé
les Grenadiers Anglais , le sabre à la main.
　** Depuis S. Louis , aucun Roy de France n'avoit battu les Anglais en personne , en bataille rangée.
　†† On envoya quelques Dragons à la poursuite : Ce
corps étoit commandé par M. le Duc de Chevreuse, qu
s'étoit distingué au combat de Sahy, où il avoit reçu trois
blessures. L'opinion la plus vraisemblable sur l'origi

Qui femblable au Dragon qu'il eut jadis pour guide,
Toujours prêt, toujours prompt, de pied ferme en
    courant,
Donne de deux combats le fpectacle effrayant.
C'eft ainfi que l'on voit dans les champs des Numi-
    des,
Différemment armés des Chaffeurs intrépides ;
Les courfiers écumans franchiffent les guérets,
On gravit fur les monts, on borde les forêts ;
Les piéges font dreffez, on attend, on s'élance,
Le javelot fend l'air, & le plomb le devance ;
Les Léopards fanglans percés de coups divers,
D'affreux rugiffemens font retentir les airs ;
Dans le fond des forêts ils vont cacher leur rage.
    Ah ! c'eft affez de fang, de meurtre, de ravage,
Sur des morts entaffés c'eft marcher trop long-
    tems.
Noailles, * ramenez vos Soldats triomphans ;
Mars voit avec plaifir leurs mains victorieufes
Traîner dans notre Camp ces machines affreufes,
Ces foudres ennemis contre nous dirigés.
Venez lancer ces traits que leurs mains ont forgés ;
                    Qu'ils

---

du mot *Dragon*, eft qu'ils portérent un Dragon dans
leurs Etendarts fous le Maréchal de Briffac, qui inftitua
ce Corps dans les guerres du Piémont.
   * Le Comte de Noailles attaqua de fon côté la colonne d'Infanterie Angloife avec une Brigade de Cavalerie, qui prit enfuite des Canons.

Qu'ils renverfent par vous les murs de cette Ville,
Du Batave indécis la barriére & l'afile,
Ces premiers * fondemens de l'Empire des Lys,
Par les mains de mon Roy pour jamais affermis,
Déja Tournay fe rend, déja Gand s'épouvante,
Charles-Quint s'en émeut; fon ombre gémiffante
Pouffe un cri dans les airs & fuit de ce féjour,
Où pour vaincre autrefois le Ciel le mit au jour.
Il fuit, mais quel objet pour cet ombre allarmée,
Il voit ces vaftes champs couverts de notre Armée,
L'Anglais deux fois vaincu, fuyant de toutes parts,
Dans les mains de L o u i s laiffant les étendarts,
Le Belge en vain caché dans fes Villes tremblantes,
Les murs de Gand tombés fous fes mains foudro-
            yantes,
Et fon Char de victoire en ces vaftes rampars, †
Ecrafant le berceau du plus grand des Céfars. ¶
    Français, heureux Français, peuple doux & ter-
        rible,
C'eft peu qu'en vous guidant Louis foit invincible,
                                    C'eft

        * Tournay, principale Ville des Français fous la pre-
    miere race, dans laquelle on a trouvé le tombeau de
    Childeric.
        † La Ville de Gand foumife à Sa Majefté le 11. Juil-
    let, après la défaite d'un corps d'Anglais par M. de
    Chaila, à la tête des Brigades de Crillon & de Norman-
    die, le Régiment de Graffin, &c.
        ¶ Des Céfars modernes.

C'eſt peu que le front calme, & la mort dans les
    mains,
Il ait lancé la foudre avec des yeux ſereins ;
C'eſt peu d'être vainqueur, il eſt modeſte & tendre,
Il honore de pleurs le ſang qu'il vit répandre,
Entouré des Héros qui ſuivirent ſes pas,
Il prodigue l'éloge & ne le reçoit pas ;
Il veille ſur des jours hazardés pour lui plaire,
Le Monarque eſt un homme, & le Vainqueur un
    pere :
Ces captifs tout ſanglans portés par nos ſoldats,
Par leur main triomphante arrachés au trépas,
Après ces jours de ſang, d'horreur & de furie,
Ainſi qu'en leurs foyers, au ſein de leur Patrie,
Des plus tendres bienfaits éprouvent les douceurs,
Conſolés, ſecourus, ſervis par leurs vainqueurs.
O grandeur véritable ! O victoire nouvelle !
Ah ! Quel cœur ulcéré d'une haïne cruelle,
Quel farouche ennemi peut n'aimer pas mon Roi,
Et ne pas ſouhaiter d'être né ſous ſa Loi ?
Il étendra ſon bras, & calmera l'Empire :
Déja Vienne ſe taît, déja Londres l'admire,
La Baviere confuſe au bruit de ſes exploits,
Gémit d'avoir quitté le protecteur des Rois ;
Naple eſt en ſûreté : la Sardaigne en allarmes ;
Tous les Rois de ſon ſang triomphent par ſes armes,
Et de l'Ebre à la Seine en tous lieux on entend :
LE PLUS AIMÉ DES ROIS EST AUSSI LE PLUS GRAND.
                                    Ah !

Ah ! qu'on ajoûte encore à ce titre suprême,
Ce nom si cher au monde & si cher à lui-même,
Ce prix de ses vertus qui manque à sa valeur,
Ce titre auguste &|saint de Pacificateur.
Que de ces jours si beaux, de qui nos jours dépendent,
La course soit tranquille , & les bornes s'étendent.
    Ramenez ce Héros , ô vous qui l'imitez,
Guerriers qu'il vit combattre,& vaincre à ses côtez
Les palmes dans les mains nos Peuples vous atten-
        dent ,
Nos cœurs volent vers vous , nos regards vous de-
        mandent ;
Vos meres , vos enfans , à vos desirs rendus ,
De vos périls passés encor tout éperdus ,
Vont baigner dans l'excès d'une ardente allégresse
Vos fronts victorieux de larmes de tendresse.
Accourez , recevez à votre heureux retour ,
Le prix de la Vertu presenté par l'Amour.

                    F I N.

RÉFLEXIONS

SUR UN IMPRIMÉ

INTITULÉ

LA BATAILLE

DE FONTENOY,

POËME:

Dédiées à M. DE VOLTAIRE,
Historiographe de France.

Non ego mordaci distrinxi carmine quemquam.

. . . .

Nulla venenato littera mista Joco est.
OVID. TRIST. LIB. 2.

conde Edition aussi retranchée, mais plus
correcte que la premiére.

Tome VI.   S

RÉFLEXIONS

SUR UN IMPRIMÉ
INTITULÉ
LA BATAILLE
DE FONTENOY,
POËME:

Dédiées à M. DE VOLTAIRE,
Historiographe de France.

MONSIEUR,

L A réputation dont vous jouiffez à
jufte titre dans toute l'Europe, d'un
des plus grands génies que la France
ait produit, vous attire cet homma-
de ma part. Votre nom eft un paffe - port
pour la poftérité; & il eft tout naturel que
S 2   j'aïe

j'aïe cherché à décorer ce petit Ecrit d'une
pareille recommandation. N'apréhendez cependant pas, que sur le ton des pesantes Dé-
dicaces j'aille vous endormir du récit de vo-
propres louanges. Accoutumé que vous ête-
à diftribuer l'encens aux Héros & aux Dieux,
vous feriez peu de cas de celui que vous o-
friroit un inconnu.

Mon deffein eft tout différent. Après avoi-
été affez téméraire pour me déplaire à la lecture de votre dernier Poëme, j'ai conçû l-
fingulier projet de vous en faire la confiden-
ce; & j'ai affez bonne opinion de votre droiture & de votre générofité pour être perfuad-
que vous ne vous offenferez ni de l'un ni d-
l'autre. Au refte, Monfieur, ne vous en prenez qu'à vous-même fi nous fommes devenu-
fi difficiles. Ce font vos Ouvrages qui no-
ont gâtés. On peut bien vous apliquer ce q-
S. Evremond dit de Corneille. Vous êtes
admirable dans vos belles productions, q-
l'on ne vous fouffre point ailleurs médioc-

D'ailleurs c'eft vous qui nous avez mon-
l'exemple. Vous nous avez apris dans un â-
encore tendre, à citer au tribunal de la r-
fon, les Ouvrages & la réputation du gra-
Pafcal. (*a*) Nous n'avons pas oublié avec qu-
le univerfalité de talens, vous avez décidé-

tou-

(a) *Remarques fur les Penfées de Pafcal.*

toute de la Littérature Angloife dans vos *Mélanges*, (b) & de toute celle de la France dans votre *Temple du Goût*. (c) Nous fçavons avec quel
généreux défintéreffement vous avez *déchiré*
dans ce dernier Ouvrage, *les trois quarts d'un
gros Recueil d'Oeuvres pofthumes de la Fontaine*.
Nous n'ignorons pas avec quelle exactitude
& quelle précifion vous avez *réduit Marot à
fept ou huit feuillets*, & *Voiture & Sarafin à quelques pages*. Nous nous rapellons encore avec
quelle fineffe vous avez tempéré les louanges
de *Rollin*, & avec quelle intrépidité vous avez
averti que, *quoique en robe on l'écoutoit, chofe
affez rare à fon efpéce*. Nous nous reffouvenons
avec quelle grandeur d'ame vous avez *jetté
au feu Surena*, *Pulcherie*, *Agefilas*, & avez contraint le *grand Corneille*.

(d) A facrifier fans foibleffe
 Tous fes Enfans infortunés,
 Fruits languiffans de fa vieilleffe,
 Trop indignes de leurs aînés.

C'eft vous auffi, Monfieur, qui nous avez
apris à diftinguer l'aimable *Auteur des Mondes*,
& de l'Hiftoire de l'Académie des Sciences, de
l'Auteur des Lettres du Chevalier d'Her, d'une
          paffion

(b) *Mélanges de Littérature & de Philofophie.*
(c) *Temple du Goût.*
(d) *Ibid.*

S 3

paſſion d'Autonne, &c. Permettez-moi donc de ſuivre aujourd'hui vos exemples & vos précèptes,
& de mettre auſſi une grande différence entre l'Auteur de la *Henriade*, d'*Oedipe*, de *Zaïre*,
de *Mérope*, &c. & l'Ecrivain de la *Princeſſe de
Navarre*, & du *Poëme de la Bataille de Fontenoy.*

Il n'y a que les grands Hommes dont les
fautes méritent d'être relevées. Le vulgaire
peut pécher impunément, ſes fautes ne tirent
point à conſéquence. (*e*) *Magis dicunt vitioſè
quam acutè reprehenduntur.* Mais les défauts des
grands Hommes ſont contagieux. C'eſt une
maladie qui gagne. (*f*) *Decipit exemplar vitiis
imitabile.*

J'ai ſans doute à me féliciter de ce qu'en
ataquant aujourd'hui un homme de votre mérite, j'ai votre autorité pour le faire. Peut-être
même pourrois-je dire de vous ce que vous
dites de Paſcal: que (*g*) *c'eſt une conſolation
pour un eſprit auſſi borné que le mien, d'être bien
perſuadé que les plus grands Hommes ſe trompent
comme le vulgaire.* Mais je m'en garderai bien:
au contraire, je m'indignerai avec Horace de
voir ſommeiller l'Homére de nos jours, & je
gémirai de ne pas rencontrer la perfection où
je devois la trouver.

D'ailleurs

(*e*) *Quintil. Inſtit. lib. 5. c. 13.*
(*f*) *8. Hor. Epiſt. lib. Epiſt. 19.*
(*g*) *Remarques ſur les Penſées de Paſcal.*

D'ailleurs un intérêt plus fort que celui de la Poëfie m'oblige à vous écrire, c'eft celui de la vérité. J'ai cru remarquer dans votre Ouvrage quelques réflexions hazardées fur un Peuple qu'il fembloit que vous *refpectiez* autrefois, & qui trouveroit aujourd'hui en vous un adverfaire redoutable. Quelque difproportionné que foit le combat où je m'engage, & à quelque contrafte que je m'expofe quand j'ofe me mefurer avec vous, je le fais avec joïe dans cette occafion. La réputation eft la moindre des chofes qu'un honnête homme doive rifquer quand il y va de la vérité. Au refte, quelques échauffés que foient les efprits par la dernière affaire, je vous crois l'efprit trop bien fait pour foupçonner feulement que cela doive vous mettre de mauvaife humeur. Je vous répéterai en tout cas vos propres paroles, & je dirai qu'il (*h*) *feroit abfurde & cruel de faire une affaire de parti de quelques réflexions innocentes. On n'a d'autre parti que la vérité.*

Je m'adrefferai donc d'abord à l'*Appollon du Parnaffe François*, au digne fucceffeur de Racine & de Corneille, & je me plaindrai à lui de lui-même. Je parlerai enfuite à l'Auteur de l'Hiftoire de Charles XII. de l'Effai fur le fiécle de Louïs XIV. enfin à l'*Hiftoriographe de France* ; c'eft-à-dire, à celui à qui fon Roi a confié une plume

(h) *Remarques fur les Penfées de Pafcal.*

S 4

me d'or, pour enregiftrer fes propres exploits
& pour rendre juftice même à fes ennemis.
(i) *Ne quid falfi dicere audeat, ne quid veri non*
audeat.

    Plus je confidére votre Poëme, & plus je
me confirme dans ma première idée. Tout de
bon, feroit-ce une gageure? & de même que
l'Orphée d'aujourd'hui s'eft vanté, dit-on,
de mettre en mufique la Gazette; auriez-vous
entrepris de la rimer? cela feroit un plaifant
Opéra. A quel propos, en effet, entaffer cin-
quante-fept noms dans un Poëme de deux
cens Vers. J'aprouve le généreux deffein que
vous avez *d'arracher à l'oubli les ombres vertueu-*
fes de nos Héros & de faire revivre leurs Exploits
dans vos Chants. Mais en vérité la chofe eft-elle
poffible dans le détail? n'eft-il pas à craindre que
l'oubli de quelques-uns ne faffe plus de mécontens, que cet éloge univerfel ne pourroit
faire d'amis? De-là ces fréquentes Editions &
ces Notes multipliées. Dans vôtre Poëme les
rangs font plus preffés qu'ils n'étoient à *Fon-*
tenoy. Tel Lieutenant Général eft obligé de fe
ferrer dans fon Vers, & n'ocupe pas quelquefois fon quart d'Hemiftiche, tandis que tel
autre a les coudées franches, & fe met à fon
aife aux dépens de fes voifins. En vérité, Monfieur,

    (i) *Cicéron.*

fieur, pour un Courtifan, vous n'y penfez pas, cette prédilection pourroit faire jafer.

Vous ne vous attendez pas, fans doute, que je faffe l'analyfe de votre Poëme, & que j'y cherche un ordre & une méthode que vous avouez vous-même (*k*) n'y avoir pas mis. Ne' craignez pas non plus que j'aille paffer en re-vûë tous vos Vers, en éplucher chaque fyl-labe, & *pefer des mots dans ma balance* ; je ne parlerai ni de quelques tours profaïques que l'on y remarque, ni de quelques inverfions trop dures, ni même de quelques fautes de langue qui vous font échapées. Je fais trop d'après vous qu'*il eft* (*l*) *des défauts qu'on doit aimer.*

Je fuis charmé en commençant, d'avoir à vous remercier de la part de toute la France, du portrait avantageux que vous faites de Monfieur de Saxe. Je ne trouve rien de plus grand, qu'un grand homme,

Qui touchant à l'infernale rive,
Rapelle pour fon Roi fon ame fugitive,
Et qui demande à Mars, dont il a la valeur,
De vivre encore un jour & de mourir vainqueur.

Mais qu'entendez-vous par ce *fier Saxon*, qu'on croit

(*k.*) Monfieur de Voltaire dit qu'il n'a compofé qu'à mefure que les Liftes lui venoient.

(l) *Temple du Goût.*

croit né parmi vous? N'eſt-ce pas que quoique
Mr. le Maréchal de Saxe ſoit Saxon, il n'y
paroît pas, & qu'il a tout-à-fait *cet air François, ſans lequel*, comme dit le Marquis du
François à Londres, *un homme eſt à jetter par
les fenêtres?* En vérité, je ne connois rien au-
delà que le bon mot de ce Gaſcon, de joïeuſe
mémoire, qui à Londres dans un Bal, *trouvoit
que Charles ſecond ne dançoit pas mal pour un
Etranger.*

D'ailleurs, pourquoi ce grand Général diſ-
paroît-il tout d'un coup dans votre Poëme?
J'aurois voulu qu'il en eût été l'ame, comme
il l'a été de toute cette grande action. J'aurois voulu le voir courir dans tous les rangs,

(m) Sur un Courſier fougueux plus leger que les
vents,
Qui fier de ſon fardeau, du pié frapant la terre,
Appelle les dangers & reſpire la Guerre.

Et n'apréhendez pas, Monſieur, que la gloire de notre grand Monarque en eût ſouffert.
Semblable à celle du Soleil, elle ſe commu-
nique aux autres Aſtres, ſans s'épuiſer. Le
Très-haut ne ſe repoſe-t'il pas ſur ſes Miniſtres du ſoin de ſa vengeance? Ecoutez ce
que dit Mr. Fléchier, dans une pareille occaſion,

(m) *Henriade. Liv.* 8.

cafion, en parlant d'un autre Louïs, & d'un autre Maréchal de Saxe. C'eſt Mr. de Turenne.

» (*n*) Pour récompenſer tant de vertus par
» quelque honneur extraordinaire, il falloit
» trouver un grand Roi, qui crût ignorer quel-
» que choſe, & qui fût capable de l'avouer.
» Loin d'ici ces flâteuſes maximes, que les
» Rois naiſſent habiles & que les autres le de-
» viennent; que leurs ames privilégiées ſor-
» tent des mains de Dieu, qui les crée tou-
» tes ſages & intelligentes; qu'il n'y a point
» pour eux d'eſſai ni d'aprentiſſage; qu'ils
» ſont vertueux ſans travail, & prudens ſans
» expérience. Nous vivons ſous un Prince,
» qui tout grand & tout éclairé qu'il eſt, a
» bien voulu s'inſtruire pour commander; qui
» dans la route de la gloire a ſçu choiſir une
» guide fidelle, & qui a cru qu'il étoit de ſa
» ſageſſe de ſe ſervir de celle d'autrui. Quel
» honneur pour un Sujet d'accompagner ſon
» Roi, de lui ſervir de conſeil, &, ſi je l'oſe
» dire, d'exemple dans une importante con-
» quête! honneur d'autant plus grand que la
» faveur n'y put avoir part; qu'il ne fut fon-
» dé que ſur un mérite univerſellement con-
» nu; & qu'il fut ſuivi de la priſe des Villes
» les plus conſidérables de *la Flandre.*

Mais

(n) *Fléchier* , *Oraiſon Funeb. Turenne.*

S 6

Mais examinons de plus près votre combat. D'abord vous rangez vos Troupes en bataille, vous placez vos Lieutenans Généraux, vous fonnez la charge. *La mort frape à coups redoublés une foule innombrable*, & tout d'un coup, fans favoir pourquoi, *pour Cumberland le Dieu Mars fe déclare*. Sur le champ vous faites marcher la Maifon du Roi, les Carabiniers, la Gendarmerie & les Dragons, & *l'Anglois eft abattu*. Encore faut-il en deviner la moitié dans les Notes. Je n'examine point combien ce reci eft peu fidelle hiftoriquement. Je me réferve à en parler ailleurs. Je ne l'envifage que Poëtiquement, & je me plains de n'y pas trouver le fil & la fuite d'une grande action, qui doit intéreffer par fon appareil, effraïer par le danger & la difficulté, raffurer & enfler le cœur par le plaifir de la Victoire; enfin ce que Mr. Mafcaron appelle fi éloquemment (*o*) *les dehors de la Guerre*, c'eft-à-dire, le *fon des inftrumens, l'éclat des armes, l'ordre des Troupes, le filence des Soldats, l'ardeur de la mêlée, le commencement, le progrès & la confommation de la Victoire.*

Vous connoiffez fans doute le Poëme de Mr. Addiffon, intitulé *la Campagne*. Je m'attendois, pour moi, que votre Poëme devoit avoir néceffairement la même fupériorité fur le

(*o*) *Oraifon Funeb. de Turenne.*

le fien, que les armes de la France à Fontenoy ont eûë fur celles d'Angleterre. Mais pourquoi faut-il qu'*Apollon* n'ait pas fuivi l'exemple de *Mars ?* Et pourquoi ne peut-on pas dire de vous ce que Paterçule difoit de Cicéron : » C'eft à lui à qui nous avons l'obligation de » n'être pas vaincus par l'efprit & les talens » de ceux que nos armes ont domtés. *Is effecit ne quos armis viceramus, eorum ingenio vinceremur ?* Cet Ouvrage fameux qui mérita fur le champ à fon Auteur un Pôfte de confiance, qui fut un des degrés par lefquels il s'éleva à la place de Secrétaire d'Etat, n'étoit pas l'ouvrage de *deux jours*, mais de plufieurs mois.

Rapellez-vous quelle terreur il excite dans l'ame lorfqu'il pointe *ces batteries meurtriéres*, & qu'il difpofe ces *tubes d'airain, dans le fein defquels repofent mille tonnerres... les fons aigus de la Trompette font noïes dans le bruit fourd & confus des Tymbales.... Les deux Armées s'ébranlent.... C'eft d'un pas ferme & majeftueux & dans une pompe affreufe que les longs Efcadrons traverfent la Plaine.... La mort terrible dans fes aproches excite une horreur inquiéte dans les cœurs des plus braves ; mais ces cœurs agités & inquiets, foupirent toujours après le combat, & la foif de la gloire étouffe l'amour de la vie... O ma Mufe !* s'écrie le *Poëte, quels accords pourras - tu trouver pour chanter le choc impétueux des deux Armées ? Je crois entendre les fons tumultueux du Tambour. Les*

cris

cris des Vainqueurs se mêlent aux gémissemens des mourans. Le fracas du Canon fend la voûte de l'air, & tout le Tonnerre de la Bataille se réveille. C'est au milieu de ces horreurs qu'il dépeint son Héros tranquille. Il lui fait *examiner la scène horrible de la Guerre, & contempler d'un œil Stoïque le Champ de la Mort. Il envoïe aux Escadrons épuisés un secours propice; il inspire aux Bataillons rebutés de ranimer leur audace, & aprend au Combat, encore douteux, où doivent tomber ses efforts. Ainsi lorsque le Ministre de la vengeance du Très-Haut, par un orage affreux ébranle une terre coupable, d'un front calme & serein il conduit l'ouragan terrible; & glorieux d'exécuter l'ordre du Tout-Puissant, monté sur le tourbillon, il dirige la Tempête.*

C'est dans ma Prose languissante que je tâche de rendre les plus beaux Vers, qui peut-être aïent été faits depuis Homére & Virgile. C'est dommage que quelques traits trop durs & trop amers répandus dans ce bel Ouvrage, ne permettent pas de le faire connoître en France. Je ne connois personne plus en état que vous-même de lui rendre Justice. Mais j'ai honte de vous citer plus long-tems pour modèle un Auteur qui parle la même langue que nos Ennemis. Je vous rapelle donc à vos Juges naturels, & parmi eux j'en vais choisir un, que je vous défie de récuser. C'est vous-même.

Recusé

Récuse fi tu peux, & choifi fi tu l'ofes.

Comparons la Bataille de *Fontenoy* à la Bataille d'*Ivry*, au huitiéme Livre de la Henriade. Quelle différence dans les Portraits, les Comparaifons, les Defcriptions, enfin dans tout ce qui conftituë la Poëfie de l'une & de l'autre ? Je fais bien que vous m'allez dire qu'il y a une grande différence entre un Poëme hiftorique, tel que le vôtre, & un Poëme épique où les événemens & les fituations font libres : que (p) *la proximité des tems, la notoriété publique, la folidité du fujet, ôtoient à votre génie toute liberté d'invention ; qu'il eft vrai que Lucain n'ofant s'écarter de l'Hiftoire, a rendu par-là fon Poëme fec & aride, & qu'il a caché trop fouvent cette fecherefe fous de l'enflure ;* mais que ces défauts font plûtôt ceux de l'Ouvrage que de l'Ouvrier. Mais qui vous empêchoit d'attendre que la Renommée vous eût inftruit des particularités ? Je connois quelques événemens de cette illuftre Action, qui, graces à votre précipitation, vont être enfévelis dans *l'oubli*, dont vous auriez pû les *arracher*, & qui cependant auroient pû figurer avec les fituations les plus intéreffantes de la Henriade. Enfin, au défaut du détail, qui vous empêchoit de louer les Corps entiers, omis ou négligés

(p) *Effai fur la Poëfie Epique.*

négligés dans votre Ouvrage ? C'étoit-là le vrai moïen d'éviter les mécontens. Pourquoi le Régiment de *Normandie*, par exemple, qui a eu tant de part à cette affaire, & dont le nom semble fait pour triompher des Anglois, est-il oublié tout-à-fait ? Pourquoi les *Carabiniers*, *cités avec éloges dans la Lettre du Roi*, ne se trouvent-ils chez vous que dans une Note? Pourquoi la *Maison du Roi* est-elle louée si superficiellement, que l'on peut vous reprocher avec raison, qu'elle est bien mieux traitée par un Ennemi, c'est l'Auteur Anglois que je vous citois tout-à-l'heure ? Chez vous, c'est *un Peuple de Héros, dont la foule s'avance ;* chez lui, c'est *cette Troupe altiére, la terreur de l'Europe, & l'orgueil de la France, dont chaque Soldat renferme dans son sein tout l'art de la Guerre & brûle de l'ardeur de la Victoire qui enflâme un Général.*

Mais entrons dans le détail de la comparaison que je vous ai promise. Voici la Description du Combat de Fontenoy.

(*q*) Le signal est donné par cent bouches d'airain,
D'un pas rapide & ferme, & d'un front *inhumain*
S'avance vers nos rangs la profonde Colomne,
Que la terreur devance, & la flâme environne,
Tel qu'un nuage épais, qui sur l'aîle des vents,

Porte

(q) *Poëme de Fontenoy.*

Porte l'éclair , la foudre, & la mort dans ses flancs.
Les voilà ces Rivaux du grand nom de mon Maître,
Plus *farouches* (r) que nous & moins vaillans peut-
être ,
Fiers de tant de Lauriers moissonnés autrefois ;
Bourbons , voici le tems de venger les Valois ,
La mort de tous côtés , la mort insatiable
Frape à coups redoublés une foule innombrable ;
Chefs, Officiers , Soldats , l'un sur l'autre entassés,
Sous le fer expirans , par le plomb renversés ,
Poussent les derniers cris en demandant vengeance.

J'avouë que je reconnois ici quelques traits
de la main qui craïonna les vertus du *Grand
Henri.* J'y retrouve le ton de la Poësie , pour
ainsi dire , & le Méchanisme d'un homme accoutumé à faire de bons Vers. Mais cet (ʃ) *Esprit Divin ,* selon l'expreſſion d'Horace , cette
flâme féconde qui échauffe & qui vivifie , je
ne l'y trouve plus. Ou si j'en aperçois encore
quelques traces , ce n'est qu'une vaine lueur
réfléchie du feu de la *Henriade ,* qui a plus d'é-
clat que de chaleur & de vivacité. Transcri-
vons quelques endroits ressemblans de ce dernier Ouvrage.

Descri-

(r) *Peut-être* avant l'action.
  Sans doute *après.*
(s) *Ingenium cui sit , cui mens divinior, atque os
Magna sonaturum , des nominis hujus honorem.*
          Hor. Sat. 4. Lib. 1.

Description d'une Marche.

(t) Des nuages épais que formoit la pouſſiére,
Du Soleil dans les champs déroboient la lumiére;
Des Tambours, des Clairons, le ſon rempli d'hor-
    reur,
De la mort qui les ſuit étoit l'avant-coureur :
Tels des Antres du Nord échapés ſur la terre,
Précédés par les vents, & ſuivis du tonnerre,
D'un tourbillon de poudre obſcurciſſans les airs,
Les orages fougeux parcourent l'Univers.

Choc de deux Armées.

(u) Sur les pas des deux Chefs alors en même-tems,
On voit des deux Partis voler les Combattans.
Ainſi lorſque des Monts ſéparés par Alcide
Les Aquilons fougueux fondent d'un vol rapide;
Soudain les flots émus de deux profondes mers,
D'un choc impétueux s'élancent dans les airs;
La terre au loin gémit, le jour fuit, le Ciel gronde,
Et l'Affricain tremblant craint la chûte du Monde.

Description de la Mêlée.

(x) On ſe mêle, on combat; l'adreſſe, le courage,
Le tumulte, les cris, la peur, l'aveugle rage, Le

(t) *Henriade* 6.
(u) *Ibid.* 8.
(x) *Ibid.*

Le defefpoir, la mort, l'ardente foif du fang,
Par-tout, fans s'arrêter, paffent de rang en rang.

. . . .

La Nature en frémit, & ce rivage affreux
S'abreuvoit à regret de leur fang malheureux.

Autre.

(y) Alors on n'entend plus ces foudres de la Guerre
Dont les bouches de bronze épouventoient la terre.
Un farouche filence, enfant de la fureur,
A ces bruïans éclats fuccéde avec horreur.
D'un bras déterminé, d'un œil brûlant de rage,

. . . .

Les Affiégeans furpris font par-tout renverfés,
Cent fois victorieux, & cent fois terraffés.
Pareils à l'Océan pouffé par les orages,
Qui couvre à chaque inftant, & qui fuit fes Rivages.

J'avertis ici, que pour que la comparaifon fut exacte de tous côtés, il faudroit lire de fuite dans la Defcription de la Bataille d'Ivry, ces morceaux épars que je raffemble, fi l'on veut y trouver ce fil & ce progrès d'une Action intéreffante que je n'aperçois point dans celle de Fontenoy. En fecond lieu, ce qui eft impoffible, il faudroit aporter à la lecture d'un événement arrivé il y a plus de cent cinquante

(y) *Henriade* 6.

te ans, les mêmes difpofitions que l'on doit
avoir naturellement pour un événement qui
nous touche & dont nous faifons partie. N'ai-
je donc pas lieu de me plaindre, fi malgré
tous ces défavantages, des lambeaux décou-
fus, font non-feulement plus brillans, mais
portent encore les marques des ornemens que
l'on leur a dérobés, pour déguifer fa pauvreté? Et ne difons pas que les mêmes fituations
auront amené le même tour, & fait naître les
mêmes idées. On avoit fait bien des defcriptions de Batailles avant que vous fiffiez celle
de *Narva*, dans l'hiftoire de Charles XII. &
fans doute que quand vous ferez arrivé à cet
endroit de la Vie de notre Grand Monarque,
vous retrouverez encore de nouvelles couleurs pour celle de *Fontenoy*.

Mais pourfuivons. La chofe deviendra encore plus fenfible dans la fuite. La defcription
d'une bayonnette n'eft point une matiére plus
Poëtique que celle d'un Combat de Dragons
Quelle différence cependant dans l'exécution
de l'une & de l'autre! Voici la première.

(z) Au moufquet réuni, le fanglant coutelas,
Déja de tous côtés porte un double trépas.
Cette Arme que jadis, pour dépeupler la terre,
Dans Bayonne inventa le Démon de la guerre,
                                      Raffic

(z) *Henriade* 8.

Raſſemble en même-tems, digne fruit de l'Enfer,
Ce qu'ont de plus terrible & la flâme & le fer.

L'uſage, l'origine, le nom même, tout eſt
peint, tout eſt annobli. Voici la ſeconde.

(*a*)Chévreuſe à cette attaque *horrible & meurtriére,*
Fait voler cette Troupe *& ſi promte & ſi fiére ,*
Qui tantôt de *pié ferme ,* & tantôt *en courant ,*
Donne de deux Combats le ſpectacle effraïant.

La comparaiſon des Chaſſeurs Numides ,
vaut-elle celle des chiens de Chaſſe qui pour-
ſuivent un ſanglier ? Voici les Chaſſeurs.

(*b*) C'eſt ainſi que l'on voit dans les champs des
      Numides
Différemment armés des Chaſſeurs intrépides ;
Les Courſiers écumans franchiſſent les guérets ;
On gravit ſur les monts , *on* borde les forêts ;
L'un *attend* , l'autre vole , & *de ſang ſont trempées,*
Les flèches , les épieux , les lances , les épées ;
Et les *Lions* ſanglans percés *de coups divers ,*
D'affreux rugiſſemens font retentir les airs.

Voici la comparaiſon des chiens. Comparaiſon d'autant plus ingénieuſe , que vous ne
pouviez pas ſeulement nommer ces animaux
                                        qui

(a) *Poëme de Fontenoy.*
(b) *Ibid.*

qui en font le fujet. Mais que vous les avez heureufement exprimés !

(c) Tels au fond des forêts précipitant leurs pas,
Ces animaux hardis, nourris pour les combats,
Fiers efclaves de l'homme, & nés pour le carnage,
Preffent un Sanglier, en raniment la rage,
Ignorans le danger, aveuglés, furieux,
Le Cor excite au loin leur inftinct belliqueux;
Les antres, les rochers, les monts en retentiffent.

Oppofons maintenant le portrait que vous faites des Courtifans à celui que vous en aviez déja fait dans la Henriade. Voici celui de la Henriade.

(d) Des Courtifans François tel eft le caractére,
La paix n'amolit point leur valeur ordinaire;
De l'ombre du repos ils volent aux hazards;
Vils flâteurs à la Cour, Héros au champ de Mars.

Voici celui de la Bataille de Fontenoy.

(e)Comment ces Courtifans, *doux, enjoués, aimables,*
Sont-ils dans les combats des Lions indomtables?
Quel mélange *étonnant* de graces, de valeur?
Décidez

(c) *Henriade* 6.
(d) *Ibid.* 3.
(e) *Poëme de Fontenoy.*

Décidez vous-même, Monſieur, entre ces enfans de votre imagination, & jugez ſi les cadets ſont dignes de leurs aînés. Je n'ai garde de dire de vous, après vous avoir comparé à vous-même, ce que vous dites de Pradon après l'avoir comparé à Racine; (ƒ) mais je vous avouë que je n'aime pas voir un grand génie ſe replier ainſi ſur lui-même, ſur-tout lorſque les ſeconds efforts ne ſont point au-deſſus des premiers. Ne vous fiez pas trop, Monſieur, ſur votre réputation. Une grande réputation eſt un gros patrimoine, que des dépenſes inconſidérées peuvent diſſiper. Il eſt permis tout au plus de dépenſer ſon revenu, mais jamais d'en riſquer le fonds. Eſt-ce vous ménager vous-même, ou reſpecter le Public, que de le rendre le témoin & le confident de vos (g) corrections? Ce n'eſt pas la première fois, je le ſais, que par d'heúreuſes métamorphoſes, la pierre brute eſt devenuë entre vos mains un diamant précieux. Mais j'en croirai Waller (h) après Horace, & je dirai avec tous les

(f) *Préface de Mariamne.*

(g) En huit jours on a fait cinq Editions différentes, toutes changées, augmentées, abregées & retranchées du Poëme & des Notes inſtructives ſur la Bataille de Fontenoy. Les Commentateurs futurs des Ouvrages de Mr. de Voltaire ſeront bien èmbaraſſés un jour à concilier enſemble toutes ſes Variantes.

(h) Waller au Comte de Roſcommon.

les deux que *les plus grands Auteurs perdroient beaucoup de l'eftime que nous avons conçuë pour eux, fi nous pouvions apercevoir ce que dérobent à nos yeux leurs prudentes ratures.*

Après vous avoir vengé de l'injure Poëtique que vous vous faites à vous-même, je vais préfentement vous attaquer fur celle que vous faites aux autres.

L'Anglois eft abattu.

Dites-vous,

Et la férocité le céde à la vertu.

C'eft remplir, ce me femble, affez exactement les fonctions de la Chevalerie errante, que de vouloir ainfi vous attaquer & vous défendre tour-à-tour *envers & contre tous.* Mais ceci s'adreffe à l'Hiftoriographe de France.

De tous les préjugés les plus injuftes, & même les plus honteux, font ceux qui tombent fur des Nations entiéres. Eft-il croïable que le délicat Bouhours ait demandé férieufement s'il étoit poffible qu'un Allemand eût de l'efprit, & s'il ne l'a pas fait férieufement, où eft le mot pour rire ? (i) J'ai été pénétré de douleur quand j'ai lû pour la premiére fois

dans

_____

(i) *Entret. Arift. & Eugene.*

dans les Mémoires de M. *du Gué* (k) que ce grand homme avoit naturellement de l'averſion pour un Anglois. Je ne me ſuis réconcilié avec lui que lorſqu'il avouë que c'étoit une foibleſſe dont il n'étoit pas le maître. Après la bravoure, dit Mr. de Tourreil, il n'y a rien de plus brave que l'aveu de la poltronnerie.

La rivalité des deux Peuples eſt auſſi ancienne que les deux Monarchies. Différentes cauſes & différens intérêts ont ſervi à la nourrir & à la fomenter de ſiécle en ſiécle. Mais je ne vois pas ce qui a pû donner occaſion au reproche de *férocité* aux Anglais, reproche même qui eſt plus nouveau qu'on ne penſe, à moins qu'on ne s'imagine que la *fureur* & la *férocité* des anciens Normans ait paſſé chez eux avec Guillaume le Conquérant. Auſſi-bien une fameuſe Satyre Angloiſe (*l*) leur reproche de n'être tous aujourd'hui que des François, c'eſt-à-dire, des Normans.

Les Anglois ſe battent bien, il enſanglantent ſouvent le Théâtre, ils mangent la viande moins cuite qu'en France; donc les Anglois ſont ſanguinaires; donc ils ſont *naturellement féroces*, comme dit Mr. Fléchier; donc ils ſont *farouches* & *inhumains*, comme le

(k) Voïez les Mémoires de Duguétrouin.
(l) *But that the Sword Should be ſo Civil*
 To make a Frenchman Engliſh-thatʾs the Devil.
 True-born Engliſhman.

Tome VI.　　　　　　　　　T

le prétend Mr. de Voltaire. Je pardonnerois
à un Historien prévenu ou mal instruit, à un
Ecrivain de parti, de mettre sur le conte de
la férocité des Anglois, la valeur qu'ils ont toujours montrée depuis l'intrépide résistance
qu'ils ont faite autrefois à tous les efforts de
Jules César, jusqu'à leur défaite à Fontenoy
par L o u i s XV. Je consens qu'un Géographe
oisif qui s'est mis en tête de caractériser tous
les Peuples de l'Univers, & qui dans trois
lignes prétend avoir tracé les mœurs de toutes les Bourgades de la France & de toutes
les Provinces de la Chine ; je consens, dis-je,
qu'un pareil Ecrivain en faisant sa ronde distribuë aux Anglois cinq ou six Epithetes hazardées, qu'il apliquera peut-être avec autant
de raison deux pages après aux Peuples de la
Laponie & du Japon. (*m*) Mais lorsque Mr. Fléchier, devant l'Auditoire le plus poli & le
plus respectable de l'Univers, trouve le moïen
de relever la modération & l'humanité de Mr.
de Turenne, parce qu'*à la Bataille des Dunes
on le vit arracher les armes des mains des Soldats
étrangers, qu'une férocité naturelle acharnoit sur
les vaincus ;* lorsque Mr. de Voltaire, le parti-
san déclaré des Anglois, est le premier à les
taxer d'être *farouches, feroces*, & *inhumains*, ces
paroles dans leurs bouches ont trop l'air d'une
opinion

(m) *Oraif. Funeb. de Mr. de Turenne.*

opinion reçûë & établie pour ne pas mériter qu'on en recherche l'origine. Et quel mal y auroit-il si l'on venoit à découvrir qu'elle est mal fondée ? Ne seroit-ce pas autant de gagné pour la vérité & pour la nature ? Commençons d'abord par Mr. Fléchier & par le récit Historique de cette fameuse Bataille des Dunes. Il servira peut-être à jetter du jour sur cette matiére.

Selon le Traité fait entre le Roi & Cromwel, les François devoient conquérir cette place, alors entre les mains des Espagnols, pour la remettre aux Anglois. Milord Lockart, à la tête de six mille hommes de sa Nation, se joignit aux Troupes du Vicomte de Turenne, tandis qu'une flotte Angloise de vingt Vaisseaux fermoit l'entrée du Port, & battoit la Ville du côté de la Mer. Le secours commandé par Dom Jean d'Autriche & le Prince de Condé ne fut pas long-tems à paroître. Les Assiégeans sortirent de leurs lignes & allérent rencontrer les Espagnols auprès *des Dunes*. Le principal effort tomba sur les Anglois. Ils le soutinrent avec une valeur ou plûtôt une *furcur* & une *férocité* incroïable. Ce qui les animoit étoit la vûë des Ducs d'York & de Glocestre fils de l'infortuné Charles premier, qui commandoient dans l'Armée Espagnole un Corps de leurs fidèles Sujets, & venoient venger sur ces Rebelles le meurtre

T 2   de

de leur pere. Leurs efforts furent inutiles,
auffi-bien que ceux de Dom Jean & du Prince
de Condé. Dom Jean avoit mis pié à terre,
& la pique à la main, il fe mêloit parmi les
Bataillons Ennemis; & pour le Prince de
Condé, lors même qu'il fallut fe retirer, il
ne le fit que le dernier, & couvert de fang &
de poufliére, il faifoit face de tous côtés &
arrêtoit dans fa retraite ces Vainqueurs furieux.

La Ville cependant ne fe rendit point pour
cela, elle ne fut furprife que quelques jours
après : le brave Marquis de Leyde, qui en
étoit Gouverneur, aïant été tué à une vigou-
reufe fortie qu'il fit à la tête de prefque toute fa garnifon. Le Roi, qui avoit été témoin
de la Bataille & du Siége, prit poffeffion de
la Ville & la remit entre les mains de Lockart pour Cromwel. Telle fut l'iffuë du fameux Siége de Dunquerque & de la Bataille
des Dunes, l'une des plus mémorables dont
l'Hiftoire faffe mention, par les actions de
valeur qui s'y firent, par la qualité des perfonnes qui y affiftérent, & par la fingularité
de l'entreprife. Un Roi de France qui fait la
Conquête d'une de fes plus fortes Places &
d'un des plus beaux Ports de fon Roïaume
par fa fituation, pour les remettre entre les
mains des Anglois & d'un vil ufurpateur,
l'héritier préfomptif de la Couronne d'Angleterre

gleterre qui risque sa vie mille fois pour l'empêcher d'en venir à bout. Des Sujets traîtres
& rebelles combattant contre le sang de leur
Roi : un Prince du Sang de France attaquant &
défiant le sien. Dom Jean d'Autriche forçant &
abbattant tout devant lui avec la vigueur & la
vivacité Françoise : Mr. de Turenne avec tout le
flegme & la sagesse Espagnole disposant tout
de sang froid dans la chaleur même de l'action : enfin un grand Roi, accompagné de son
Frere & de son principal Ministre, témoin de
cette grande action & animant également ses
Sujets & ses Ennemis par sa présence.

Je me suis arrêté à dessein sur le détail de
cet événement, parce que j'ai crû y remarquer quelques traits ressemblans à celui du
11. de Mai. Il est aisé d'en conclure que ce
qui a donné lieu au reproche de *férocité*, étoit
les spectacles affreux que les Anglois venoient
de donner à tout l'Univers. Trois Roïaumes
pendant soixante ans teints du sang de leurs
propres Habitans, un Roi & une Reine con-
duits sur un échaffaut, étoient des choses qui
faisoient frissonner la Nature & qui devoient
attirer à bon droit aux coupables Auteurs de
ces crimes des noms encore plus forts que
ceux de féroces & de barbares. Mais ce reproche après tout n'auroit-il pas dû tomber
plûtôt sur les tems que sur la Nation en général ? En bonne foi, les François d'alors

T 3   étoient-

étoient-ils bien fages ? Ne pourroit-on point dire qu'un efprit de vertige s'étoit emparé de tous les Peuples de l'Europe ? Ou plûtôt ne faudroit-il pas dire, que (*n*) Dieu *avoit permis aux vents & à la mer de gronder & de s'émouvoir, & que la tempête s'étoit élevée ?* La nouvelle de la mort de Charles premier arriva à Paris le jour même des Barricades, & ne fervit pas peu à rallentir la *fureur* & la *férocité* du Peuple.

Mais pourquoi les Anglois, dira-t'on, ont-ils toujours aimé & aiment-ils encore le fang & les chofes atroces fur la fcène ? Ecoutons là-deffus l'opinion d'un Etranger défintéreffé, opinion adoptée par le nouveau Traducteur de leur théâtre. » Les Anglois, dit (*o*) Mr. » *Ricoboni,* font doux, humains, polis mê- » me; mais communément penfifs à l'excès, » le fond de leur caractére eft de fe plonger » dans la (*p*) rêverie. Si l'on donnoit fur » leur Théâtre des Tragédies dans le goût » des meilleures & des plus exactes, c'eft-à- » dire, de celles qui font dénuées de ces hor- » reurs, qui fouillent la fcène par le fang, les
fpecta-

(*n*) *Fléchier, Oraif. Funeb. Thellier.*
(*o*) *Réflex. fur différens Théât. de l'Europe.*
(*p*) Les Anglois penfent profondément, *dit la Fontaine,*
Même les chiens de leur féjour
Ont meilleur nés que n'ont les nôtres.

» fpectateurs s'endormiroient peut-être. L'ex-
» périence que les premiers Poëtes dramati-
» ques auront faite de cette vérité, les aura
» obligés à établir ce genre de Tragédie, pour
» les faire fortir de leurs rêveries par des
» grands coups qui les réveillent.

On peut rendre la même raifon de quelques autres ufages affez communs à Londres,
comme les combats des coqs, des Gladia-
teurs, &c. Voici ce qu'en dit *Mr. l'Abbé du*
Bos, dans fon excellent Livre de *Réflexions Cri-*
tiques fur la Poëfie & fur la Peinture. Son témoignage eft d'autant plus refpectable, qu'il joi-
gnoit à un goût exquis, une expérience aqui-
fe dans prefque toutes les Cours de l'Europe,
& un fond de raifon & de droiture, qui ont
mérité qu'une grande Princeffe le chargeât
de foutenir fes intérêts au fameux Congrès
d'Utrecht.

(*q*) » Nous avons, dit-il, dans notre voi-
» finage un Peuple tellement avare des fouf-
» frances des hommes, qu'il refpecte encore
» l'humanité dans les plus grands fcélérats. Il
» a mieux aimé que les criminels échapaffent
» fouvent aux châtimens, que l'intérêt de la
» fociété civile demande qu'on leur faffe fu-
» bir, que de permettre qu'un innocent pût
être

(q) *Réflex. Critiques fur la Poëfie & la Pein-*
ture, Tom. I. fect. 2.

T 4

» être jamais expofé à ces tourmens dont les
» Juges fe fervent dans les autres Païs Chré-
» tiens pour arracher aux accufés l'aveu de
» leurs crimes. Tous les fupplices dont il per-
» met l'ufage, font de ceux qui tuent les con-
» damnés, fans leur faire fouffrir d'autre pei-
» ne que la mort. Néanmoins, ce Peuple fi
» refpectueux envers l'humanité, fe plaît in-
» finiment à voir les bêtes s'entre-déchirer.
» Il a même rendu capables de fe tuer ceux
» des animaux à qui la nature a refufé des
» armes qui puffent faire des bleffures mortel-
» les à leurs femblables; il leur fournit avec
» induftrie des armes artificielles qui bleffent
» facilement à mort. Le Peuple dont je parle
» contemple encore avec tant de plaifir des
» hommes païés pour cela, fe battre jufqu'à
» fe faire des bleffures dangereufes, qu'on
» peut croire qu'il auroit de véritables Gla-
» diateurs à la Romaine, fi la Bible défen-
» doit un peu moins pofitivement de verfer
» le fang des hommes, hors le cas d'une ab-
» foluë néceffité.

Ce font les loix d'un Païs qui font foi de
fon caractére; il n'y en a point où la vie des
hommes foit plus ménagée qu'en Angleterre.
Mais le Suicide n'y eft-il pas commun ? A cela je réponds, que quand il feroit auffi commun qu'on l'imagine d'ordinaire, cela ne
concluroit rien. Ceux qui font les plus pro-
digues

digues de leur propre vie, ne le font pas
pour cela de celle des autres. Les Romains
qui fe tuoient fi volontiers, avoient des loix
on ne peut pas moins fanguinaires. Cicéron
fut taxé pour avoir fait *mourir* les conjurés de
Catilina. Enfin, il n'y a pas jufqu'aux voleurs
Anglois qui ne foient plus honnêtes & plus
courtois, pour ainfi dire, que par-tout ailleurs; car en prenant la bourfe, il n'attentent
jamais à la vie.

Qui a donc pû engager Mr. de Voltaire,
témoin de tous ces ufages, connoiffant les Anglois & l'Angleterre, où il a été fi fêté, à venir
aujourd'hui les traiter de *féroces*, de *farouches*,
& *d'inhumains?* Que les tems font changés! Où
eft le tems, Monfieur, que fur la mort (*r*)
d'une Comédienne, vous attaquiez le facré &
le profane pour les louer? Que vous plaignant

> Que le foible François s'endormoit fous l'empire
> De la fuperftition.

Vous demandiez,

> Quoi! N'eft-ce donc qu'en Angleterre
> Que les mortels ofent penfer?
> Exemple de l'Europe, ô Londres! *heureufe terre*,
> Ainfi

(*r*) *Sur la Mort de Mademoifelle le Couvreur.*

T 5

Ainſi que vos *Tyrans* vous avez ſçu chaſſer
Les *préjugés honteux* qui nous livrent la guerre.

Vous trouviez, que

Quiconque a des talens, à Londres eſt un gran
homme,
Le génie étonnant de la Gréce & de Rome,
Enfant de l'abondance & de la liberté,
Semble après deux mille ans chez eux reſſuſcité.

Et vous adreſſant à Mademoiſelle Sallé
qui étoit alors en Angleterre, vous lui diſie

Dans tes nouveaux ſuccès reçois avec mes vœu
Les applaudiſſemens d'un *Peuple reſpectable*,
De ce Peuple puiſſant, fier, libre, *généreux*,
Aux malheureux propice, aux beaux Arts favor
ble;
Du Laurier d'Apollon dans nos ſtériles Champs,
La feuille négligée eſt déſormais flétrie.
Dieux! pourquoi mon Païs n'eſt-il plus la Patrié
Et de la Gloire & des Talens?

Pour tout Commentaire à cette belle tira
de, je vous renvoïe à la Fable de la Chauve
Souris (*s*) de la Fontaine; pourvu cependan
qu'ell

(*s*) Moï, Souris! Des méchans vous ont dit ce
nouvelles.
Je ſuis Oiſeau, voyez mes aîles;
Vive la gent qui fend les airs.

. . . .   Qu

qu'elle ne soit pas une de celles que vous avez *déchiré* avec *le gros Recueil*.

Dans le glorieux emploi dont je me suis chargé, *de redresser les torts des Nations affligées*, je me trouve naturellement dans un grand embarras, parce qu'en épousant leurs intérêts, je dois prendre aussi leur caractére, & jouer, pour ainsi dire, leur personnage, & que dans ce cas, la raison qui voudroit que vous aïez tort, ne me permettroit pas tout-à-fait d'avoir raison. Tel est l'endroit où, quand l'*Anglois est abattu*, vous faites venir,

Clare, avec l'Irlandois, qu'animent nos exemples.

Voïons quel biais nous pourrons donner à la chose, pour vous faire concevoir ce que je veux dire.

À la fameuse Journée de Crémone, où cette Ville fut, pour ainsi dire, arrachée des mains du Prince Eugène, qui s'en étoit rendu maître la nuit par surprise, deux Régimens Irlandois se distinguérent beaucoup. Mr. de Mahoni, Capitaine, dans un de ces Régimens, fut dépêché par Monsieur de Revel pour porter

ter

Qui fait l'Oiseau ? C'est le plumage.
Je suis Souris. Vivent les Rats.
Jupiter confonde les Chats. *Voyez Fables de la Fontaine.*

T 6

ter au Roi la nouvelle de cette glorieuse affaire; il s'acquitta de fa Commiſſion en homme d'eſprit, & n'omit rien de tout le détail, excepté les louanges qui pouvoient naturellement tomber ſur ſa petite Troupe.
Monſieur, lui dit Louïs XIV. avec cet air de
grandeur & de bonté, qu'il ſavoit ſi bien mê-
ler enſemble, *vous ne me dites rien de mes Ir-*
landois, vos braves Compatriotes ? SIRE, répondit Mr. de Mahoni, *ils ont ſuivi l'exemple*
des Sujets de Votre Majeſté. Il apartenoit à la
modeſtie de Mr. de Mahoni de répondre
ainſi; & il apartenoit auſſi à la grandeur d'a-
me du plus Grand des Monarques de lui faire
cette queſtion obligeante, & de lui donner
des marques de la ſatisfaction qu'il avoit de
ſes ſervices, auſſi-bien qu'à tous les Officiers
qui s'étoient diſtingués, & dont quelques-uns
vivent encore aujourd'hui.

Je crois qu'à préſent vous devinez à peu
près ce que je ne voulois pas vous expliquer
tout à l'heure. Eh bien, Monſieur, je ſuis devenu plus hardi; & j'oſe maintenant vous dire,
ſans crainte d'en être démenti, que pour ſervir le Roi, & pour mourir ſous ſes yeux, les
Irlandois n'ont beſoin de l'exemple de perſonne, & qu'ils ne le céderont pas même aux
Sujets naturels de Sa Majeſté.

Une choſe que perſonne n'a pû comprendre dans votre Poëme, c'eſt la raiſon pourquoi

quoi vous faites venger par les Suiffes la mort de Mr. le Chevalier *Dillon*. Eft-ce que vous feriez affez peu au fait de l'Hiftoire du Païs pour ignorer qu'il étoit Irlandois ? ou , ce qui paroît plus vrai-femblable , feroit - ce qu'inftruit des Exploits du Pere , vous auriez été tellement jaloux de la gloire du Fils , que ne vous fiant pas affez de fa vengeance , à fes Compatriotes , vous en auriez chargé les Suiffes ? Eh , pourquoi envier à fon Régiment , & même à près de quatre - vingt Officiers , & quatre cent Soldats de la Brigade , la gloire d'être morts pour le Roi , & pour lui ?

Je rends juftice de tout mon cœur à la fageffe , la probité & la valeur des Suiffes ; & je fuis perfuadé que ce Peuple généreux rend la pareille à des Etrangers qui fervent comme eux fous les Drapeaux de la France. Mais permettez-moi , Mr. de vous faire remarquer qu'il n'étoit pas poli , après avoir animé les Irlandois par l'exemple des François , de faire remarquer tout de fuite que les *heureux Helvétiens* étoient *nos antiques amis & nos Concitoïens.* Selon toutes les régles de la Grammaire & de la Logique , cette Phrafe eft exclufive pour la précédente.

Apparemment que vous avez cherché à réparer par-là l'opprobre que vous avez jetté fur cette Nation refpeɑable , lorfque vous les appeliez la Henriade des

Bar-

Barbares dont la Guerre eſt l'unique Métier, (t)
Et qui vendent leur ſang à qui veut le païer.

Il eſt inutile de diſtinguer dans une Note
les Suiſſes d'aujourd'hui, des Suiſſes du tems
de la Ligue; car puiſque les Suiſſes d'aujour-
d'hui, comme ceux de ce tems-là, ſervent
dans différens Roïaumes de l'Europe, vous
laiſſez dire d'eux, que *la Guerre eſt leur uni-*
que Métier, & qu'ils vendent leur ſang à qui
veut le païer. Une inſulte qui a beſoin d'une
Note pour la réparer, eſt une bleſſure qui
demande une emplâtre. Je ſuis charmé, *en*
faiſant ma ronde, d'avoir occaſion de *rendre*
juſtice à un Peuple que j'honore & qu'on attaque injuſtement.

Mais qui vous a chargé, Monſieur, d'ex-
clure les Irlandois d'être *nos antiques Amis, &*
nos Concitoïens? Si l'attachement & les ſervices
peuvent mériter ce titre, les Irlandois peuvent le diſputer aux Suiſſes. La diſpute ſera
glorieuſe pour les deux Nations, & tout l'honneur en retombera ſur la France. Ils ſe con-
ſoleront, en attendant, avec ce Philoſophe de
l'Antiquité, qui répondit à ceux qui lui demandoient, pourquoi on ne lui avoit point
dreſſé de Statuë dans la Place publique? *qu'il*
étoit plus glorieux pour lui qu'on demandât pour-
quoi

(t) *Henriade* 10.

quoi il n'en avoit point, que fi en ayant une, on venoit à demander pourquoi il l'avoit. Ignoriez-vous, Monfieur, de quelle façon les Irlandois fe font établis en France ? Ne fçavez-vous pas qu'un des Articles de la Capitulation de Limerik, la plus belle, felon le P. d'Orléans, qu'on vit jamais, un des Articles, dis-je de cette Capitulation, fut que toutes les Troupes qui tenoient encore pour le Roi d'Angleterre, pafferoient en France avec tous leurs effets ; & qu'en conféquence l'Efcadre de Mr. de Château-Renaud, y tranfporta feize mille hommes de Troupes, & un grand nombre de familles ? La glorieufe adoption que la France fit alors de ces Exilés volontaires, ne leur donne-t'elle pas droit de fe regarder, non-feulement comme *Amis* & comme *Concitoïens*, mais encore comme *Enfans de la Nation ? Alors*, dit l'Auteur des Lettres Perfannes, *on vit une Nation entiére quitter fon païs, fans avoir d'autre reffource qu'un talent formidable pour la difpute.* Je n'ai garde d'enlever aux dignes Suppôts *des Prolegoménes de la Logique*, cette ardeur pour les Combats de l'Ecole, & cette force de poumons qu'ils ont fait briller plus d'une fois avec avantage, dans plus d'une Univerfité ; mais j'oferois prefque affurer que les feize mille hommes qui s'embarquérent avec Mr. de Château-Renaud, & qu'on pourroit légitimement appeller *la Nation,*

tion, ne savoient guéres s'escrimer de la langue.

Ce fut donc en 1691. que les Irlandois cessèrent d'avoir une Patrie. Depuis ce tems, répandus dans tous les Roïaumes de l'Europe, à la richesse près, ils ressemblent assez aux Juifs. Dispersés de tous côtés, ne faisant cependant qu'une grande famille, quand ils se retrouvent, ils se rapellent encore le souvenir de Sion, & soupirent après les rives du Jourdain.

Tels sur les murs fumans d'Ilion mis en cendre,
Les Peuples consternés des rives du Scamandre,
Les yeux mouillés de pleurs se demandoient entre
    eux :
Où donc est cette Ville, en beautés si féconde,
La Reine des Cités, la Maîtresse du Monde,
Le berceau des Héros, & l'azile des Dieux?
Par des chants immortels, au gré de mon envie,
Que ne puis-je exalter ce peuple malheureux,
Né pour aimer ses Rois, & pour mourir pour eux:
Dans le champ de l'honneur, fier d'exposer sa vie,
Conquérant au-dehors, Esclave en sa Patrie,
Favori des neuf Sœurs, généreux, vaillant, (*u*)
                      En

(*u*) Le Comte de Roscommon, Congreve, Swift, &c. pour la Littérature; Boyle pour la Phisique; Ussérius pour la science universelle, & mille autres.

En tous lieux exilé, mais par-tout triomphant.
Oui, si les meilleurs Vers devoient leur origine
Au feu que d'un beau zèle allument les flambeaux,
Je défirois les Dieux de la double colline,
Et jamais Apollon n'en feroit de si beaux.

Mais n'admirez-vous pas la confiance avec
laquelle je vous présente mes Vers, après
avoir osé attaquer les vôtres ? C'est qu'il est
d'une très-petite conséquence que j'en fasse
de mauvais ou de bons; au lieu qu'il ne vous
est pas permis d'en faire d'autres que d'excellens : & que c'est un crime de Lèze-Majesté
Poëtique d'abuser de son crédit & de sa réputation, pour faire passer la fausse-monnoïe
au lieu de la bonne.
Ah! si j'avois hérité de quelques étincelles
de ce feu sacré qui vous échauffoit quand
vous immortalisez le Grand Henri, vous me
verriez m'écrier dans un entousiasme plus
que Poëtique,

Pour chanter d'un grand Roi les exploits inouis,
Muses, réveillez-vous au seul nom de L O U I S;
Ne vantez point en lui l'éclat de sa Couronne,
C'est l'effet du hazard : pour être sur le Trône,
Du reste des Mortels on est peu distingué.
L O U I S fuit un éloge à d'autres prodigué.
Mais, dites que vaillant, généreux, doux, affable,

Roi

Roi fans faste & fans pompe, humain, tendre,
    équitable,
Capitaine, Soldat, & Monarque à la fois,
C'eft le Pere du Peuple, & l'exemple des Rois.
Jeune HEROS, cours, vole au fein de la Vic-
    toire, (*x*)
Va combattre & punir le belliqueux Germain.
Arrive, environné de l'éclat de ta gloire,
Pour confondre l'*Autriche*, & fixer fon deftin.
Laiffe parler ton nom, & fais taire ta foudre.
Montre-lui feulement pour la réduire en poudre,
Le Vainqueur de Fribourg, d'Ypres & de Menin,
Des aftres révoltés ainfi la Troupe altiére
Voulut du Dieu du Jour éclipfer la lumiére, (*y*)
Pour diffiper leur Ligue, il n'eut qu'à fe montrer,
Il parut : dans la nuit on les vit tous rentrer.

    J'ai l'honneur d'être, &c.

  (*x*) Le Roi eft arrivé à fon Armée la veille de la
Bataille qu'il a gagnée.
  (*y*) La Devife du Roi eft le Soleil.

LETTRE

DE

Mr. DE V···· A Mr. DE C····

MONSIEUR,

OUS avez vû, & vous pouvez ren-
dre témoignage, comment cette ba-
gatelle fut conçuë & exécutée. C'é-
toit une plaiſanterie de Société. Vous
y avez eu part comme un autre; chacun four-
niſſoit ſes idées, & je n'ai guéres eu d'autre
fonction que celle de les mettre par écrit.

Mr. de···· diſoit, que c'étoit dommage
que Bayle eût enflé ſon Dictionnaire de plus de
deux cens Articles de Miniſtres & de Profeſ-
ſeurs Luthériens ou Calviniſtes; qu'en cherchant l'Article de *Céſar*, il n'avoit rencontré
que celui de *Jean Céſarius* Profeſſeur à Cologne; & qu'au lieu de *Scipion*, il avoit
trouvé ſix grandes pages ſur *Gérard Scioppius.*
De-là on concluoit, à la pluralité des voix,
à réduire Bayle en un ſeul Tome, dans la Bibliothéque du Temple du Goût.

Vous m'aſſuriez tous, que vous aviez été
aſſez ennuïez en liſant l'Hiſtoire de l'Académie

mie Françaife ; que vous vous intéreffiez fort
peu à tous les détails des Ouvrages de Ba-
lefdens, de Porchéres, de Bardin, de Bau-
douin, de Faret, de Collet, de Cottin, &
d'autres pareils Grands-Hommes ; & je vous
en crus fur votre parole. On ajoûtoit, qu'il
n'y a guéres aujourd'hui de Femmes-d'Efprit
qui n'écrivent de meilleures Lettres que Vô-
ture. On difoit que St. Evremont n'auroit jamais dû faire de Vers, & qu'on ne devoit pas
imprimer toute fa Profe. C'eft le fentiment
du Public éclairé ; & moi qui trouve toujours
tous les Livres trop longs, & fur - tout les
miens, je réduifois auffi tous ces Volumes à
très-peu de pages.

Je n'étois en tout cela que le Secrétaire
du Public. Si ceux qui perdent leur caufe fe
plaignent, ils ne doivent pas s'adreffer à celui qui a écrit l'Arrêt.

Je fçai que des Politiques ont regardé cette innocente plaifanterie du Temple du Goût,
comme un grave attentat. Ils prétendent qu'il
n'y a qu'un mal-intentionné qui puiffe avancer, que le Château de Verfailles n'a que fept
croifées de face fur la Cour ; & foutenir que
le Brun qui étoit Premier Peintre du Roi, a
manqué de Coloris.

Des Rigoriftes difent qu'il eft impie de mettre des Filles d'Opéra, Lucréce, & des Docteurs de Sorbonne, dans le Temple du Goût.
Des

Des Auteurs auxquels on n'a point penſé, crient à la Satire, & ſe plaignent que leurs défauts ſont déſignez, & leurs grandes beautez paſſées ſous ſilence ; crime irrémiſſible, qu'ils ne pardonneront de leur vie ; & ils appellent le Temple du Goût un Libelle diffamatoire.

On ajoûte, qu'il eſt d'une ame noire de ne loüer perſonne ſans un petit correctif, & que dans cet Ouvrage dangereux nous n'avons jamais manqué de faire quelque égratignure à ceux que nous avons careſſez.

Je répondrai en deux mots à cette accuſation. Qui loue tout, n'eſt qu'un Flâteur : celui-là ſeul ſçait loüer, qui loüe avec reſtriction.

Enſuite, pour mettre de l'ordre dans nos idées, comme il convient dans ce ſiécle éclaïé, je dirai qu'il faudroit un peu diſtinguer entre la *Critique*, la *Satire* & le *Libelle*.

Dire que le *Traité des Etudes* eſt un Livre jamais utile, & que par cette raiſon même en faut retrancher quelques plaiſanteries & quelques familiaritez peu convenables à ce ſérieux Ouvrage ; dire que *les Mondes* eſt un Livre charmant & unique, & qu'on eſt faché d'y trouver que *le jour eſt une beauté blonde, & la nuit une beauté brune*, & autres petites douceurs ; voilà, je croi, de la *Critique*.

Que Deſpréaux ait écrit

——— Pour trouver un Auteur ſans défaut, La raiſon dit Virgile, & la rime Quinaut.

C'eſt

C'est de la *Satire*, & de la Satire même a[
fez injuste en tous fens, (avec le refpeɛt qu[
je lui dois :) car la rime de *défaut* n'eft poin[
affez belle pour exiger celle de *Quinaut* ; &[
il eft auffi peu vrai de dire que Virgile eft fan[
défaut, que de dire que Quinaut eft fans na[
turel & fans graces.

Les *Couplets de Rouffeau*, le *Mafque de L*[
verne, & telle autre horreur ; certains Ou[
vrages de Gacon ; voilà ce qui s'apelle u[
Libelle diffamatoire.

Tous les Honnêtes-gens qui plaifent, fo[
Critiques ; les Malins font *Satiriques* ; les Pe[
vers font des *Libelles* ; & ceux qui ont fait ave[
moi le Temple du Goût, ne font affurémen[
ni malins, ni méchans.

Enfin, voilà ce qui nous amufa pendant pl[
de quinze jours. Les idées fe fuccédoient le[
unes aux autres ; on changeoit tous les foi[
quelque chofe, & cela a produit fept ou hu[
Temples du Goût, abfolument différens.

Un jour nous y mettions les Etrange[
le lendemain nous n'admettions que le Fran[
çais. Les Maffei, les Pope, les Bonon[
ont perdu à cela plus de cinquante Vers q[
ne font pas fort à regretter. Quoiqu'il en foi[
cette plaifanterie n'étoit point du tout fai[
pour être publique.

Une des plus mauvaifes & des plus infidé[
Copies d'un des plus négligez Brouillons [
ce[

ette bagatelle , aïant couru dans le monde ,
été imprimée fans mon aveu , & celui qui
a donnée , quel qu'il foit , a très-grand tort.
Peut-être fait-on plus mal encore de don-
er cette nouvelle Édition : il ne faut jamais
rendre le Public pour le confident des amu-
mens. Mais la fottife eſt faite , & c'eſt un
es cas où l'on ne peut faire que des fautes.

Voici donc une faute nouvelle , & le Pu-
lic aura cette petite Efquiffe , (fi cela même
eut en mériter le nom) telle qu'elle a été
ite dans une Société où l'on favoit s'amu-
r fans la reffource du Jeu , où l'on cultivoit
s Bellles-Lettres fans efprit de Parti , où l'on
moit la Vérité plus que la Satire , & où l'on
voit louer fans flâterie.

S'il avoit été queſtion de faire un Traité
u Goût , on auroit prié les de Côtes & les
aufrancs de parler d'Architecture , les Coy-
els de définir leur Art avec efprit , les Def-
uches de dire quelles font les graces de la
ufique , les Crébillons de peindre la ter-
ur qui doit animer le Théâtre. Pour peu
ue chacun d'eux eût voulu dire ce qu'il fait ,
ela auroit fait un gros *in-folio*. Mais on s'eſt
ntenté de mettre en général les fentimens
u Public , dans un petit écrit fans confé-
uence , & je me fuis chargé uniquement de
nir la plume.

Il me reſte à dire un mot fur notre jeune
No--

Noblesse , qui emploïe l'heureux loisir de
Paix à cultiver les Lettres & les Arts, bi
différente en cela des Augustes Visigots leu
Ancêtres , qui ne savoient pas signer leu
noms. S'il y a encore dans notre Nation si p
lie quelques Barbares & quelques Mauva
Plaisans qui osent désaprouver des occu
tions si estimables , on peut assurer qu'ils
feroient autant s'ils le pouvoient. Je suis tr
persuadé que quand un homme ne cul
point un talent , c'est qu'il ne l'a pas ; q
n'y a personne qui ne fit des Vers , s'il é
né Poëte , & de la Musique , s'il étoit
Musicien.

Il faut seulement que les graves Critiqu
aux yeux desquels il n'y a d'amusement
norable dans le monde que le Lansquenet
Biribi , sachent que les Courtisans de Lo
XIV. au retour de la Conquête de Holla
en 1672. danserent à Paris sur le Théât
Lulli dans le Jeu de Paume de Belleaire, a
les Danseurs de l'Opéra, & que l'on n'osa
en murmurer. A plus forte raison doit-
je crois, pardonner à jeunesse, d'avoir de
prit dans un âge où l'on ne connoissoit
la débauche.

Omne tulit punctum , cui miscuit utile dulci.

V.

Fin du Tome VI.

L A
VOLTAIROMANIE,
O U
LETTRE
D'UN
JEUNE AVOCAT,
EN FORME DE MEMOIRE,
E N

Réponse au Libelle du Sieur DE VOLTAIRE, *intitulé :* Le Préservatif, ou Critique des Observations sur les Ecrits Modernes.

AVERTISSEMENT.

L'On ne s'étoit proposé d'abord de ne donner que les Copies Collationnées des Piéces concernant la Voltairomanie, *qui font au* Tome VI. pag. 183. *des* Œuvres de Mr. de Voltaire ; *mais comme le* Préfervatif fur les Ecrits Modernes, pag. 283. *en eft le fujet , nous avons cru ne pas devoir l'omettre , non plus que la* Réponfe *d'un jeune* Avocat , *mife ici en Suplément , & par raport auffi à la dépendance de ces Piéces les unes des autres , dont celle-ci n'a pû être inférée dans les Tables, parce qu'elles étoient déjà imprimées.*

L A

LA
VOLTAIROMANIE,
OU
LETTRE
D'UN
JEUNE AVOCAT,
En forme de Mémoire,

En Réponſe au Libelle du Sieur DE VOLTAIRE, intitulé : *Le Préſervatif, ou Critique des Obſervations ſur les Ecrits Modernes.*

'ETOIT naturellement à M. l'Abbé Desfontaines à répondre au Libelle que Voltaire vient de publier contre lui. Mais le voïant, Monſieur, réſolu à ne jamais ſe départir de la douceur & de la modération qu'il a juſqu'ici fait paroître à l'égard

de ce Poëte, & confidérant d'ailleurs qu'il eſt
d'un âge & d'un caractére qui pardonnent
trop aiſément les injures, je me ſuis d'autant
plus volontiers chargé de ſa défenſe, que les
liens de l'eſtime, de l'amitié, & de la plus vive reconnoiſſance m'attachent à lui pour toujours. Trouvant aujourd'hui l'occaſion d'exercer, pour une ſi bonne cauſe, un foible talent, que j'ai conſacré depuis peu au Barreau,
je vais punir, ſeulement avec ma plume, un
homme accoutumé à être autrement païé de
ſes ſotiſes.

L'infâme Ecrit du Sieur Voltaire, dont le
Sceau eſt imprimé ſur chaque page & à chaque ligne, fait horreur à tous les gens de probité, & ne réjoüit que ſes ignobles Partiſans.
* Il ne manquoit plus que ce trait affreux à la
renommée d'un Ecrivain téméraire, pour qui
ni les mœurs, ni la bienſéance, ni l'humanité, ni la vérité, ni la Religion n'ont jamais eu
rien de ſacré. Son ignorance & ſa déraiſon ont
plus d'une fois donné des Scènes au Public ;
mais la Critique qu'il a inférée dans ſon Libelle, de quelques endroits des Ouvrages de

* Tel eſt le Poliçon, Editeur connu, & Colporteur intéreſſé, de toutes les rapſodies de Voltaire ;
un certain petit Abbé Normand, qui a eu le front de
porter le Libelle dont il s'agit, dans des Maiſons où
va l'Abbé D. F. en conſéquence de quoi le petit Abbé Normand a reçu défenſe d'y remettre le pied.

M. l'Abbé D. F. eſt preſqu'en tout ſi pitoïable & ſi folle, qu'on peut à peine la concevoir. Ce ſeroit donc perdre ſon tems que
d'entreprendre de la réfuter. Il ſuffit de dire,
que c'eſt un eſprit faux, en matiére de ſcien-
ce, comme en matiére de goût; & quelqu'un
a dit avec vérité, que tout ſon mérite bien ap-
prétié, étoit à peu près celui d'un Violon.

Quoique ſon dernier Libelle ſoit écrit (comme tout ce qu'il a publié juſqu'ici en proſe)
ſans jugement, ſans ſoin, ſans ſuite, ſans ſty-
le, & que toutes ſes petites objections ſoient
dépourvûës de lumiéres & de bon ſens, je ré-
pondrois peut-être à ce qui concerne le Littéraire, s'il ne s'étoit tout-à-fait rendu indigne de
cet honneur, par l'inſolence de ſa plume. D'ailleurs, comment raiſonner avec un homme, à
qui l'orgueil & la rage tiennent lieu de raiſon?

Un Écrivain un peu ſenſé ſe ſeroit-il livré à
de pareils excès? Quand M. l'Abbé D. F.
ſeroit tel, qu'il a l'audace de le dépeindre,
s'enſuivra-t'il que Voltaire eſt un honnête-
homme, & un grand Auteur? Paſſera-t'il
moins chez tous les connoiſſeurs pour ignorer abſolument le Théâtre, où il n'a jamais
été applaudi, que pour la vaine harmonie de
ſes pompeuſes tirades, & pour ſa hardieſſe ſa-
tyrique ou irréligieuſe. * Sa *Henriade* ſera-
t'elle

---

* V. avoüe au commencement de ſon Epitre à Madame

t'elle moins un cahos éblouïssant, un mauvais
tiſſu de fictions uſées, ou déplacées, où il y
a autant de proſe que de vers, & plus de fautes contre la langue que de pages ? Poëme
ſans feu, ſans invention, ſans goût, ſans génie. Son *Temple du Goût* ſera-t'il moins la pro-
duction d'une petite tête yvre d'orgueil ? Son
Charle XII. ne paſſera - t'il pas toujours pour
l'ouvrage d'un Ignorant étourdi, écrit dans le
goût badin d'une Caillette bourgeoiſe, qui
brode des avantures ? Mauvais Roman ! Encore les Romanciers ſe piquent - ils de ſuivre la
Géographie, & de ne point démentir les faits
connus. Ses *Lettres*, où il a oſé porter ſes
extravagances juſqu'à l'Autel, le tiendront-
elles moins éloigné de Paris toute ſa vie, dans
l'apréhenſion des recherches dangereuſes, or-
données par le ſage & juſte Arrêt du Parlement, qui a condamné ce monſtrueux Ouvrage au feu ? Malgré les déclamations & les
airs triomphans de ſa profonde ignorance, *les*
Elémens de la Philoſophie de Newton, ſeront-ils
jamais

dame du Châtelet, qui eſt de ſon *Alzire*, que cette
Piéce eſt un de ces Ouvrages de Poëſie, qui n'ont qu'un
tems, qui doivent leur mérite à la faveur paſſagere du
Public, & à l'illuſion du Théâtre, pour tomber en-
ſuite dans la foule & l'obſcurité. V. annonce ici lui-même le ſort de tous ſes Ouvrages. On ne dit rien de ſon
Plagiat ſcolaſtique & continuel : on ſait que ſes plus
beaux habits ſont de la friperie.

jamais autre chofe, que l'ébauche d'un Ecolier qui bronche à chaque pas, & qu'un livre ridicule dans l'une & l'autre édition prefque fimultanées : Livre, qui a rendu fon préfomptueux Auteur la rifée de la France & de l'Angleterre.*
Enfin, Voltaire fera-t'il moins un homme defhonoré dans la focïété civile, par fes lâches impoftures, par fes fourberies, par fes honteufes baffeffes, par fes vols publics & particuliers, & par fa fuperbe impertinence, qui lui a attiré jufqu'ici de fi flétriffantes difgraces ? †

Tout le monde fçait que M. l'Abbé D. F. n'a rien fait qui ait mérité la haine & la fureur du Sieur Voltaire. Il l'a toujours ménagé dans fes

---

* Il y a deux Lettres de Londres à ce fujet. Dans l'une, on mande que le Livre de V. fur la Philofophie de Newton, qu'il n'entend point, y eft fifflé comme à Paris : dans l'autre, *qu'il faut que Voltaire foit fou, au propre.*

† 1°. Le digne châtiment qu'il reçut à Séve, dans le tems de la Régence ; châtiment, dont il fe crut bien dédommagé par les mille écus que fon avarice reçut, pour confoler fon honneur. 2°. Le célèbre traitement de la Porte de l'Hôtel de Sully, en conféquence duquel il fut chaffé de France, pour les folies que cette noble baftonade lui fit faire. 3°. Baftonade encore à Londres, de la main d'un Libraire Anglois ; accident douloureux, qui lui fit folliciter vivement & obtenir la grace de revenir en France. C'eft ainfi que le même fléau qui l'en avoit fait fortir, l'y a fait rentrer, pour y effuïer plufieurs autres affronts d'une autre efpéce. Quand fera-t'il raffafié d'ignominies ?

V 4

fes Ecrits, & depuis même la publication de son injurieux Libelle, il a parlé de fa Tragédie de *Zaïre*, avec une politeffe & une honnêteté, à laquelle on n'avoit pas droit de s'attendre. Jamais le Stoïcifme n'a femblé porter fi loin l'infenfibilité. La modération & la charité conviennent à une perfonne de fon état ; mais fes amis ne font pas obligés aux mêmes égards envers un calomniateur.

N'eft-il pas bien étrange que celui qui jouë aujourd'hui un fi odieux rôle, à l'égard de deux perfonnes diftinguées dans la République des Lettres, je veux dire M. l'Abbé D, F. & l'illuftre Rouffeau, foit celui-là même qui a dit gravement dans la Préface de fa Tragédie d'*Alzire*. » Il eft bien cruel, bien hon-
» teux pour l'efprit humain, que la Littératu-
» re foit infectée de ces haines perfonnelles,
» de ces cabales, de ces intrigues, qui dé-
» vroient être le partage des Efclaves de la
» Fortune. Que gagnent les Auteurs, en fe
» déchirant cruellement ? Ils aviliffent une
» profeffion qu'il ne tient qu'à eux de ren-
» dre refpectable. Faut-il que l'art de pen-
» fer, le plus beau partage des hommes, de-
» vienne une fource de ridicule, & que les
» gens d'efprit, rendus fouvent par leurs qué-
» relles le jouet des fots, foient les bouffons
» du Public, dont ils dévroient être les
» Maîtres ? «

Quel

Quel Prothée que Voltaire ! Ne croiroit-
on pas en lifant ces paroles, que c'eft l'homme du monde le plus fage, le plus circonf-
peſt, le plus modéré ? Ne le prendroit-on
pas pour un Caton, pour un homme qui a
des mœurs, qui eſt à couvert des *haines perfonnelles*, & qui ne cherche qu'à rendre *refpectable* la profeſſion des Lettres? Ne s'imagine-t-on
pas qu'il eſt incapable de rien faire, qui puiſ-
fe lui attirer des réponfes, & le rendre le *joüet
des fots* ? Mais cet homme, qui afpire à être *le
Maître du Public*, & qui nous donne de ſi belles leçons, eſt le Philofophe de la Comédie,
qui débite la plus belle morale du monde fur
la douceur & la modération, & qui à l'inſtant
fe met en fureur fans fujet, & en vient aux
mains.

Comment n'a-t-il pas rougi de la feule idée
de l'horrible Lettre qui eſt à la fin de fon Libelle ? Croira-t-on que celui qui fait aujour-
d'hui un ſi honteux reproche à M. l'Abbé D.
F. eſt celui-là même, qui fit fon apologie il
y a 13. à 14. ans, & qui démontra dans un
petit Mémoire dreſſé par lui-même, la fauſſeté
& l'abfurdité de l'accufation ? Il le fit à la folli-
citation de feu M. le Préfident de Berniéres,
qui par complaifance le logeoit alors chez lui,
& que Voltaire ofe apeller fon *ami.* * Mais
par

* M. le Préfident de B. *ami* de Voltaire, petit-fils
V 5. d'un

par quel attachement , ou plutôt par quelle
aveugle partialité , & par quelle profufion de
loüanges , l'Abbé D. F. n'a-t'il pas païé pendant
10. ans un fervice , qui n'avoit été du côté de
Voltaire qu'une déférence aux volontés de fon
Hôte & de fon bienfaiteur ?

Une réflexion critique , mais honnête & polie , fur la Tragédie ébauchée de *la Mort de
Céfar* , & un leger Badinage fur le *Temple du
Goût* , ont été érigez par Voltaire en traits horribles de noirceur & d'ingratitude. Mais s'é-
tant plaint à l'Abbé D. F. même , par une Lettre particuliére , & de la *Réflexion* & du *Badinage* , on lui a donné fur cela toute la fatisfaction qu'il pouvoit fouhaiter. Il en a été
très-content , & il l'a écrit à l'Abbé D. F. en
1735. dans les termes les plus affectueux &
les plus expreffifs. * Cependant 15. jours après
la datte de cette Lettre d'amitié & de récon-
ciliation parfaite , il s'avife d'infulter l'Abbé
D. F. dans le *Mercure*. On lui demande honnêtement la caufe de ce changement fubit:
Nulle réponfe. Il continuë d'infulter l'Abbé
D. F. par de mauvaifes épigrammes qu'il fait
courir.

d'un Païfan ! La profeffion d'hommes de Lettres eft bien
avantageufe. Cet *ami* le chaffa de chez lui. en 1726.
après fon difcours infolent dans la Loge de la Demoi-
felle le Couvreur.
* La Lettre de V. à ce fujet , eft imprimée dans les
Obfervations, tom. 5.

courir. On fe tait ; on méprife l'injure : il re-
double ; la patience de l'Abbé D. F. l'enhardit, & il pouffe l'affront jufqu'à l'excès dans
des imprimés fcandaleux.

Après cela, il a la folie de prétendre avoir
encore des droits fur le cœur de l'Abbé D.
F. Ignore-t'il qu'il eft de principe dans la fociété, que les offenfes éfacent les bons ofices ?
A plus forte raifon, quand l'offenfe eft très-
grande, & que le bon ofice n'eft qu'une juftice renduë, & renduë en confidération d'un
Bienfaiteur dont on dépend. Voltaire, logé
& nourri chez le Préfident de Berniéres, allié de M. l'Abbé D. F. * avoit-il pû fe difpen-
fer de faire ce qu'il fit ?

Mais depuis quand eft-il permis d'apeller
Procès-criminel, (terme dont V. a l'éfronterie
d'ufer) un ordre précipité du Magiftrat de la
Police, fur la dépofition équivoque d'un Dé-
lateur inconnu, & fuborné ? Jamais les Ordres
refpectables du Roi ont-ils flétri l'honneur de
fes Sujets ? Comme la politique du gouvernement, & l'ordre public exigent quelquefois
qu'on s'affure, fur un fimple avis, de la perfonne

* Feu M. le P. de Berniéres étoit frére, de Pere,
de Madame la Marquife de Flavacourt, & de Madame
la Préfidente de Louraille, coufines de l'Abbé Desfontaines, qui étoit d'ailleurs fon ami & fon confident.
Un Faquin, par fes airs de protection, nous oblige de
parler de ces circonftances.

V 6

fonne d'un Sujet, on feroit bien à plaindre,
fi dans ces cas on étoit deshonoré. Eh , qui
eft - ce qui n'auroit pas fans ceffe à craindre
de perdre fon honneur ? Auffi un Gentilhomme fut, il y a quelques années , condamné par
Meffieurs les Maréchaux de France à trois mois
de prifon , pour avoir fait un reproche de cette nature à un autre Gentilhomme.

Pour ce qui regarde M. l'Abbé D. F. tout
le monde fçait que le tour affreux, qui lui
fut joüé en 1725 , par les fougueux & dangereux amis d'un homme qui n'eft plus , ne lui
a fait aucun tort auprès des honnêtes - gens:
Sa Religion & fes bonnes mœurs font connues.
Après 15. jours d'une difgrace , qu'il n'avoit
ni prévuë ni méritée , il fut honorablement
rendu à la Société & à fon Emploi littéraire.
Le Magiftrat de la Police prit la peine de le
juftifier lui-même ; non-feulement aux yeux
de fa famille , mais encore par une Lettre qu'il
écrivit à M. l'Abbé Bignon , qui peut s'en ref-
fouvenir *. Quelle douleur le Magiftrat ne té-
moigna-t'il pas plus d'une fois , de s'être laiffé trop legérement prévenir , d'avoir été , fans
le fçavoir , l'inftrument d'une baffe vengeance;

_____

* Cette Lettre fut luë folemnellement dans l'Affemblée du Journal , & en conféquence l'Abbé D. F. fut
fur le champ rétabli , par M. l'Abbé *Bignon* , qui voulut bien recueillir les voix de l'Affemblée.

ce, & de n'avoir pas connu plûtôt la naiſſance, le caractére & les mœurs de celui qu'il
avoit inconſidérément & indignement maltraité !

Autre trait de malignité & d'injuſtice de la
part du Sieur Voltaire. Il parle dans ſon Libelle de la fameuſe harangue fictive de l'Abbé S. pour laquelle l'Abbé D. F. fut inquiété
au commencément de 1736. Tout le monde ſait aujourd'hui que cette Piéce lui avoit
été ſurpriſe par le Libraire Ribou. Comment
l'auroit-il venduë trois loüis à un miſérable
qui mouroit de faim, & n'avoit pas de ſou-
liers, & qui eſt aujourd'hui fugitif pour ſes
dettes? D'ailleurs, eſt-ce que trois pages ont
jamais été païées d'avance trois loüis d'or?
Le menſonge eſt bien groſſier. L'Abbé D. F.
n'a jamais été le Vendeur ni l'Editeur de cette Piéce; il n'en a été non plus ni l'Auteur, ni le Copiſte. Il ne l'avoit pas même
luë entiérement, lorſqu'on la lui déroba. Il
eſt aujourd'hui public, qu'il n'y a eu aucune
part, & l'on ſait d'ailleurs qu'il a toujours déteſté la Satyre perſonnelle. Le véritable Auteur de cette Piéce n'en fait plus myſtére.
Mais il n'en étoit pas de même durant le cours
de cette afaire fâcheuſe. Il auroit couru quelque riſque, s'il eut été connu, parce qu'on
étoit alors extrêmement aigri contre lui. Il
s'étoit fié à l'Abbé D. F. qui eut la généro-
ſité

fité de lui garder fidellement le fecret jufqu'à la fin , & qui aima mieux s'expofer à tout, que de trahir la confiance d'un homme qui avoit compté fur fa probité, & qui par juftice & par reconnoiffance, a depuis païé tous les frais que cette afaire a occafionnés. Il n'y a qu'un Voltaire dans le monde, à qui toutes les vertus font inconnues, qui foit capable de tirer de-là un fujet de reproche & d'invective.

Quand l'Abbé D. F. auroit prêté fa plume à une caufe auffi belle & auffi importante, que celle des Chirurgiens contre la Faculté, les Ecrits qui ont paru fur ce fujet, ont été fi goûtés du Public , que l'aveu qu'il en feroit ne pourroit que lui procurer beaucoup d'honneur. On auroit beau foupçonner la reconnoiffance libérale du Corps de S. Côme : Voltaire, tout riche qu'il eft , par fes rapines typographiques, ne reçoit-il pas encore le produit de fes Tragédies & de fes éditions ? Le reproche fur ce point feroit donc mal fondé. Le titre de *Défenfeur* des droits d'autrui, & la reconnoiffance des Parties, n'ont rien qui rabaiffe un Ecrivain. Penfer autrement, c'eft infulter la glorieufe profeffion d'Avocat. Mais l'Abbé D. F. a protefté fur fon honneur, à la face du Ciel & de la Terre, qu'il n'eft Auteur d'aucun des Ecrits qui ont paru en faveur des Chirurgiens. Sied-il à un homme tel que Voltaire, qui par se sa vie à 40. lieuës d'ici, de lui donner sur cela un démenti public, sans la moindre preuve ? L'Abbé D. F. est lié d'amitié avec deux ou trois Chirurgiens les plus célèbres de Paris, dont il estime également la capacité, le bon esprit & la politesse. Cela a-t'il pu fonder l'imputation de quelques Médecins méprisables, qui l'ont accusé d'être l'Ecrivain de leurs adversaires, & celle de Voltaire leur imbécile écho ?

Qu'après cela, cet habile homme fasse gravement l'éloge des Quakres, qu'il croit mieux connoître que M. Bossuet, & qu'il a si ridiculement célébrés dans ses *Lettres*. Qu'il canonise un Ouvrage Anglois sur la Religion, * dont la Traduction Françoise imprimée en Hollande, en conséquence du Jugement du Censeur Roïal, Docteur de Sorbonne, n'a point eu l'entrée en France, & a été regardée comme un Livre dangereux pour la foi: Que notre grand Théologien, qui a osé censurer les *Pensées de Pascal*, & défier tous les Docteurs de lui prouver l'immoralité de l'ame, décide que la Religion est solidement défendue dans l'*Alciphron* : Qu'il traite de plaisanterie l'objection solide qu'un habile Géométre dédaigne lui faire dans les *Observations*, sur sa vie de Soldats, dont le vingtiéme, selon Voltaire,

* *Alciphron*, ou *le petit Philosophe*.

taire, dévroit paroître *vingt fois plus petit que* le premier : * Qu'il trouve admirable cette penfée ridicule & puérile, raportée dans le *Dictionnaire* Néologique. (*N'est-il pas jufte que la fcience ait des ménagemens pour l'ignorance qui est fon aînée, & qu'elle trouve toujours en poffeffion ?* † Qu'il entreprenne de juftifier le Comique Romanefque, férieux & attendriffant jufqu'aux larmes, par l'exemple de la Comédie du *Heautontimorumenos* de Térence, où il n'y eut jamais rien de pareil, & par un vers d'Horace, dont il corrompt le fens groffiérement, puifqu'il ne s'y agit que de la colère d'un Vieillard :

Interdum vocem Comœdia tollit,

Iratufque Chremes tumido detiligat ore.

Qu'il

* Si 20. Soldats doivent partager ainfi en 20. parties égales l'angle que forme le raïon vifuel, il s'enfuit felon Voltaire, que l'angle eft alors coupé également V. a donc trouvé par cette belle opération la *triffection* de l'*angle* ? Il dit que le Savant Géométre s'eft moqué de l'Abbé D. F. & il ne voit pas que c'eft de lui qu'il fe moque. Y a-t-il en éfet rien de plus rifible que le raifonnement de V. fur ce point ? On en parlera ci-après.

† Il faudroit auffi par la même raifon, que *la Vieilleffe refpectât la Jeuneffe :* car la Jeuneffe précéde la Vieilleffe. On ne devient vieux, qu'après avoir été jeune. V. admire cet impertinent *concetto.* Quel goût ! Toutes les autres citations qu'il raporte, bien examinées, font auffi ridicules.

Qu'il impute à l'Abbé D. F. les nombreuses éditions faites en Hollande & ailleurs de son *Dictionnaire Néologique* ; éditions où il n'a aucune part, & que chacun a grossies à son gré *. Qu'il chérisse l'*estime contemporaine* de ses Ecrits, autant qu'il se console des *mépris contemporains* de sa personne : Qu'il exerce une critique sotte & pointilleuse sur le plus bel endroit de la plus belle pièce d'éloquence de M. Bossuet : Qu'il essaie de justifier, par de pitoïables raisons, les contradictions palpables de sa première Epître *sur le Bonheur*, & qu'il tâche de donner le change au Lecteur, qui n'aura point cette mauvaise Piéce sous les yeux : Qu'enfin il raporte ce qu'il a cru trouver de plus foible dans les trois Epîtres de M. Rousseau, qui ont paru il y a deux ans, se donnant bien de garde de citer les traits admirables qui le peignent si bien & si agréablement †. Tout cela est naturel à un homme tel que le Sieur de Voltaire,

* L'Abbé D. F. ne reconnoît que les deux éditions de Paris, 1726.

† Ce qu'il en raporte comme défectueux, est audessus des meilleurs Vers de V. en ce genre. Le Claudien, le Stace de notre siécle n'a garde de goûter la Poësie de notre Horace. Le Profaïque enflé ou lâche, & un style plat & vuide de sens, c'est le caractére de la plûpart des Vers de l'insensé contempteur de ceux de Rousseau.

re, qui fait profeſſion de heurter en tout l'o-
pinion commune des hommes, & de s'éloigner de tout ce qui aproche de la droite raiſon. Il a eſſaïé juſqu'ici de renverſer ſucceſſive-
ment le monde Moral, le monde Littéraire, le
monde Phyſique; * qu'attend-on encore de lui?

Je ne dois pas paſſer ſous ſilence trois im-
poſtures groſſiéres du Libelle de Voltaire. La
premiére eſt, que l'Abbé D. F. ſelon lui, eſt
l'Auteur de certaines *Réflexions* périodiques,
qui s'impriment à Paris toutes les ſemaines
chez le Sieur Briaſſon Libraire, rüe S. Jâques.
Je ne prétends point rabaiſſer ici cet Ouvrage, qui a ſon mérité; mais en vérité, ſi V. l'a
lû avec un peu d'attention, il faut qu'il n'ait
ni diſcernement ni goût, pour ſoupçonner
que l'Abbé D. F. en eſt l'Auteur. Il peut être
permis à certaines gens de prendre le change; mais qu'un homme de Lettres s'y trompe,
cela eſt bien honteux. Il doit diſtinguer les
ſtyles, avec les yeux de l'eſprit, comme avec
l'œil corporel on diſtingue les caractéres
de deux différentes écritures. Les Connoiſſeurs, les Gens d'eſprit ne s'y mépren-
nent jamais. Auſſi n'y a-t'il que des hommes ſans Lettres, ou quelques ſots Lettrés,
qui aient attribué les *Réflexions* périodiques à
l'Ab-

* Par ſes *Lettres*, par ſon *Temple du Goût*, par ſes
Elémens de la Philoſophie de Newton.

l'Abbé D. F. dont le style est tout diférent.

La deuxiéme imposture, est que V. supose que l'Abbé D. F. a fait imprimer en Hollande *vingt Libelles* contre lui. L'Abbé D. F.
m'a protesté, du ton le plus affirmatif, qu'il
n'avoit jamais fait imprimer aucun Libelle en
Hollande ni ailleurs, contre Voltaire. Je ne
me suis pas contenté de lui demander sur cela
ce qui en étoit ; j'ai écrit en Hollande, pour
m'informer des Libelles qui ont pû paroître
contre Voltaire depuis quelques années, &
l'on m'a répondu qu'il n'en avoit paru aucun :
y eut-il jamais une impudence pareille ? Voltaire ne veut point paroître agresseur : il feint
qu'on l'a insulté, afin d'avoir droit d'insulter
à son tour. Il supose des Libelles publiés contre lui, qui puissent lui donner lieu d'en publier lui-même. *

C'est aussi dans le même esprit, qu'il a in-
venté le *Libelle* composé contre lui à la Campagne, chez M. de Berniéres, par l'Abbé D. F.
qui, si on l'en croit, le *montra à M. Tiriot, qui*
l'obligea à le jetter au feu. Et c'est la troisiéme imposture dont il s'agit ici. M. Tiriot est un homme

* C'est le Loup de la Fable qui dit à l'Agneau :
Et je sai que de moi tu médis l'an passé.

Heureusement le maigre Loup de Cirey ne dévo-
rera pas aisément l'*Agneau*, à qui il en veut. Il y a ici
de bons chiens pour lui donner la chasse, à lui, & à
tous ses petits Louveteaux affamés.

me auſſi eſtimé des honnêtes-gens, que Voltaire en eſt déteſté. Il traîne, comme malgré
lui, les reſtes honteux d'un vieux lien, qu'il
n'a pas encore eu la force de rompre entiérement. Or, on a demandé à M. Tiriot, qui
eſt cité ici pour témoin, ſi le fait étoit vrai:
& M. Tiriot a été obligé de dire qu'il n'en
avoit aucune connoiſſance. On propoſe ici
un défi à Voltaire. Le ſéjour à la Campagne
chez feu M. le P. Berniéres, eſt dans les va-
cances de 1725. Si un Libelle imprimé cette
année contre Voltaire exiſte, qu'on le montre. S'il répond que l'Abbé D. F. l'a jetté lui-
même au feu, qu'il cite des témoins. Car aſſurément il ne doit point être cru ſur ſa parole. *M. Tiriot*, dit-il, *l'obligea de le jetter au feu.*
Et voilà M. Tiriot qui déclare la fauſſeté du
fait. Le Sieur Voltaire eſt donc le plus hardi
& le plus inſenſé des menteurs.

Notre impoſteur a écrit depuis quelques
jours des Lettres, où il tâche de faire croire
qu'il n'eſt point l'Auteur du *Préſervatif*, parce qu'on lui a mandé que cet Ecrit étoit trouvé pitoïable par tout le monde, & qu'il faiſoit autant de tort à l'homme d'eſprit qu'à
l'homme de probité. Cependant on a entre
les mains, dans des Lettres particuliéres qu'il
a écrites, une grande partie de ce que le Libelle contient, & cela conçu dans les mêmes
termes; ſur-tout, ſes déclamations & ſes rai-
ſonne-

fonnemens fur l'*Alciphron*, fur les *Quakres*, fur
fa belle découverte touchant le raïon vifuel,
fur la prétendue ingratitude de l'Abbé D. F.
&c. D'ailleurs, qui pourroit méconnoître la
Profe de V. fi remarquable par fon ftyle fougueux, inexact, découfu ; par fes penfées vagues, fans chaux & fans ciment ; enfin par
fon admirable Logique ? On connoît de plus
l'Editeur & les Colporteurs de fon Libelle.
En faut-il davantage ?

Dois-je faire mention ici d'un trait impertinent du Libelle de Voltaire, à la pag. 302 ?
L'Auteur des Obfervations, (dit Voltaire,) *s'a-
vife de parler de Guerre ; il a l'infolence de dire
que feu M. le Maréchal de Tallard, gagna la Bataille de Spire contre toutes les régles, par une méprife, & parce qu'il avoit la vûë courte*. Eh, qui eft-
ce qui auroit mieux apris le métier de la Guerre à notre Poëte, qu'à l'Abbé D. F ? Seroit-
ce la belle aparition de Voltaire au Camp devant Philifbourg en 1734, où ce *Chevalier de
la trifte figure* aprêta tant à rire à notre Armée ?
N'eft-il pas plaifant de le voir aujourd'hui joüer
le perfonnage de Réparateur des torts ? L'Obfervateur n'a parlé que d'après M. le Marquis
de Feuquières ; eft-ce l'autorité de Voltaire,
ou la *Lettre anonyme* qu'il cite, qui nous dé-
trompera & qui infirmera le témoignage d'un
grand homme de Guerre, qui étoit affurément
au fait de tous les faits militaires de fon tems.

V

V. parle ici en étourdi infolent, de feu M. le M. de Feuquiéres. Un homme de néant, tel que lui, croit qu'un homme de qualité eſt fuſceptible d'une baſſe *envie*. Un autre auroit pû dire avec décence que ſur ce fait M. le M. de Feuquiéres avoit été mal informé.

Voltaire n'eſt pas moins ridicule dans ſon raiſonnement, contre la fameuſe Pompe de feu M. du Puy, Maître des Requêtes, dont l'Abbé D. F. a parlé dans ſa feuille 147. On ne lui fera pas la grace de répondre à ſon galimathias. Il ſuſit de dire que tout Paris a vû de ſes yeux ce qui eſt annoncé dans cette Lettre, viſée par le même M. du Puy. Il eſt plaiſant de voir un petit Phyſicien de deux jours, oſer argumenter contre ce qu'il n'a point vû, contre ce qu'il n'a pû concevoir, & y oposer un argument dont il n'entend pas lui-même les termes. Car, au ſentiment d'un homme fort verſé dans les méchaniques, Voltaire parle ici ſans ſavoir de quoi il parle.

Un très-habile Géométre - Phyſicien avoit envoïé à l'Obſervateur une *Remarque* ſur l'étonnant Problême de Voltaire, & au ſujet de ſa démonſtration ſur *la file de ſoldats, dont le vingtiéme doit être vû*, ſelon lui, *vingt fois plus plus petit que le premier*. Le Sieur Voltaire croit ſe tirer d'afaire, en diſant d'un air gai, dans ſon Libelle, que ce Géométre a voulu plaiſanter, & ſe moquer de l'Abbé D. F. *Il n'eſt pas*

pas queſtion , dit - il , *dans ma Propoſition , de la Triſſection de l'angle. Je n'en ai pas dit un mot.* Voici ſur cela la réplique du Géométre , qui m'a été communiquée.

» Non , il n'eſt point queſtion , M. de Vol-
» taire , dans votre Propoſition , du Problême
» de la *Triſſection de l'angle.* Mais il eſt queſtion
» dans vos Remarques , d'un diſcours que
» vous donnez pour une démonſtration vic-
» torieuſe , & dans lequel on trouve un pa-
» ralogiſme auſſi groſſier , qu'eſt celui par le-
» quel vous ſupoſez qu'on diviſe l'angle en
» parties égales , parce qu'on diviſe en par-
» ties égales la baſe de l'angle. Or , non-
» ſeulement votre prétendue démonſtration
» ſupoſe la Triſſection de l'angle par ce mo-
» ïen ridicule ; mais elle ſupoſe encore la di-
» viſion de l'angle en raiſon donnée ; ce que
» ni les *Sections coniques*, ni aucune *ligne courbe*, ni
» aucun calcul connu ne peut nous fournir. «

Eh bien , eſt-ce de l'Obſervateur , ou du Novice Géométre , que cet habile homme s'eſt moqué dans ſa Critique ? * Ne faut-il pas être bien ſtupide , pour vouloir juger de la gran-deur d'un Angle , par la grandeur de la Baſe ,
comme

---

* Voltaire joüe avec réflexion le perſonnage du *Diſ-trait* de la Bruyére. » *Menalque* rit plus haut que les autres : il cherche où eſt celui *qui montre ſes oreilles* , & à qui il manque une perruque , &c.

comme l'ignorant Voltaire fait dans son extravagante proposition.

Newton(dit encore V. p. 287.) *n'a point trouvé par expérience que les corps tombent de* 15. *piés dans la première seconde. C'est Hugens qui a déterminé cette chute dans ses beaux Théorèmes du Pendule. Secondement, ce n'est qu'à des distances très-considérables & inaccessibles aux hommes, que cette différence seroit sensible, &c.* Voici sur cela ce qu'un savant homme répond au Sieur Voltaire. » Non, Newton n'a point trouvé le » premier par expérience, que les corps tombent de 15. piés dans une seconde. Mais » Newton a adopté cette expérience ; & » l'aïant généralisée, il a trouvé qu'à la distance de la Lune, ces mêmes corps tomberoient de 15. piés dans une minute. Il » est vrai que ce n'est qu'à des distances très » considérables & inaccessibles aux hommes » vulgaires, que cette différence est sensible; » mais elle le devient à M. Newton, & à » ceux qui raisonnent conformément à ses » principes. Si le Sieur V. avoit bien lû Newton, il auroit lû ces paroles à la dernière » page. *In hâc Philosophiâ propositiones deducuntur ex phænomenis, & redduntur generales per » inductionem. Quicquid enim ex phænomenis » non deducitur, hypothesis vocandum est. Hypo » theses seu Metaphysicæ, seu Physicæ, seu quali* » *tatum occultarum, seu mechanicæ, in Philos* » *phi phiâ experimentali locum non habent.* «

Le Sieur V. reproche à l'Abbé D. F. une méprise dans la traduction de l'*Essai sur le Poëme Epique*, composé, dit-il, par lui-même en Anglois. 1°. V. n'a point composé seul en Anglois cet Ecrit ; mais l'aïant fait d'abord en François, un Anglois l'a aidé à le traduire dans sa Langue. 2°. L'Abbé D. F. n'a point fait à Voltaire l'honneur de traduire en François ce malheureux *Essai.* C'est feu M. de Plelo, depuis Ambassadeur en Dannemark, & tué près de Dantzik, qui, pour s'amuser à Paris, fit cette traduction dans le tems qu'il aprenoit l'Anglois. Le fort de V. est de se tromper en tout ce qu'il dit. Cette traduction est imprimée chez Chaubert.

On a remarqué que le Sieur V. s'avise de traiter plus d'une fois dans son Libelle M. l'Abbé D. F. d'*ignorant.* L'Abbé D. F. avouë, qu'après avoir étudié toute sa vie, il est fort *ignorant* en éfet : & il conviendra aussi, si l'on veut, que le Sieur de V. qui a passé toute la sienne, à faire des vers & des folies, est très-savant. Ses Ouvrages historiques & philosophiques en sont une bonne preuve. C'est un prodige que ce Savant. A peine a-t'il étudié deux jours la matiére la plus épineuse & la plus étenduë, qu'il la posséde à fond, & qu'il est capable d'en faire des leçons aux plus grands Maîtres. Tout le monde sait ce qui lui arriva à Paris, il y a un peu plus de deux ans.

Tome VI.   X

ans. Il n'y avoit que huit jours qu'il commen-
çoit à s'apliquer à la Géométrie, qu'il alla trouver un de nos plus grands Géométres de l'A-
cadémie des Sciences, pour conférer avec lui
sur un Problême, qu'il falloit dix années de
Géométrie pour pouvoir résoudre. Il se croïoit
déja de pair avec tous les *Savans* de l'Europe.
Voilà la science du Personnage. A peine est-il
en Angleterre, qu'après avoir étudié la Langue
pendant trois mois, il met en Anglois un *Essay*
sur le Poëme Epique, qu'il avoit composé en François : puis aïant fait corriger cette traduction
par son Maître de Langue, il la donne au Public. Il est vrai que les Anglois dirent alors que
c'étoit un tissu de Gallicismes & de Barbaris-
mes. Qu'importe ? Voltaire faisoit voir qu'il
avoit un génie divin pour les Langues, comme
pour toutes les Sciences, & tous les beaux Arts.
Cet Alexandre de la Littérature aspire hautement à la Monarchie universelle des Lettres.
Il fera bientôt la guerre à toutes les Académies,
& il détrônera tous les Savans pour se mettre à
leur place. Ne se prétend-t'il pas aussi grand
Poëte que M. Rousseau ? N'a-t'il pas tâché de
dégrader tous nos Auteurs dans son *Temple du*
Goût ? Est-ce un César ? Est-ce un Pompée ?

Nec quemquam jam ferre potest Cæsarve priorem,

Pompeïusve parem.

LUCAN.

Cepen-

Cependant on dit que V. eſt à 45. ans auſſi *ſavant*, (& auſſi *ſage*) qu'à vingt. C'eſt de quoi on ne peut douter. Apliquons-lui le, *doctè febricitans*, de l'Epitaphe du P. Hardoüin, raportée dans le *Nouvelliſte du Parnaſſe*, ſi toutefois il eſt permis de lui apliquer ce qui convient à un *fou ſavant*, & non à un *fou charlatan*, ou à un *harmonieux Energuméne*.

Mais j'oublie que c'eſt trop me rabaiſſer, que de répondre à la Littérature du Libelle de V. & je ne ſonge pas que j'avois réſolu de ne lui opoſer ſur ce point qu'un ſouverain mépris. D'ailleurs l'article que je viens de traiter, eſt peut-être trop ſérieux, & vous intéreſſe peu. Pour vous dédommager, Monſieur, je vais vous faire part d'une Epigramme compoſée depuis peu par un de nos bons amis, au ſujet des impertinences qui ſont répanduës dans ſon dernier Ouvrage.

E P I G R A M M E.

Vez-vous vû cette Critique,
Dont on noircit l'Obſervateur,
Oüi; c'eſt de l'Ecrivain du Roman Hiſtorique,*
                                                    Du

* Charles XII.

X 2

Du pauvre Fiérenfat *, & de l'Histoire épique. †
Eh bien, l'Ouvrage est-il digne de son Auteur?
Très-digne : il y soutient au mieux son caractère;
  Car prenant dans sa bile amére
L'injure pour raison, la fureur pour flambeau,
Ma foi, le sens commun est plus son adversaire,
  Que Desfontaines & Rousseau.

Voici le Fragment d'une Lettre de M.
Rousseau à M. l'Abbé D. F. datée du 14. Novembre 1738.

 » Il m'est tombé, Monsieur, entre les
» mains une misérable Brochure, où vous
» êtes cruellement déchiré, & où je ne suis
» pas oublié. Voltaire s'y reconnoît à chaque
» mot : digne récompense du sacrifice que
» vous avez fait tant de fois de vos lumiéres,
» en faveur de cet indigne Poëte, à qui je
» prens la liberté de répondre pour vous, dans
» les vers que vous allez lire.

  Petit rimeur, Antichrétien,
  On reconnoît dans tes Ouvrages
  Ton caractère, & non le mien.
Ma principale faute, hélas ! je m'en souvien,
Vint d'un cœur, qui séduit par tes patelinages,
Crut trouver un ami, dans un parfait vaurien,
          Char-

* L'*Enfant Prodigue*, Comédie de Voltaire.
† La Henriade.

Charme des foux , horreur des fages ,
Quand par lui mon efprit aveuglé , j'en conviens
Hazardoit pour toi fes fuffrages.
Mais je ne me reproche rien ,
Que d'avoir falli quelques pages
D'un nom auffi vil que le tien.

» C'eft en éfet , Monfieur , le feul reproche
» que vous aïez à vous faire , mais dont il
» vous eft facile de vous laver auprès de tout
» ce qu'il y a d'honnêtes gens , que la con-
» duite & les impudences de ce malheureux
» révoltent tous les jours de plus en plus , &
» qui attendent avec impatience le *dernier coup*
» *de foudre*, qui le doit écrafer. Elle ne peut
» être en de meilleures mains que les vôtres ,
» & vous ne fauriez l'emploïer fur un fujet
» qui en foit plus digne , &c.

Les recherches faites au fujet des prétenduës Satyres publiées en Hollande contre le
Sieur V. ont fait tomber entre mes mains un
Livre de M. de S. Hyacinthe , intitulé , *Le Chef-
d'œuvre de l'Inconnu.* Dans une édition de ce
fameux Ouvrage , à la Haye , chez Pierre Huf-
fon 1732 , on trouve à la fin le morceau fui-
vant , dans la *Déïfication du Docteur Ariftarchus
Maffo*, par le même M. de S. Hyacinthe , p.
362. Le Sieur Voltaire n'accufera-t'il point
l'Abbé D. F. d'être l'Auteur de cet Ecrit ? N'y
trouvera-t'il point fon ftile ?

X 3   EXTRAIT

EXTRAIT DE L'OUVRAGE,

INTITULÉ,

DE'IFICATION DU DOCTEUR ARISTARCHUS MASSO,

Par M. de S. Hyacinthe.

» UN *Officier* François, nommé Beaure-
» gard , s'entretenoit avec quelques
» personnes, que la curiosité avoit com-
» me moi atirés au pié de la double montagne.
» Un *Poëte* de la même Nation, portant le nez
» au vent, comme un Cheval Houzard , vint
» éfrontément se mettre de la conversation,
» & parlant à tort & à travers, s'abandonna
» à quelques saillies insultantes, que l'Offi-
» cier désaprouva. Le *Poëte* s'en mit peu en
» peine , & continua. L'*Officier* s'éloignant
» alors, alla dans un détour, par où il savoit
» que ce *Poëte* devoit passer pour aller parler
» à un Comédien. Il y vint en effet, acom-
» pagné d'un homme à qui il recitoit des vers,
» & qu'il ne croïoit pas devoir être le témoin
» d'une de ses infortunes. Car l'*Officier* arrê-
» tant le *Poëte* par le bras : *J'ai toujours oüi di-*
» *re que les impudens étoient lâches* , lui dit-il,
» *j'en*

» *j'en veux faire l'épreuve, & ne puis mieux m'a-*
» *dreſſer qu'à vous. Voïons, Monſieur le bel eſ-*
» *prit, ſi vous vous ſervirez bien de cette épée que*
» *vous portez, je ne ſai pourquoi ; ou préparez-*
» *vous à recevoir de cette canne le châtiment de vo-*
» *tre inſolence.* Telle qu'une Catin pâlit &
» s'éfraïe aux éclats redoublés du tonnerre,
» tel le *Poëte* pâlit au diſcours de l'*Officier*, &
» la fraïeur lui inſpirant avec le repentir des
» ſentimens d'humilité & de prudence :

J'ai péché, lui dit-il, & je ne prétends pas
Emploïer ma valeur à défendre mes fautes,
    J'offre mon échine & mes côtes
Au juſte châtiment que prépare ton bras.
Frape, ne me crains point, frape, je te pardonne,
Ma vie eſt peu de choſe, & je te l'abandonne.
Tu vois en ce moment un Poëte éperdu,
Digne d'être puni, content d'être battu,
N'opoſer nul éfort à ta valeur ſuprême.
Beauregard n'aura point de vainqueur que lui-
    même.

» *Ces beaux diſcours ne ſervent ici de rien,* dit
» l'*Officier, défendez-vous, ou prenez-garde à*
» *vos épaules.* Le Poëte n'aïant pas la hardieſ-
» ſe de ſe défendre, l'*Officier* le chargea de
» quantité de coups de bâton, dans l'eſpéran-
» ce que l'outrage & la douleur lui inſpire-
» roient du courage, puiſqu'ils en inſpirent
               X 4   » aux

» aux plus lâches ; mais la prudence du Poë-
» te redoubla, à proportion des coups qu'il
» reçut ; ce qui fit que l'homme qui l'avoit
» accompagné, s'écria, en s'adreſſant à l'Of-
» ficier :

Arrêtez, arrêtez l'ardeur de votre bras,
Battre un homme à jeu ſûr n'eſt pas d'une belle
   ame,
      Et le cœur eſt digne de blâme
      Contre les gens qui n'en ont pas.

» L'*Officier* alors, après avoir ainſi diſpoſé le
» Poëte à ſes remontrances ; *Seçlateur des Mu-*
» *ſes*, lui dit-il, *apprenez qu'il eſt plus important*
» *d'être ſage, qu'il n'eſt néceſſaire d'être Poëte, &*
» *que ſi les Lauriers du Parnaſſe mettent à cou-*
» *vert de la foudre, ils ne mettent point à l'abri*
» *des coups de bâton.* En diſant ces mots, il
» jetta dans un champ celui qu'il avoit en
» main. Mais, ô prodige ! ce bâton devint
» dans l'inſtant même un arbre, &c. «

   Vous jugerez comme il vous plaira de ce
morceau de l'Ouvrage de M. de S. Hyacinthe ; vous voïez du moins par-là, qu'il y a
long-tems que les folies & les triſtes avantures de notre Poëte ont retenti dans l'Europe.

VERS

VERS

DE M· ROUSSEAU,

SUR LA

PHILOSOPHIE NEWTONIENNE

DE VOLTAIRE.

RARE efprit, génie inventif,
Qui foutiens qu'à toi feul la Nature connuë
   N'a de principe opératif
Que dans l'attraction par Newton foutenuë,
Voltaire, explique-nous le principe attractif,
   Qui fit tomber fur tes épaules
   Ces orages de coups de Gaules,
Dont tu reçus le prix en argent effectif.

VERS
DU MÊME,
Envoïez à M. l'Abbé D. F.

Au sujet de VOLTAIRE, *& de sa Secte.*

OUS sentez bien, turbulens rimailleurs,
Vos vieux battus, d'aller chercher que-
relle
A de fâcheux & discourtois railleurs,
Qu'Apollon même a pris en sa tutelle.
Si donc en vous reste un grain de cervelle,
N'écrivez plus ; sur-tout gardez-vous bien
De molester un nouveau Lucien,
Qui mit jadis si bien à la compote,
Pour réparer l'honneur Parnassien,
Les Vers défunts du très-défunt La Mothe.

Lycambe, trop sensible à l'honneur, se pen-
dit autrefois, pour les Vers qu'Archiloque
avoit faits contre lui. Ne craignons rien de
pareil du désespoir d'un homme tel que Voltaire. Tout ce qu'il y a de plus deshonorant
glisse sur son esprit & sur son cœur. D'ailleurs
l'é-

l'éponge de son orgueil y efface bien-tôt toutes les traces de la honte.

Je voulois finir ici ma Lettre, & je croïois que c'étoit trop m'humilier, que de répondre exactement à tous les points Littéraires du Libelle du Sieur Voltaire : J'étois même honteux en quelque sorte, d'avoir insisté sur quelques-uns des principaux, & d'avoir pris la peine de mettre en évidence, sur ces articles, son impéritie & son extravagance. Mais peut-être qu'il seroit encore assez impudent, pour s'aplaudir de ses autres objections frivoles, si l'on omettoit d'y répondre, & que nos mépris serviroient à nourrir son orgueil, & s'il étoit possible, à augmenter sa fatuité. D'ailleurs ses Partisans (quoique le troupeau soit réduit à un petit nombre de gens sans conséquence) pourroient se prévaloir de notre silence, & dire que Voltaire a eu au moins la gloire de confondre son adversaire, par raport à quelques Articles sur lesquels on n'a pû le justifier. Achevons donc de terrasser le téméraire Critique, & donnons les derniers coups de pinceau au tableau de sa folie & de sa fausse érudition.

» L'Observateur (dit-il, pag. 287.) rapelle » une ancienne dispute Littéraire, entre M. » Dacier & le Marquis de Sévigné, au sujet » de ce passage d'Horace : *Difficile est propriè* » *communia dicere.* Il raporte le Factum ingé-

X 6 » nieux

» nieux de M. de Sévigné. *Pour M. Dacier*,
» dit - il , *il se défend en Savant ; c'est tout dire.*
» *Des expressions maussades & injurieuses sont les*
» *ornemens de son érudition.* » Ce sont en ef-
» set les Paroles de l'Observateur , raportées
» par le Sieur Voltaire.

    » Il y a , continuë le Critique , dans ce dis-
» cours de l'Observateur trois fautes *bien étran-*
» *ges.* 1°. Il est faux que ce soit le caractère
» des Savans du siécle de Loüis XIV. d'emplo-
» ier des injures pour toutes raisons. 2°. Il est
» très-faux que M. Dacier en ait usé ainsi avec
» le M. de Sévigné. *Il le comble de loüanges , &c.*
» 3°. Il est indubitable que Dacier a raison
» pour le fond , & qu'il a très-bien traduit ce
» Vers d'Horace : *Difficile est propriè communia*
» *dicere* (qu'il a rendu ainsi) *il est très -difficile*
» *de bien traiter des sujets d'invention ....* Ainsi
» l'Abbé D. F. n'a pas entendu Horace , n'a
» pas lû l'écrit de M. Dacier , qu'il critique ,
» & a tort dans tous les points. » On va voir
tout à l'heure si l'Abbé D. F. sur ces trois
points a effectivement tort.

    A entendre l'Auteur du *Préservatif*, ne di-
roit-on pas que l'Observateur a copié le Factum de M. de Sévigné ? *Il a raporté*, dit - il ,
le Factum, &c. Que cette expression impropre
fait bien sentir que V. n'a jamais vû le Recueil
intitulé , *Dissertation critique sur l'Art Poëtique*
d'Horace ! Il y a dans ce Recueil *trois Factums*
de

de M. de S. & deux de M. Dacier. L'Obfervateur n'a cité que deux morceaux du dernier
Factum de M. de Sévigné.

Le Critique trouve *trois fautes* dans le Difcours de l'Obfervateur ! Mais 1°. dans fa réflexion, eft-il queftion des *Savans du Siécle de
Louïs XIV?* Le plaifant Logicien, qui d'un
fait particulier tire une conféquence générale ! L'Obfervateur ne reproche ni à ces Savans, ni à M. Dacier, *d'emploïer des injures
pour toutes raifons.* Il dit fimplement, que *des
expreffions injurieufes & mauffades, font les ornemens de fon érudition.* Cela eft bien différent.
Mais dans le fait même, fur les Savans du fiécle de Louïs XIV. le Critique fait bien voir
qu'il ignore ce que tout le monde fait. Eft-
ce que les Théophiles Reynauds, les Valois,
les Thiers, les Launois, les Nicolaïs, & une
infinité d'autres Savans, du 17e. fiécle, n'ont
pas *orné* leurs Ecrits polémiques d'injures &
d'invectives ? C'eft à ce fujet qu'un Critique
Moderne a dit, *injuriarum & calumniæ fæculum
dixeris.* Eft-ce que d'Aubignac, Scudery, &
tant d'autres Auteurs n'ont pas attaqué indignement Corneille & Racine? Bouhours &
Ménage fe font-ils traités fort honnêtement?
Avec quelle impoliteffe Ménage a-t'il écrit
contre Baillet, attaqué avec encore plus
de dureté & d'aigreur, par le Pere Bauchet
Jéfuite? Combien M. de Valincourt, pour
avoir

critiqué avec autant de solidité que d'enjou-
ment *la Princesse de Cléves*, n'a-t'il pas été in-
jurié par un mauvais Ecrivain, par un Pitava-
de son tems ? Enfin qui est-ce qui ignore la
Réponse de l'Abbé de Villars, aux *Sentimens de
Cléanthe* (ce *Cléanthe* étoit M. Barbier d'Au-
court) & qui ne connoît pas l'*Antimenagiana*,
où des personnes d'un mérite reconnu sont
accablées d'injures ? Je ne parlerai point de la
quérelle violente intentée au P. Mallebranche, par M. Arnaud, ni des Ecrits horribles
de ce Docteur & de tant d'autres, contre la
Société des Jésuites. Par ce Détail, qu'il seroit facile d'étendre, jugés si *les Savans du Siécle de Loüis XIV.* étoient aussi doux, aussi modérés que le Sieur Voltaire le prétend. Ne diroit-on pas qu'il a juré de ne dire jamais que
des choses fausses ?

 2°. *M. Dacier*, selon notre Critique, *a
comblé de loüanges M. de S. & il conclud son Mémoire, par lui demander son amitié.* Il est vrai
que M. Dacier, dans son premier Factum,
dit poliment à M. de Lamoignon, arbitre de
la quérelle Littéraire : *les dépens que je demande, c'est l'amitié de M. de Sévigné.* Mais se vo-
iant ensuite vivement poussé par son adversaire, il change bien de ton. *Est-ce à M. de
Sévigné*, dit-il, *de régler l'usage des mots Latins,
& ne doit-il pas plûtôt s'y soumettre ?* Pour me servir des termes de la Replique de M. de Sévigné

gné, *ce début eſt-il bien gracieux ?* A la pag. 77.
après avoir remarqué (avec Platon) » qu'il
» eſt certaines gens, qui n'aïant pas la force
» de concevoir les choſes générales & abſtrai-
» tes, ſont obligés de *repoſer* toujours leur ima-
» gination ſur ce qui eſt matériel & palpable,
» *il ajoûte*, que ces gens-là, ſelon Platon, ne
» vivent qu'en ſonge ; car ils prennent l'om-
» bre pour le corps : au lieu que ceux qui con-
» noiſſent la beauté, la ſageſſe & la juſtice,
» & les choſes particuliéres qui y participent,
» en ont des idées ſi diſtinctes, qu'ils ne pren-
» nent jamais celle-ci pour celle-là, ni celle-
» là pour celle-ci, la copie pour l'original,
» ni l'original pour la copie ; ceux-là vivent
» véritablement. Je ſuis fâché que la vie de
» M. de S. ſelon Platon, ne ſoit qu'un ſonge ;
» mais j'eſpére qu'il ſe réveillera bien-tôt, &
» qu'il vivra véritablement. » Ne voilà-t'il
pas un diſcours bien poli, adreſſé par un Savant, qui n'étoit que cela, à un homme de
qualité, tel que le Marquis de Sévigné, qu'il
repréſente ici comme un rêveur ? Si je voulois citer d'autres endroits encore des Factums de M. Dacier, je crois que tout le monde
m'accorderoit ſans peine, que, comme l'Obſervateur l'a dit avec vérité, *des expreſſions mauſ-*
ſades & injurieuſes, ſont les ornemens de ſon érudition.

3°. Le docte Voltaire adjuge la victoire à
M. Dacier, & il ſoutient que dans le vers
d'Ho-

d'Horace , *Communia* veut dire *Intacta* , des sujets neufs. Cela n'eſt pas pourtant auſſi certain qu'il le dit ; l'Abbé D. F. pourroit bien avoir raiſon avec le Marquis de Sévigné , & il n'eſt pas le ſeul qui ait donné gain de cauſe à celui-ci. M. de Brueys , dans ſa *Paraphraſe ſur l'Art Poëtique d'Horace* , a adopté le ſentiment de M. de Sévigné. Le P. Tarteron a donné une explication bien différente de celle de M. Dacier. Enfin dans le tems de cette diſpute , M. de Sévigné , ainſi qu'il l'aſſure lui-même, avoit pour partiſans *un grand nombre de beaux eſprits.* Voici ce que M. de Valincourt lui écrivoit dans une Lettre du 9. Janvier 1698. » Vous perdez bien de ne » ſavoir pas le Grec. On a trouvé un paſſage » dans Hermogène , qui décide ſi nettement » à votre égard la queſtion du *Communia* , qu'il » n'y a pas de replique. Voïez quelle gloire » ce ſeroit pour vous de défaire M. Dacier » par un paſſage Grec. Ce ſeroit bien le cas » de dire , *Suo hunc ſibi gladio jugulo.* Je vous » l'envoïerai , ſi vous vouiez, en Latin. » Certainement on ne pourroit pas dire de Voltaire , *ſuo hunc ſibi gladio jugulo* , en lui citant un paſſage Grec. Il faudroit plûtôt lui alléguer l'autorité de quelque Moderne , auſſi préſomptueux qu'ignorant. Après ce que vous venez de voir , Voltaire n'a-t'il pas bonne grace de reprocher à l'Abbé D. F. *de ne pas entendre Horace ?*

ace ? Vous voïez que tout le Discours de noʼ
tre Critique fur le Vers dont il s'agit, eſt des
plus rifibles. Ne nous en étonnons point :
C'eſt Voltaire qui raifonne.

Autre remarque de ce judicieux Ecrivain,
p. 293. » En faifant, dit-il, l'extrait d'une cer-
» taine Harangue Latine de M. *Turretin*, l'Ob-
» fervateur fe plaint de la difette des Mécè-
» nes, & de la malheureuſe fituation des Sa-
» vans, &c. « Admirez l'étourderie ou l'im-
bécilité du Critique. Il fait un crime à l'Obfervateur de raporter les preuves de M. Turretin, touchant les caufes de la décadence
des Lettres. *Verum*, dit cet Ecrivain, *ut in cau-*
ſa arcem invadamus, cur littera parum excolan-
tur hæc eſt non levis ratio, nimirum præmii defec-
tus, Mæcenatum inopia. Voltaire n'auroit-il touché ce point, que pour aprendre au Public,
qu'il a eu autrefois une penſion de la Cour ?
Il fatisfait volontiers fa vanité, aux dépens
de la vérité & de la raifon.

Pag. 305. il déclame avec violence contre
le jugement que l'Obfervateur a porté fur un
certain Livre traduit de l'Anglois, intitulé :
l'*Alciphron*, ou *le petit Philofophe.* Ce jugement,
je l'avouë, eſt extrêmement févére ; & donne une idée fort défavantageuſe du Livre &
de l'Auteur. J'ai eu la curiofité d'examiner
l'Ouvrage, & je ne puis m'empêcher de dire, que dans un fens, c'eſt un Livre pernicieux.

cieux. Cependant fi l'on en croit le Docteu
de Cirey, c'eſt un *Saint Livre*, rempli de
plus forts argumens contre les Libertins. Voi
ci la véritable idée du Livre, qui n'eſt rie
moins que *Saint*. L'Ouvrage eſt en forme d
Dialogues : Alciphron , ou le petit Philoſo
phe , débite des plaiſanteries plates , ou plû
tôt des blaſphêmes horribles , contre la Re
ligion Chrétienne , tels que la vile canaille de
Londres feroit capable d'en débiter dans un
cabaret. Rien de plus indécent , ni de plus
ſcandaleux , que le tableau offert aux yeux
du Lecteur par Alciphron. Quel *Saint Livre,*
Voltaire goûte fort une pareille ſainteté. A
l'égard des réponſes aux objections du *petit
Philoſophe* , je crois que c'eſt parce qu'elles ſont
foibles & mal conſtruites , que Voltaire les
honore de ſes loüanges. Le Livre les mérite
à peu près autant , que la ſcandaleuſe & abo-
minable *Epitre à Uranie.* L'Auteur du *Saint
Livre* plaiſante quelquefois de ſon chef, (je
crois , ſans mauvaiſe intention) d'une façon
fort peu religieuſe. Enfin il paroît bien ſe défier lui-même de la ſolidité de ſes preuves en
faveur de la Religion , puiſqu'il dit dans ſa
Préface : *On m'accuſera peut-être de reſſembler à
ces meres , qui étouffent leurs enfans à force de les
careſſer.*

Notre Critique trouve mauvais que l'Obſervateur ait dit que Cicéron étoit plus *verbeux*

eux que Seneque, & il diffimule le fens dans *lequel* on l'a dit. Qui ne fait pas qu'il y a *plus* d'abondance & de nombre dans Cicé-*ron*. Cependant Seneque eft plus *verbeux*, *parce* que malgré fon ftyle haché, il ne dit *que* des riens, & que fes fréquentes antithè-*fes* répétent fouvent la même idée.

Il reprend dans fon article 12. cette phra-fe, *Venus a été obfervée au Méridien au-deffous du Pôle*, tirée de la feuille 202. ce qui lui donne lieu de dire doctement, que les Pla-netes *ne font que dans le Zodiaque, & non au-deffous du Pôle*. Que le Sieur Voltaire eft Savant! S'il étoit auffi judicieux, il auroit compris que cette Planette, vûë *au Méridien au-deffous du Pôle*, étoit alors dans l'autre Hémif-phére, & par conféquent *au-deffous du Pôle Arctique*, par raport à l'Obfervateur.

La belle chicane, que de cenfurer le terme de *fiftême*, en parlant de la doctrine ad-mirable de Newton fur la lumiére! Mais Newton n'a-t'il pas tiré des conclufions de fes expériences, & n'a-t'il pas en conféquen-ce établi des dogmes? Le Vuide n'eft-il pas la bafe de fon édifice? C'eft donc un *fiftême*. M. Algaroti ne fait aucune dificulté de fe fer-vir de cette expreffion, en parlant du New-tonianifme. Voltaire voudroit-il fe croire Newtonien plus éclairé, que ce Savant Auteur? Cela ne feroit pas impoffible,

puif-

puifqu'il fe préfére à tout le monde.

Il compare ridiculement dans fon article
25. ces deux expreffions, *au fein des Mers*,
au fein de la France. Eft - ce la même chofe?
Le fein de la France, ne peut être conçû dans
les entrailles de la terre ; mais *le fein des mers*
repréfente les abîmes de la mer. Donc on n'a
pas pû placer *une Ifle enchantée au fein des mers*,
& c'eft une vraïe faute. Enfin le Critique,
négligeant de confulter les *Errata*, reproche
jufqu'aux fautes d'impreffion, comme *corpo-*
rifé , pour *corporalifé*.

Puifque l'occafion s'en préfente, j'ajoûte-
rai ici, que c'eft avec le même bon fens que
Voltaire, dans fes *Lettres Philofophiques*, Ouvrage fi juftement flétri, a l'impudence de dire que le Pere le Brun a emprunté fon Livre
de celui du Docteur *Prynn*. Cette accufation
eft précédée de l'expofition de plufieurs traits
ridicules , dont aucun ne fe trouve dans le
Livre du favant & refpectable Oratorien. D'ailleurs, il n'y a qu'à comparer ces deux Ouvrages, on verra qu'ils ne fe reffemblent point.
Mais voici la méthode du Sieur Voltaire. Il
entend dire à quelqu'un (favant ou ignorant,
peu lui importe) que telle chofe eft. Si cette chofe n'a point encore été écrite , auffi-
tôt Voltaire fe hâte de l'écrire, après l'avoir
fait paffer par la filiére tortue de fon imagination déréglée. Déja il brûle de l'imprimer:

l'imprime ; & ce n'eſt que par l'indignation ou les riſées du Public , que la vérité
peut parvenir à le détromper. Tel eſt le génie, le ſavoir , le bon ſens du plus orgueilleux & du plus humilié de tous les Ecrivains.

Dans un autre endroit de ſes exécrables
Lettres , il oſe apeller l'Ouvrage du Pere le
Brun, une *impertinente déclamation.* C'eſt ainſi
qu'il qualifie impudemment un Ecrit excellent,
compoſé par les ordres d'un très-grand Prélat.

Je finirai par une réflexion ; c'eſt que dans
les quinze Volumes des *Obſervations*, la fureur du Sieur Voltaire, qui paroît les avoir
bien examinés , n'a pû relever qu'environ une
douzaine de prétenduës fautes , où dans la plûpart il eſt l'écho d'un Pitaval, d'un Chevalier
de Mouhy, & de quelques autres miſérables
Cenſeurs de l'Abbé D. F. * Ne voilà-t'il pas

un

* Entr'autres, ce Grotesque du Temple d'Eſculape ,
ce Therſite de la Faculté , ſoupçonné pourtant de quelque eſprit, quoique froid Auteur d'une inſipide & en-
nuïeuſe Comédie, & d'une feuille volante contre Saint
Côme, où il n'y a pas tout à fait une demie dragme d'eſprit ni un demi ſcrupule de bon ſens. Tout le monde
ſait par cœur les jolis Vers d'un de nos plus aimables
Poëtes ſur ce double Bâtard d'Apollon, qui quoiqu'aſſez jeune encore, marche ſi glorieuſement ſur les pas
du plus vieux radoteur de ſes Confréres oiſifs. On lui
devoit ce petit éloge depuis ſix mois. On en doit auſſi
un depuis long-tems à un certain viſage obſcur, Rimeur cauſtique, bien païé de quelques noirceurs de ſa
Muſe

un *Préfervatif* bien fpécifique ? En échange d[e]
ce préfervatif, offrons-lui un reméde, & u[n]
reméde qui lui convient, c'eft l'Ellebore. L[e]
pauvre V. perd fon tems depuis deux années,
à vouloir comprendre Newton, dont il n'en[ten]d pas encore les premiers élémens, quel[que]
que peine qu'un favant Italien ait prife pou[r]
les lui faire concevoir. Il a été fi *honni*, fi *ba[f]né*, fi *confpué*, pour fes fottifes Philofophiques,
qu'en vérité il mérite qu'on ait déformais u[n]
peu pitié de lui, & qu'on le laiffe tranqui[l]lement profiter des humiliations que fon New[to]nianifme lui a procurées.

Je crois la *Voltairomanie* affez bien démon[f]trée, par tout ce que je viens de dire. Plu[t]
à Dieu que Voltaire ne fût que dépourvû [d]e
lumiéres & de jugement, qu'il ne fût qu'[un]
fenfé ! Ce qu'il y a de pis, eft qu'il eft fau[x]
impudent & calomniateur. Son portrait e[ft]
la tête du 6. ch. de Théophrafte. Qu'il écri[t]
déformais tout ce qu'il lui plaira, en pro[fe]
ou en vers : on l'a mis, ou plûtôt il s'eft m[is]

Mufe impudente ; petit Cyclope, qui depuis vingt [ans]
fabrique jour & nuit fur fa foible enclume des Vers [bur]quels, pour les deux Troupes, fes Nourrices, en a[t]tendant que le hazard, ou le fecours d'autrui, faffe
la fin fortir quelque bon Ouvrage de fa Forge. Je ne [par]rai rien d'un autre, qui par un Acte Typographiqu[e]
paffé par-devant Briaffon, vient de fubftituer aux [Li]ciers de Paris un Recueïl complet de fes *Oeuvres mê[lées]*

ui - même, hors d'état d'obtenir la moindre réance dans le monde. Au reste, quelque maltraité qu'il paroisse ici, on a encore usé d'indulgence. Que de choses ne sait-on pas, qu'on eut bien s'abstenir de publier ! Les horreurs de son Libelle dispensent néanmoins de la modération.

Il est certain que s'il pouvoit être guéri de on sot orgueil, qu'il est impossible d'exprimer, il seroit moins foû, moins impie, moins téméraire, moins brutal, moins fougueux, moins décisif, moins détracteur, moins calomniateur, moins enragé, &c. Or, qu'y a-il de plus capable d'abattre cet orgueil monstrueux, principe radical de tous ses vices & de tous ses oprobres, que ce qui est contenu dans cette Lettre salutaire, dont votre charité ne manquera pas de lui faire part ?

Je suis, &c.

A Paris, le 12.
Décembre 1738.

Fin du Suplément du Tome VI.

www.ingramcontent.com/pod-product-compliance
Lightning Source LLC
Chambersburg PA
CBHW070750030726